教育部人文社会科学百所重点研究基地
KEY RESEARCH INSTITUTE IN UNIVERSITY

厦门大学东南亚研究中心
系列丛书

教育部人文社会科学重点研究基地
厦门大学东南亚研究中心重大项目资助

沈红芳◎著

全球化下东南亚
金融改革与金融安全研究

A Study on Financial Reform
and Financial Security
in Southeast Asia under Globalization

中国经济出版社
CHINA ECONOMIC PUBLISHING HOUSE
北京

图书在版编目（CIP）数据

全球化下东南亚金融改革与金融安全研究 / 沈红芳著 . --北京：中国经济出版社，2023. 11（2025. 4 重印）
ISBN 978-7-5136-7594-9

Ⅰ. ①全… Ⅱ. ①沈… Ⅲ. ①金融改革-研究-东南亚 ②金融风险-风险管理-研究-东南亚 Ⅳ. ①F833. 3

中国国家版本馆 CIP 数据核字（2023）第 235736 号

责任编辑　贺　静
责任印制　李　伟
封面设计　华子设计

出版发行　中国经济出版社
印 刷 者　北京建宏印刷有限公司
经 销 者　各地新华书店
开　　本　710mm×1000mm　1/16
印　　张　17. 5
字　　数　296 千字
版　　次　2023 年 11 月第 1 版
印　　次　2025 年 4 月第 3 次
定　　价　88. 00 元
广告经营许可证　京西工商广字第 8179 号

中国经济出版社 **网址** http://epc. sinopec. com/epc/ **社址** 北京市东城区安定门外大街 58 号 **邮编** 100011
本版图书如存在印装质量问题，请与本社销售中心联系调换（联系电话：010-57512564）

前言

本书为教育部人文社会科学重点研究基地厦门大学东南亚研究中心2012年度的重大课题最终结题成果（项目批准号：12JJD810017）。

东南亚是我国的近邻，都是发展中国家，它们的社会经济发展水平和经济结构与我国比较接近，一些“老东盟成员国”的经济对外开放要早于我国几十年，开放程度也高于我国。东南亚作为1997年金融危机的发源地，也经历了2007年夏由美国次贷危机引发的全球金融动荡和经济衰退，在金融银行业改革、金融自由化和维护金融稳定与安全等方面积累了丰富的经验。

本书追溯并研究了东南亚金融银行业在不同约束条件下的发展、变迁与改革。依托金融稳定与金融安全基础理论，本书重点探析了东南亚近20年来在金融领域，包括银行、证券、保险业部门所采取的重大改革举措，比较研究了东南亚金融制度改革和变迁的路径，总结其经验教训；阐述并剖析了东南亚中央银行的独立性和金融监管体制与监管方式的转变；探索东南亚的金融机构安全、金融资产安全的监测预警系统和金融风险防范机制；在分析东南亚金融系统稳定性的同时，研究处在全球金融危机阴影下的东南亚各国的应对举措，以及区域金融合作对于东南亚金融稳定的重要性，以图寻找并发现东南亚在金融全球化背景下，在实现金融对外开放和自由化的同时，加强金融监管，进行金融监管体制改革，以及金融监管体制方面所具有的特点等普遍性与特殊性的规律。

我国正在进行日益深化的金融改革，金融对外开放步伐也在不断加快。虽然我国的金融运行状况目前尚处于安全状态，但金融体系中的风险也在不断积聚。随着金融业对外开放力度的加大，尤其是资本项目对外开放的深入，资本的自由流动将会给我国经济、金融宏观调控和金融监管带来诸多难题，也会对我国金融稳定与安全构成极大威胁。因此，深入研究东南亚国家金融改革、金融稳定与金融安全政策，借鉴东南亚的相关经验，并吸取其教训、总结其规律，就显得尤为重要。因此，本研究具有较大的学术价值和实践意义。

本书共分为七章。第一章为导论；第二章为东南亚金融改革阶段性研究及其理论影响；第三章为东南亚的中央银行独立性改革；第四章为东南亚金融体系发展的历史与现状；第五章为美国金融危机前后东南亚银行业改革与深化；第六章为东南亚金融监管体制的改革与变迁；第七章为东南亚的金融稳定与地区金融安全合作。

本书涉及面较广，研究的大都属于热点和前沿问题，是笔者对东南亚经济与金融长期研究和教学内容的继续。笔者在接受本项研究课题时信心满满，非常有把握适时完成。可是，由于笔者在承担此项研究的同时，教学、硕士生和博士生培养、调研及其他科研等任务过于繁重，此项研究被耽搁，直到 2020 年 8 月底终于完稿，并于 2021 年 5 月底通过了教育部有关部门对基地重大课题的评审。由于笔者家庭在 2020 年 9 月增加了一位新成员——可爱的孙宝宝，在新冠疫情肆虐的背景下，自己亲自照看宝宝而成“全职保姆”，使得“课题转书”的过程变得异常艰难。尽管笔者在出版此书时对很多内容和数据进行了更新，但因精力有限，部分章节的资料尚嫌陈旧。对很多有关东南亚金融研究的英文文献资料未能进行很好的利用，有些章节的研究尚未达到预期目的。由于国际金融形势发生了剧变，新的思想和变革层出不穷，其在给本书的写作带来思想火花的同时，也给东南亚金融的深入研究带来了难度，这些都将留待后人作进一步的研究和探索。

目录

第一章　导　论 …… 001

第一节　研究背景及意义 …… 001

第二节　研究结构及重点简介 …… 008

第二章　东南亚金融改革阶段性研究及其理论影响 …… 014

第一节　20世纪80年代中期至1997年金融危机之前的金融改革 …… 014

第二节　1997年东亚金融危机爆发后的金融改革 …… 017

一、IMF贷款条件下的金融改革 …… 018

二、摆脱IMF贷款条件约束后的金融改革 …… 024

第三节　2007年美国金融危机爆发至今东南亚的金融改革 …… 034

一、美国金融危机爆发之后东南亚采取的应对举措 …… 034

二、主要金融改革举措 …… 036

第四节　对东南亚金融改革产生影响的主要理论 …… 041

一、对20世纪80年代中期之后东南亚金融改革产生影响的主要理论 …… 042

二、对1997年之后东南亚金融改革产生影响的主要经济理论 …… 044

三、美国金融危机之后对东南亚金融改革产生影响的主要理论 …… 046

第三章　东南亚的中央银行独立性改革 …… 049

第一节　中央银行独立性改革的背景 …… 049

一、私有化和市场经济席卷全球，使全球制度趋同 …… 050

二、新自由主义发展高峰及其全球蔓延 …… 051

三、区域经济一体化加速发展 …… 052

四、金融危机成为东南亚增强中央银行独立性的“催化剂” …… 053

五、布雷顿森林体系的崩溃 …… 053

六、国际金融组织和评级机构在中央银行独立制度全球扩散中发挥重要作用 …… 054
第二节 东南亚中央银行独立性改革案例研究 …… 056
一、泰国中央银行独立性改革历史沿革及现状 …… 056
二、印度尼西亚中央银行独立性改革历史沿革及现状 …… 063
三、菲律宾中央银行独立性改革及其特点 …… 073
第三节 东南亚中央银行独立性改革限制性条件 …… 078

第四章 东南亚金融体系发展的历史与现状 …… 080

第一节 新加坡的金融业发展 …… 080
一、新加坡的金融机构 …… 080
二、新加坡的银行业发展及其原因 …… 082
三、新加坡证券业发展的历史与现状 …… 085
四、新加坡的保险业概况 …… 090
第二节 马来西亚的金融业发展历史与现状 …… 092
一、马来西亚的金融体系发展概览 …… 093
二、马来西亚的金融机构 …… 094
三、马来西亚的金融市场 …… 098
第三节 泰国的金融业发展及其特点 …… 101
一、泰国的金融体系结构概览 …… 101
二、泰国的银行与非银行金融体系 …… 103
三、泰国银行业发展的特点 …… 105
四、泰国的资本市场 …… 110
第四节 菲律宾的金融业发展历史与现状 …… 111
一、菲律宾金融机构的发展及特点 …… 112
二、菲律宾的资本市场发展 …… 117
第五节 越南的金融业改革与发展 …… 120
一、越南银行业改革历史与现状 …… 121
二、越南证券市场的发展与特点 …… 123
三、越南保险业的改革与发展 …… 127
第六节 老挝与柬埔寨金融业的改革与开放 …… 130
一、老挝金融业的改革与开放 …… 131
二、柬埔寨金融业的改革与开放 …… 135

第五章 美国金融危机前后东南亚银行业改革与深化 …… 141

第一节 美国金融危机跨国传染机制与评级体系 …… 141

一、金融危机对银行业的跨国传染机制 …… 142
二、CAMEL 评级体系 …… 145
三、本章引用的评估指标 …… 147
第二节 美国金融危机爆发前东盟四国银行业的改革与运营 …… 148
一、美国金融危机爆发之前东盟四国银行业运营情况 …… 148
二、东盟四国银行业运营情况 …… 153
第三节 美国金融危机期间东盟四国的银行业 …… 158
一、美国次贷危机的演变及全球“溢出” …… 158
二、美国金融危机全球“溢出”对国际银行业的影响 …… 159
三、美国金融危机全球“溢出”对东盟四国银行业的影响 …… 161
第四节 东盟四国银行业应对美国金融危机的举措 …… 169
一、采取有效措施确保流动性充足 …… 169
二、积极提高风险抵御能力 …… 172
三、进一步巩固风险监控体系 …… 173

第六章 东南亚金融监管体制的改革与变迁 …… 176

第一节 金融监管体制的定义、内涵及分类 …… 176
一、金融监管体制的定义与内涵 …… 176
二、金融监管体制的分类 …… 179
第二节 主要发达国家金融监管体制的演进 …… 180
一、美国的“双层多头混合监管模式”及其演进 …… 180
二、英国的综合金融监管模式及其变革 …… 181
三、澳大利亚的金融监管模式改革及其特点 …… 183
四、日本的金融监管体制改革及其特点 …… 183
第三节 东南亚金融监管体制及其演进 …… 184
一、东南亚金融监管体制改革的阶段性划分 …… 184
二、东南亚金融监管体制的演进 …… 186
第四节 东南亚的金融监管体制 …… 189
一、新加坡的金融监管体制 …… 189
二、菲律宾的金融监管体制 …… 195
三、印度尼西亚的金融监管体制 …… 200
四、马来西亚的金融监管体制 …… 204
五、泰国的金融监管体制 …… 207

第五节　东南亚金融监管体制特点比较 …… 209
第六节　经验与启示 …… 213
一、强制性金融监管机制的变迁不符合东南亚国家的切身利益 …… 213
二、应该采取灵活的措施应对来自外部的变革压力 …… 213
三、中央银行监管模式并未过时，依然符合某些国家的实际情况 …… 214

第七章　东南亚的金融稳定与地区金融安全合作 …… 215

第一节　全球化下金融稳定的内涵与外延 …… 215
一、对金融稳定的正面阐释 …… 215
二、以反证归纳的方法定义金融稳定 …… 216
第二节　金融稳定的影响因子与东南亚的金融稳定 …… 218
一、金融稳定的影响因子 …… 218
二、全球化下东南亚的金融稳定 …… 223
第三节　东南亚货币金融合作的兴起与发展 …… 228
一、1997 年之前东南亚的货币金融合作安排 …… 228
二、1997 年之后东南亚货币金融合作兴起的缘由 …… 230
三、东南亚货币金融合作先于贸易投资合作的分析 …… 232
第四节　后危机时期的东南亚泛区域货币金融合作机制 …… 233
一、建立了多渠道的信息沟通与区域金融监测协调机制 …… 234
二、区域性双边援助体系 …… 236
三、多边资金救助机制 …… 237
四、建立直接融资机制的尝试 …… 238
第五节　“清迈倡议”的出台、发展及问题 …… 239
一、“清迈倡议”的出台背景及内涵 …… 240
二、“清迈倡议”货币互换的发展及问题 …… 243
第六节　“清迈倡议多边化”与东亚外汇储备库 …… 246
一、“清迈倡议多边化”（CMIM）出台的背景 …… 246
二、“清迈倡议多边化”与外汇储备库 …… 250
三、“清迈倡议多边化”的意义 …… 253
四、外汇储备库建立过程中的问题 …… 254

参考文献 …… 257
后　记 …… 271

第一章

导　论

第一节　研究背景及意义

20 世纪 70 年代兴起的现代货币主义理论对传统经济发展理论产生了巨大的影响。罗纳德・麦金农和爱德华・肖的金融压抑和金融深化理论，为东南亚国家的金融改革提供了理论上的依据。随着全球金融资本自由流动的加快，东南亚掀起了金融自由化和“去制度化”（de-institution）改革的浪潮，着手打破“金融抑制”，推进本国金融朝自由化和国际化方向发展，以金融要素的增长来促进本国经济快速发展。

与经济和金融全球化浪潮相适应，东南亚在 20 世纪 90 年代相继加快了金融自由化与金融对外开放的步伐。证券市场的快速发展、热钱的流入和各种金融创新一度给东南亚带来远低于银行融资成本的大量资金，创造了该地区虚假的经济繁荣，但最终以泰国为突破口，在 1997 年爆发了该地区破坏性极强、持续时间最长的金融危机。从本质上看，此次金融危机具有货币危机、私人债务危机和银行金融危机“三位一体”的特征。之后，金融危机与经济衰退交织，负面影响经久不散，经济损失极其惨重。严酷的事实表明，金融监管滞后于金融自由化给东南亚的经济增长带来的不是驱动力，而是灾难。

在新自由主义主流经济理论的强势以及国际货币基金组织（IMF）贷款条件下，东南亚金融业开始朝更为自由化和私有化的方向改革，并按照《巴塞尔协议Ⅰ》《巴塞尔协议Ⅱ》和《巴塞尔协议Ⅲ》，以及 IMF 的要求，对中央银行和金融银行业进行了改革。

根据 IMF 的贷款条件，东南亚危机重灾国的金融银行部门的改革路径和准则主要是依据巴塞尔银行监管委员会（the Basle Committee on Banking Supervision，BCBS，以下简称巴塞尔委员会）所制定的一系列有关条例。其中包括在 1988 年 7 月颁布的《统一资本计量和资本标准的国际协议》（International Convergence of Capital Measurement and Capital Standards），又称《巴塞尔协议Ⅰ》，以及巴塞尔委员会针对亚洲金融危机的爆发而在 1997 年 9 月制定的《有效银行监管的核心原则》和 1998 年 9 月制定的《关于操作风险管理的报告》。这些条例具体规定了东南亚危机重灾国对金融银行业的改革要求与准则，包括对资本充足率、加强金融监管和内控，以及对更为高效的风险管理与防御所做的要求等条款。IMF 的贷款条件还包括要求东南亚进行中央银行独立性改革。在主流舆论的压力下，东南亚一些免遭危机重创的国家也如法炮制，在汇率体制、金融与银行服务业部门采取了激烈的改革举措，其中包括严格呆账和坏账的定义、进行贷款分类和损失准备金规定、对资本作充足率要求、对不同资产分别给予不同的风险权数、有效的银行监管等统一的衡量标准等。同时，其修改了本国重要的金融银行法规，使之更为开放和更具竞争力，以适应全球投资贸易自由化的要求。由此在金融银行业掀起了一股改革的浪潮。

建立在发达国家具体国情基础上的《巴塞尔协议》，以及 IMF 对于金融改革的贷款条件并不适合东南亚的实际情况，因此，东南亚经过数年痛苦而艰难的改革才在一定程度上推进了其货币、金融与资本市场的发展，改变了传统金融银行业的控股格局，为发展现代金融打下了一定的基础。但是，在全球金融自由化浪潮的推动下，在云谲波诡、竞争激烈的环境下，其金融业的发展更易受到全球金融市场，以及其他地区金融市场波动的影响，金融稳定与持续增长受到严峻的考验。

为了掌控本国的经济主权，东南亚一些曾经恳求 IMF 救援的国家相继提早还清了 IMF 的贷款，摆脱了贷款条件的制约，并于 2003 年之后开始了自主的金融改革。在相对良好的国际金融环境下，各国的相关金融数据都有了较大幅度的提升，并朝优化的方向发展，这其中包括商业银行和金融结构的不良贷款指数下降较快、银行系统的资产质量有所提高、金融信贷结构发生了较大的变化、债券市场也得到了较快的发展。但在新自由主义理论的影响下，走出金融危机阴影的东南亚国家继续在投资、贸易和金融领域推行自由化政策。其股市、汇市和银行金融业与全球股市、汇市、债券等金融市场保持着紧密联系，有着很强的联动性。

东南亚国家私有化进程的加快和有关银行重建的举措，一方面有利于解除政府对金融的过度干预，有利于提高银行及金融部门的效率；另一方面有利于外资银行对东南亚本国银行的大举兼并，使得银行的集中度大为提高。东南亚金融银行部门对外开放、私有化和集中程度的加深虽在特定时期和一定程度上加强了银行体系的稳定，但并未消除银行金融业发展潜在的威胁，同时也带来了一些问题，诸如给金融监管带来更大的难度；银行业的过度集中会给国民经济稳定与和谐发展带来问题；大银行一旦陷入困境，营救便更加困难；等等。

2004 年 6 月 26 日，巴塞尔委员会发布了《统一资本计量和资本标准的国际协议：修订框架》（International Convergence of Capital Measurement and Capital Standards：A Revised Framework），简称《巴塞尔协议Ⅱ》，以全面取代 1988 年制定的《巴塞尔协议Ⅰ》，并努力将协议有关规定的运用推广至全球所有国家。尽管《巴塞尔协议Ⅱ》适用于规范发达国家的金融银行业，不完全符合发展中国家的国情，但在国际经济机构推动的金融全球化浪潮的压力下，东南亚各国均不同程度地承诺采用《巴塞尔协议Ⅱ》来指导与规范本国银行金融业的改革与实践，在《巴塞尔协议Ⅱ》"三大支柱"，即最低资本要求（minimum capital requirement）、监管当局的监督检查（supervisory review process）和市场纪律（market discipline）的支持下，东南亚银行金融的改革朝更为开放和自由化方向迈进。具体表现为：①金融自由化程度得到了进一步深化；②债券市场得到了较快的发展；③在外资银行对东南亚本地银行进行大规模兼并的同时，银行业的私有化程度和市场集中度大为提高。

2008 年美国次贷危机爆发之后，以美国为代表的发达国家普遍实施大规模的量化宽松货币政策（Quantitative Easing Policy），造成流动性泛滥，美元在全球范围内进行资产配置并通过国际投资等方式涌入其他国家，给全球包括东南亚金融市场和金融体系的稳定带来新的挑战，也成为宏观审慎政策框架的主要推动力量。G20 峰会于 2009 年 4 月在伦敦召开，会上首次正式提出宏观审慎政策框架，在日后的历次 G20 峰会上，其都成为重要议题。此后，东南亚也将实现金融稳定作为实现本地区金融安全的一项重要目标任务，并明确规定了中央银行在促进货币稳定和金融稳定中应承担的责任。

与此同时，巴塞尔委员会也深刻反思《巴塞尔协议Ⅱ》核心框架的漏洞和不足，比如银行监管资本不具有足够的吸收损失能力，加权风险资产计量方式和范围不够充分；更重要的是，金融危机暴露了宏观层面监管者对整个金融体系的系统性风险的监测和管控能力的滞后。为此，2009 年 7 月巴塞尔委员会发布《巴塞尔协议框架的改进》，亦称《巴塞尔协议 2.5》，对包括市场风险、第二支柱等基本要求进行修订和补充，同时又对资本工具吸收损失能力、逆周期资本监管机制以及宏观审慎监管等方面进行了强化。

美国次贷危机爆发后通过了《金融监管改革法案》，巴塞尔委员会又于 2010 年 12 月推出更加严格的《巴塞尔协议Ⅲ》，引入宏观审慎监管，提出逆周期资本缓释工具，将宏观审慎监管的重要性提升到空前重要的位置。与之前的协议相比，监管框架已经从微观审慎监管开始向宏观审慎监管和微观审慎监管相结合转变。[①] 对此，东南亚积极响应，明确跟进落实的时间表和路线图，并根据《巴塞尔协议Ⅲ》确定的银行资本和流动性监管等新标准，提高了资本充足率、杠杆率、流动性和贷款损失准备的监管标准，建立了更具前瞻性且有机统一的审慎监管制度安排，增强了银行业金融机构抵御风险的能力以及金融体系稳定性。因受新冠疫情的影响，出于对金融银行业稳定的考量，巴塞尔委员会的监督机构在 2020 年 3 月 27 日宣布推迟《巴塞尔协议Ⅲ》的实施时间。

在全球进入经济与金融危机之后，金融资本进一步集聚而使得贫富差距进一步扩大。IMF、世界银行、20 国集团等国际组织在强调注重金融稳定的同时，大力推广“包容性金融”（普惠金融）倡议，以使中小企业和家庭能以合理的成本获取较广泛的金融服务。东南亚在注重金融稳定和强调金融公平的同时，也把建立金融安全网放到了重要的日程上，采取了建立金融安全网的各种措施以避免储户在银行倒闭时遭受重大损失。以泰国为例，泰国中央银行建立的金融部门整体规划委员会（FSMP）围绕保持国内金融稳定的局面做了大量的工作，并按照“两步走”的战略持续推进。[②] FSMP 第一阶段是 2004—2009 年，主要有三大任务：①统筹牌照管理，厘清金融机构竞争边界；②拓宽金融服务领域，实施普惠金融战略；③依托存款保险制度，提高存款者保护和金融服务透明度。在该阶段，泰国央行参照国际先进金融监管标准，修订了一系列重要的金融法律法规，实施了一系列巩固金融部门的措施，基

① 前两个版本的巴塞尔协议的监管对象都是单个银行，建立在微观审慎监管的基础上，在一定程度上忽视了对系统性风险等宏观因素的监管。正是在这一监管框架下，银行为了逃避金融监管而进行各种金融创新，银行风险被衍生工具不断传播和放大，变成了整个金融体系的系统性风险。

② 2002 年 2 月，泰国中央银行建立了金融部门整体规划委员会（FSMP），主要成员为金融监管层、金融机构、消费者代表、专家学者以及其他政府部门。改革方案设计的基本思路是金融服务→金融机构→金融监管。

础监管架构改革已在2008年年底前基本完成，金融稳定得以强化。第二阶段是2010年至今，着力解决与金融稳定密切相关的三个问题：①确实降低运营成本；②持续强化市场竞争和拓展金融服务范围；③加强金融基础设施建设。

受传统经济理论的影响，东南亚在独立后相当长的时间里，在金融监管方面也仿效或参考借鉴了西方的早期模式，亦即金融监管的职责通常主要由中央银行承担。可是，1997年东亚金融危机爆发之后，IMF要求东亚重灾国进行中央银行独立性改革，建立金融监管委员会，把中央银行一部分监管的职责让渡给新建立的金融监管委员会，而中央银行则增强宏观经济调控的能力。因此，不同于发达国家，其制度变迁与创新大多属于需求诱致型的制度变迁，是一种制度自然变迁、自我修复演化的过程，内嵌于相应的经济法律环境之中。而东南亚金融监管模式的设计并不完全是一种自然的制度变迁过程，既顺应了国际金融发展的潮流，有着强烈的外部约束性，又凸显出与欧美国家金融监管体制发展的不同特点。尽管2007年美国次贷危机引发全球金融动荡之后，金融稳定被视为中央银行最为重要的目标，分业金融监管成为时尚，中央银行金融监管模式被斥为“过时”的模式，但是，本书的研究表明，东南亚的金融监管模式虽发生了一些变化，但依然存在着多元化的特点。其主要有以下三种类型：有的国家逐渐从以中央银行监管为主转为以中央银行为主的分业监管模式；有的则推行综合金融监管模式；但有的依然以中央银行监管为主。研究还表明，越有贷款压力的东南亚国家，其金融监管模式的改革越为激进，而经济主权较为独立的国家则依然沿用原有传统的中央银行模式。

与此同时，金融监管目标也主要是对银行业、证券市场进行监管，并在实行严格监管的同时注重金融稳定。2008年之后，在国际潮流的推动下，东南亚的金融监管目标不仅包含对银行坏账的严控、对股市动荡及诡异现象的管控，还涵盖了以普惠金融为基础的金融公平。

随着经济与金融全球化向纵深发展，东南亚的金融改革与金融对外开放的力度不断加大，金融稳定与安全问题显得尤为重要。本书在较为详尽地研究东南亚金融银行业发展与变迁的基础上，进一步探索近30多年来在金融领域，包括银行、证券和货币部门所采取的重大改革举措；比较东南亚中央银行独立性增强、金融监管体制的改革和变迁路径，并总结其经验教训；探索东南亚的金融机构安全、金融资产安全的监测预警系统和金融风险防范机制；在分析东南亚金融系统稳定性的同时，研究处在全球金融危机阴影下的东南亚各国的应对举措，以及区域金融合作对东南亚金融稳定与安全的重要性，以为我国提供可资借鉴的经验。

我国学术界对东南亚的金融改革、金融稳定与安全问题、金融监管体制改革至今依然缺乏较为系统的研究。国内发表的有关文章大多集中在几个较为发达国家的银行业改革。有关东南亚金融稳定和金融安全的论文凤毛麟角。本书力图对此进行较为系统的研究，其本身便是一种创新举动。

本书的研究试图突破的重点和难点问题如下：

（1）东南亚十国国情各异，经济增长与发展模式呈多元化，导致金融银行业的状况不一。该地区官方语言多种多样，尤其是一些后进国仍然处在比较封闭的状态，研究资料不易获得。本书想要较为详尽地研究东南亚金融银行业的发展现状及近30多年来的金融改革和政策，勾勒东南亚十国的金融银行业的改革进程、金融监管体制的演进、金融业态现状等具有一定的难度。如何总结东南亚国家金融改革、金融稳定与金融安全的规律性经验与教训，以及金融安全运行基本态势及基本特征，对此进行对比研究并为我国所借鉴，也是具有难度和挑战的。

（2）恰如其分地评价东南亚金融银行业的改革成效与经验教训是不易的。东南亚的金融改革是在三股力量的推动下进行的：一是由主要国际经济组织和美国的华尔街和财政部推动的“自上而下”的金融全球化力量；二是以国际市场的参与者——跨国公司、资本金融公司、外向型贸易公司推动的“自下而上”的金融全球化力量；三是主流理论的大量说教。这三股力量促使东南亚政府先后在本国经济的核心部门——金融领域开始了自由化和“去制度化”改革。东南亚资本项目的开放和金融改革在一定的时段和一定的程度上对东南亚经济快速发展起到了不同程度的正面作用。1997年和2008年爆发的金融危机使东南亚的一些国家遭到重创，但是，也有些国家幸免其灾。因此，有必要研究东南亚各国金融改革外部与内部的约束性条件。这是本书的重点和难点。

（3）随着美国金融危机的全球“溢出”，东南亚有些国家的金融银行业与主权基金也深受其害，损失惨重。由于东南亚一直推行金融对外开放和自由化改革，美国意在转嫁危机的量化货币发行致使东南亚面临国家金融安全问题。换言之，尽管一国在一定的时段保持了金融稳定，但并不能保证其金融体系的安全。不过，如何界定国家金融安全、如何保障国家的金融安全等问题在学术界不但存在争议，而且近乎是研究的盲点。

（4）东南亚与中国、日本、韩国的东亚区域金融合作（又称“10+3”）的高潮在 1997 年东亚金融危机爆发之后兴起。这种区域金融合作在先、商品与服务市场一体化在后的经济现象在 21 世纪初曾被正统派视为不符合经济发展的规律，因而是不可能持久的。然而，事实证明，该地区的区域货币金融合作不但没有偃旗息鼓，反而得到了进一步深化，使得东亚原先松散的双边货币互换援助体系提升为较为紧密的多边资金救助机制。可是，东亚货币金融合作的进程并非一帆风顺，与预期目标相去甚远。为防范金融危机重现而制定的地区最后贷款人和紧急援助机制，从“双边货币互换”过渡到“多边货币互换”，再到“自我管理的外汇储备库”的建立依然存有诸多不足之处。如何对该地区的区域货币金融合作的实际进程有一个较为贴近客观的认识，而非只视官方网站的宣传而进行判断；该地区的区域货币金融合作发展究竟取得了哪些重要成果并处在何种发展阶段；掣肘该地区区域货币金融合作的障碍因素究竟有哪些；如何解释该地区的区域经济合作排序的颠倒，这种颠倒是否符合经济发展的内在逻辑等问题是本章研究的重点。

（5）从制度经济学的角度来看，制度变迁与创新是打破原有的制度均衡、形成新的制度均衡的过程。西方发达国家金融监管模式的变迁大多属于需求诱致型，是一种制度自然变迁、自我修复演化的过程，内嵌于相应的经济法律环境之中。国内金融市场发达、创新能力突出，能够为金融监管的演变完善提供充分的外部刺激和内生技术条件。东南亚国家则不尽然，它们金融监管模式的设计并不完全是一种自然的制度变迁过程，它们的金融监管模式既顺应了国际金融发展的潮流，有着强烈的外部约束性，又凸显出与欧美国家金融监管体制发展的不同特点。有的国家受外部条件的约束，不完全符合国情，这会对一国金融与经济发展产生何种影响？从研究的实践来看，东南亚目前具有至少三种类型的金融监管模式，比较其原因、特点及影响也是本书的重点和难点。

（6）金融全球化进程给一国金融体系的稳定与安全带来了综合影响，这些影响的动因与传导途径是盘根错节的。金融安全问题需要从多学科角度来解释和进行综合分析，其中包括制度学理论、国际政治学理论、国际金融学理论、国际经济关系理论等多重角度的综合分析，因此，本书的研究难度较大。虽然在研究过程中关注到这些错综复杂的因素，也试图进行进一步的阐述与剖析，但因客观原因，本书最终结果与预期目标仍有差距，这将在今后的研究中继续关注。

本书的研究为我国商界、政界与学界进一步了解东南亚银行金融业的发展状况与吸取金融监管的经验教训，为更好地开展中国与东南亚的金融合作，进而加强、稳固和深化我国与东南亚的经济与金融关系，均具有重要意义，对于确保我国在实现经济现代化的过程中有一个长期和平的周边环境亦具有积极的现实意义。

第二节　研究结构及重点简介

虽然本书的结构与课题申请表中填写的内容有所不同，但是实际内容并无太大区别，只是把原先设计的综合和国别两个部分（上下篇）融合在一起，综合描述中穿插着国别专题研究。本书的基本章节与内容简介如下：

第一章为导论，简略介绍了本书研究的背景、研究意义、突破的重点和难点，以及本书研究的结构与各章节的重点简介。

第二章研究东南亚金融银行业改革的阶段性，及其理论对改革所产生的影响。本章首先阐述并研究了20世纪80年代中期之后东南亚所经历的三轮金融改革的背景、进展及其成效。从东南亚不同的国情、经济发展的多样性和不平衡性，以及金融改革不同的外部与内部约束条件着手，用比较的方法，探索了东南亚各国所经历的三轮金融改革的内容、重点、实际进程及金融深化程度。着重研究了1997年东亚金融危机爆发之后IMF的贷款条件对东南亚经济与金融体制改革的影响，以及国际学界对此的理论争辩。较为详尽地探讨了菲律宾、泰国和印度尼西亚在贷款条件下所做的“被动改革”，以及没有外部约束的新加坡、马来西亚自主性的“主动改革”给本国经济所带来的不同效益与影响。紧接着展示了东南亚危机重灾国泰国和印度尼西亚在提前还清IMF贷款、摆脱外部制约后的金融银行业改革的进程。本章还研究了美国2008年次贷危机对东南亚金融系统造成的冲击、东南亚所采取的应对举措，以及为何东南亚银行业会在一定程度上回旋于美国金融危机之外，甚至逆势而行。与此同时，展示东南亚在美国次贷危机所引发的全球金融动荡的环境下，按照G20集团、金融稳定理事会（FSF）、IMF和国际清算银行，以及巴塞尔委员会的要求，制定相关法律与条文，将实现“金融稳定”作为实现国家金融安全的一项重要目标任务，进而赋予中央银行正式维护金融稳定的任务，并为完成任务所具有的总体权力，亦即注重本国的金融稳定与安全。此外，介绍了中央银行为促进金融公平而推广的普惠金融。最后，本章对指导东南亚在 20 世纪 80 年代中期之后的三轮金融银行业改革的主要理论进行了简要的介绍与归纳。

第三章探索东南亚中央银行的独立性改革。早在 20 世纪 80 年代末，在主流经济的影响下一些发达国家开始改革相关法律和制度安排，中央银行独立性的增强加大了对宏观经济调控力度，而将一部分金融监管的职责让渡给其他部门，以此解除中央银行对金融部门的严格管制，实现金融的自由化，随后的改革浪潮席卷全球。由于发展中国家的经济发展水平与发达国家不在一条水平线上，中央银行一般而言是“发行的银行”“政府的银行”和“银行的银行”。中央银行对金融管制的力度也比较强，使得金融银行业处于较为严格的政策保护下。为掌控本国经济的核心金融部门的命脉，发展中国家中央银行独立性改革较难推行。而 1997 年爆发的东亚金融危机成为以 IMF 为首的国际经济组织利用贷款条件促使发展中国家进行中央银行独立性改革的催化剂。本章首先阐述了中央银行独立性改革的背景与驱动力；其次以遭受 1997 年金融危机打击的东南亚重灾国为案例，研究泰国、印度尼西亚和菲律宾的中央银行独立性发展和变化的历史进程、内在与外部约束条件；最后，展示这三个国家的中央银行独立性现状及其特点。

第四章较为全面地阐述和分析了东南亚处在经济发展不同阶段，以及不同类型国家金融体系发展的历史与现状。新加坡作为该地区经济最为先进的国家，凭借灵活的经济发展战略和稳健的金融市场管理制度成为全球重要的国际金融市场，其银行、证券和保险业基本上并驾齐驱。很多因素促成了新加坡金融银行业的强大和稳健，其中包括具有促使银行业快速发展的法律、税收环境；新加坡金融管理局（MAS）实行全新的监管理念；对银行实行一整套具有特色的监管方式；MAS 能够结合本国实际情况积极实施《巴塞尔协议Ⅰ》《巴塞尔协议Ⅱ》《巴塞尔协议Ⅲ》所规定的主要目标，以促进新加坡银行业不断完善风险管理系统，从而培育一个安全稳健的金融体系。马来西亚的金融发展体系在 1997 年金融危机之后得到很大的发展与稳固，主要是在 2000 年之后实施了两个各为期 10 年的金融业大蓝图（FSMP）。第一个金融业大蓝图为 2000—2010 年，通过银行间并购，马来西亚实现了建立一批具有较强竞争力的国内银行金融业智能计划；开放对现有外资银行的限制，引入竞争机制；颁布了一系列有利于伊斯兰银行金融业发展的激励措施，使得伊斯兰金融机构得到快速发展。第二个金融业大蓝图为2011—2020年，其主要目标是大力发展马来西亚国内伊斯兰银行金融业，从而促使国内伊斯兰银行的商业经营具有极大的灵活性，具有更强的竞争力与韧性，并最大限度地扩大了其股份。马来西亚的保险业发展相对比较迟缓，证券市场发展比较曲折，1997年和2008年的金融危机均对此造成较为严重的冲击。但是马来西亚的伊斯兰债券市场却在1997年后获得了快速发展，成为世界上规模最大的伊斯兰债券市场。泰国与菲律宾的金融体系尽管差别很大，但仍有很多相同性。泰国的金融体系主要由商业银行、国营专业金融机构、非银行金融机构和资本市场四大部分组成。而菲律宾的金融部门包括银行与非银行金融机构、股票市场、债券市场和保险业市场。泰国居于金融体系主导地位的是商业银行等金融中介机构，也是金融体系中推动泰国经济增长的主要动力。同样，银行，尤其是综合性商业银行一直是菲律宾金融业的主体，因此始终是金融部门政策、发展以及改革的焦点。泰国作为1997年东亚金融危机的肇始国，在IMF贷款条件的制约下对银行业进行了艰难的改革。菲律宾则早在20世纪80年代中期开始便一直处在IMF的贷款条件之下。泰国政府在2002年年底摆脱IMF贷款条件之后，严格遵守《巴塞尔协议Ⅰ》《巴塞尔协议Ⅱ》《巴塞尔协议Ⅲ》所规定的最低资本要求，对银行进行了评级和严格的监管并加强市场纪律，使得银行业进入了稳健的发展期。泰国的资本市场包括股票市场、债券市场以及相关的证券公司、基金管理公司等，不够发达。菲律宾政府由于财政赤字一直比较沉重，债券市场相对比较发达。但在1997年东亚金融危机后，菲律宾中央银行采取了一系列改革措施，促进了银行间的兼并和合作，并采取优惠措施吸引银行参与菲律宾市场投资，使之成为菲律宾银行体系的重要组成部分。尽管外部环境充满挑战，菲律宾银行体制依然较为稳定。相比老挝和柬埔寨，越南银行金融业的发展要进步得多。自1988年越南实行金融改革之后，经过三个不同的发展阶段，其银行业已经形成一定规模，打破了以前“大一统”的发展局面，通过重组国有银行，提升了银行系统的稳定性，之后又推动了银行体系股份制改革，允许外资企业购买越南股份银行注册资本金30%的股份。越南的银行业集中程度较高，国内四大国有控股银行占据全国信贷规模的50%。越南的证券、债券和保险业市场都建立较晚，其发展也并非一帆风顺。其中，证券市场与债券市场都是在2000年才正式启动。保险业市场的主动开放也经历了十多年的准备，亦即1993—2006年。直至2007年成为世贸组织成员后越南才开始进入逐步完全开放阶段。老挝和柬埔寨在20世纪90年代之前经济发展较为滞后，被世界银行列入最不发达国家行列。伴随着金融全球化与区域经济一体化的发展，这两国也被不同程度地卷入经济对外开放和金融业改革的行列，然而与其经济发展程度相适应，金融业发展均较为落后，开放的程度与越南相比不能同日而语，无论是银行业还是证券和保险行业均处在一个较低的水平线上。

第五章研究美国金融危机前后东南亚银行业的改革与深化。在金融全球化的背景下，美国经济衰退或放缓势必通过全球资本流动、金融市场调整和金融资产重新估价等渠道对东南亚经济产生重大影响。就东南亚的银行业本身而言，也不可能独善其身，全球经济动荡已通过各种传导途径对其运行产生一定程度的影响。不过，1997年的东亚金融危机对东南亚金融业造成了巨大冲击，并促成其银行业的重组与改革。通过不断的改革，东南亚地区银行规模实力增强，风险抵御能力提高，系统运行相对稳健。这些成效在一定程度上为抵御由2008年美国次贷危机引发的全球金融动荡提供了一道有效“防火墙”。因此，在面对全球金融危机和经济动荡时，东南亚大部分银行体系能够积极应对，保持稳健运行。本章首先介绍美国金融危机通过跨国传染机制从本国迅速传到欧洲的法国、德国、英国、荷兰和瑞士，以及亚洲的日本、韩国和中国香港等国家与地区。其中金融传染机制中的“季风效应”与“波及效应”、共同贷款人效应、间接贷款人效应以及金融机构的国际途径传导比较清晰地揭示了金融危机对银行业的跨国传染路径，并使其银行业陷入危机。然后，介绍了本书所运用的“骆驼”评级体系（CAMEL Rating System），以及本章所引用的评估指标。

接着，以新加坡、印度尼西亚、马来西亚、泰国四个国家为案例研究，从资本充足、资产质量、流动性和盈利能力等方面，对美国金融危机前后东盟四国银行业的运行进行了比较。最后，探索东南亚所采取的与欧美国家不同的应对举措。美国次贷危机爆发不久，凭着对金融危机的敏感性，东南亚首先注重流动性风险管理，以确保国内银行体系的稳定性。随着危机的深化，东南亚央行继续加强风险监管，防止银行业各项指标的恶化，保证银行业的稳健运行。同时，在实体经济下滑的背景下，东南亚继续保持银行在经济中融通资金的中介作用，确保国民经济向前发展。东南亚对金融市场突变的敏感度，以及能够及时采取有效举措应对危机的经验，对于我国乃至世界各国都有一定的启示和借鉴意义。

第六章阐述和研究了东南亚金融监管体制的改革与变迁，描述了其具有特色的金融监管体制，并比较了不同类型的监管模式。受到传统经济理论的影响，东南亚在独立后相当长的时间里，在金融监管方面也仿效或参考借鉴了西方的早期模式，亦即金融监管的职责通常主要由中央银行承担。可是，1997 年东亚金融危机的爆发凸显了其金融监管滞后于金融自由化的步伐这一问题。在 IMF 贷款条件和《巴塞尔协议》的制约下，东南亚拉开了建立金融监管体制和中央银行独立性改革的序幕，至今已有 20 余年。迄今为止，东南亚的金融监管体制改革经历了两个阶段，围绕三个主题进行。第一阶段为 1997 年东亚爆发金融危机之后所进行的金融监管机制的改革，重点在于加强对银行业金融监管的同时，提高中央银行的独立性。2008 年美国金融危机爆发之后，东南亚的金融体制改革步入了第二阶段。各国主要遵循国际经济组织与国际评级机构的指导，推动和完善金融监管体制、加强金融监管、维护全球金融稳定，积极实施《巴塞尔协议Ⅱ》和《巴塞尔协议Ⅲ》，从各个方面落实以《巴塞尔协议》为核心要求的宏观审慎监管理念。在本章所涉及的东南亚国家中，其金融监管有三种模式，即中央银行监管模式、分业监管模式和综合监管模式。新加坡和马来西亚的金融监管模式便属于中央银行监管模式类型。菲律宾、泰国和越南则实行分业监管模式，尽管形式不尽一致，但均表现为中央银行不再专门行使监管银行的职责，而将宏观经济调控及金融稳定置于重要地位，银行、保险业和证券业的调节与监管则分别由不同的监管机构执行。综合监管模式则表现为通过立法等程序，在中央银行之外创立一个监管机构，印度尼西亚便是在 IMF 贷款条件下致力于将其金融监管模式由中央银行监管模式改变为综合监管模式。印度尼西亚政府于 2011 年颁布《金融服务管理局法》（the Law on Financial Service Authority of 2011），开始创建一个独立于中央银行之外的金融监管机构——金融服务管理局（Otoritas Jasa Keuangan，OJK），从 2013 年 12 月 31 日起，印度尼西亚中央银行（BI）对银行部门金融服务活动管理和监管的作用、职责和权利转移到了 OJK。实行新的金融监管模式是否合乎东南亚国情仍待进一步探究。

第七章对全球化下东南亚的金融稳定与地区金融安全合作进行了探究。1997 年与 2008 年的金融危机给东南亚的金融稳定与安全敲响了警钟。从东南亚的教训来看，国际游资等外在因素的冲击并不是关键所在，一国本身是否拥有一个健康和富有竞争力的金融体系、能否在本地区进行金融合作，才是决定能否避免重大金融危机或市场波动的关键。因此，在金融全球化的背景下，金融稳定与安全尤为重要。金融稳定重在各国中央银行的调控和监管，而金融安全则重在进行区域金融合作。本章首先尝试界定新形势下金融稳定的内涵，进而分析金融稳定的影响因素，包括市场竞争、金融过度发展与风险、资本账户开放与国际资本流动、金融监管对金融稳定的影响、中央银行的作用等。其次，对东南亚为实现地区安全而参与的“泛区域”甚至“跨区域”的货币金融合作进行较为深入的探究。1997 年东亚金融危机爆发至今，地区货币金融合作经历了三个发展阶段。现今的东南亚货币金融合作机制是在传承和发展原先的金融合作安排的基础上建立的。一方面，原先的合作机制仍在发挥作用，并在“松散”和“非正式”的基础上朝较为“紧密”和“正式”的方向发展，有的还扩大了规模并增强了功能。另一方面，新的合作机制不断涌现，并扮演着重要角色。其中，以“10+3”为核心的相关机制取得了较大和具有实质性的进展，尤其是 2008 年美国次贷危机引发了全球金融动荡之后，该地区的货币互换协议从“清迈倡议”（CMI）升格到“清迈倡议多边化”（CMIM），成立了“自我管理的区域外汇储备库安排”（Self-Managed Reserve Pooling Arrangement，SRPA），作为 CMIM 的具体形式，使得原先松散的双边援助体系提升为较为紧密的多边资金救助机制。这表明东亚“10+3”货币金融合作迈上了一个新台阶，进一步走向深化。不过，外汇储备库在建立的过程中有些问题尚未达成共识，没有得到很好的解决，而运行过程中势必还会涌现出很多新问题，地区货币金融合作深化面临诸多挑战。

第二章

东南亚金融改革阶段性研究及其理论影响

20 世纪 80 年代中期至今，东南亚很多国家经历了三轮金融改革。本章阐述东南亚三轮金融改革的背景及理论指导。从东南亚国情和经济发展的多样性，以及金融改革的不同约束条件着手，研究东南亚金融改革的重点、实际进程与金融深化程度。

第一节　20 世纪 80 年代中期至 1997 年金融危机之前的金融改革

随着 20 世纪 80 年代中期之后经济全球化浪潮的兴起，东南亚被卷入其中。继亚洲“四小龙”（新加坡、中国香港、韩国、中国台湾）之后，东南亚的马来西亚、泰国、印度尼西亚等国，成为又一外国直接投资（FDI）青睐的地区，接受了大量美国、日本和欧洲等发达国家和地区的产业转移。尤其是 1985 年日本与美国签订了“广场协议”（Plaza Accord），使得日元对美元大幅升值。由于东南亚实行的是盯住以美元为主的一揽子货币，美元贬值导致了东南亚各国货币贬值的联系效应，为日本、欧洲及亚洲“四小龙”资本向这些国家转移生产基地创造了条件，外国直接投资纷至沓来。由于外国资本与储蓄较易获得，一些东南亚国家政府放弃了先前制定的比较保守的经济平衡发展战略，转而将注意力集中在如何更多、更快地吸引外国直接投资和外国储蓄上，以加快本国的经济增长速度。

从 20 世纪 90 年代开始，马来西亚、泰国和印度尼西亚的社会基础设施建设已经跟不上外国直接投资的需要，无论外资投资的硬环境还是软环境均较差，吸引外国直接投资的优势已经减退。为了能够获得外国储蓄，继续保持经济的高增长率，马来西亚、泰国、印度尼西亚等国开始在资本和金融领域实行自由化、私有化的改革措施，引来了一轮金融改革的浪潮，以吸引包括短期资本在内的国际资本。

马来西亚、泰国和印度尼西亚在这轮金融改革中的重点是实现国内金融制度和资本账户“双重自由化”（twin liberalization）。在解除对外汇流出入管制的同时，放宽对外国直接投资、对外信贷活动、资本和货币工具、金融衍生产品的管理；扩大外资在商业银行与金融公司的经营范围，允许金融公司涉足唯有商业银行经营的诸如外汇交易等业务。与资本账户的自由化步骤相一致，东盟三国还采取措施进行非中介金融市场的改革，发展货币市场、资本市场和外汇市场。

马来西亚资本市场的建立始于 1973 年，以建立吉隆坡证券交易所为标志。1987 年，马来西亚国家抵押公司发行抵押担保债券，并于 1995 年开办股票选择和期货交易所。马来西亚于 1989 年颁布了《银行金融机构法案》（BAFIA），以取代 1973 年的《银行法》和 1969 年的《金融公司法案》，允许外资银行以全资子行的形式在马来西亚开展业务。1990 年 10 月马来西亚成立纳闽国际离岸金融中心（IOFC），并引入发展伊斯兰银行。

印度尼西亚在 20 世纪 80 年代后期和 90 年代初制定了一整套金融自由化改革方案，其中包括取消国有银行存贷比率限制，以及银行贷款利率上限；解除对国有企业公开报价和挂牌上市的限制，并取消对外资进入股市的限制。1992 年 2 月制定的《银行法》和《资本市场法》在促使国有银行更直接参与市场竞争的同时，允许外资拥有印度尼西亚商业银行（包括国有和私营）的股权。

泰国政府为实现金融自由化和国内金融体系对外开放的主要举措包括：实现利率自由化；解除对经常账户和资本账户的管制；实施证券交易法，允许公司公开发行普通股票和使用债务工具，致使大量新资本涌入泰国的证券交易市场。为使泰国成为区域金融中心，泰国政府于 1993 年 3 月设立曼谷国际银行便利（BIBF）。主要负债业务是吸收国外资金，主要资产业务是向国内居民①和非居民提供外汇贷款。为国内居民提供的业务称为外借内贷（out-in），为非居民提供的业务则称为外借外贷（out-out）。BIBF 也从事其他一般的离岸银行业务，包括辛迪加贷款、第三国货币外汇交易和一些投资银行业

① 居民分为自然人居民和法人居民。自然人居民是指那些在本国居住时间长达一年以上的个人（但外交使节、驻外军事人员等一律是所在国的非居民）；法人居民是指在本国从事经济活动的各级政府机构、非营利团体和企业。

务。BIBF 所吸收的资金大都为短期资金，然而贷款期限大都属于长期。

相比马来西亚、泰国和印度尼西亚，菲律宾的金融改革开展得更早也更为激进。这主要受制于菲律宾特定的历史和政治体制，其金融改革具有很强的外部约束性特点。作为美国的殖民地与半殖民地，菲律宾在宣布独立后至菲美不平等条约终结之前的 1974 年，经济与金融发展基本上听命于美国及其所掌控的国际货币基金组织（IMF）和世界银行，并在其指导下建立了现代金融体系，金融政策深受国际主流经济理论的影响。20 世纪 70 年代中期菲美不平等条约终结之后，由于菲律宾政府推行“以外贷为驱动”的经济发展战略，向外大幅举债并将期投入不能在短期内产生收益的建设项目和非经济项目，使其经济经常爆发债务和金融危机，被迫一再向国际经济组织包括 IMF、世界银行借贷，或由 IMF 和世界银行出面向七国集团或其他私人垄断财团筹资为菲律宾提供援助基金。为保证菲律宾能够及时还清贷款本金，也为提供贷款的发达国家大垄断财团和跨国公司打开发展中国家的市场，实现贸易、资本乃至金融的自由流动，IMF 和世界银行要求债务国菲律宾必须遵循所约定的贷款条件。其中最为重要的条件是，在紧缩财政支出的同时，采取经济与金融自由化和对外开放等改革举措，为外国跨国金融投资公司的进入提供方便。在全球金融自由化浪潮和 IMF 贷款条件压力的双重作用下，菲律宾金融业在 20 世纪 90 年代加快朝自由化和去制度化（de-insitition）方向发展，其步伐迈得比其他邻国更快。并且早在 1993 年便建立了独立的中央银行制度。

越南、老挝和柬埔寨作为东盟新成员，经济发展较为滞后，但从 20 世纪 80 年代起也开始了向市场经济体制转轨的经济改革。作为经济改革的重要组成部分——金融改革也肇始于 20 世纪 80 年代末。尽管这三个国家金融改革的程度不能与东南亚其他国家同日而语，措施也不尽相同，但从共性的角度来看，这三国政府在该时段主要是改革金融体系国有垄断格局，减少政府对金融机构的干预，以打破金融业“大一统”的局面，形成二元银行体系；采取有效措施，加强金融领域竞争，降低外资准入门槛以加快金融市场对外开放步伐。

越南的改革进展较快。1988 年 3 月越南政府签发第 53 号决定奠定了越南银行业的改革方向。之后经过一系列的改革与变迁，越南在 1997 年东亚金融危机爆发之前初步形成了以国有商业银行为主导，股份制商业银行、外国银行分支机构、合资银行并存的新型商业体系。1996 年，越南开始筹备建立股票市场，1997 年 8 月成立越南国家证券委员会。越南国会于 1998 年做出成立胡志明和河内两个证券交易中心的决定，使得越南股票市场从无到有。越南还在这一时期先后进行了利率和汇率政策的改革。

老挝和柬埔寨因经济发展滞后，金融改革的推进亦较迟缓。老挝政府在 1990 年 6 月《老挝国家银行法》中赋予老挝国家银行金融调控和监管职能。从 1992 年起逐步放开银行准入条件，鼓励设立民营银行，允许外国银行在老挝万象设立分行。柬埔寨也是在 20 世纪 90 年代初才开始打破银行业“大一统”的局面，允许私人资本包括外资进入。无论是老挝还是柬埔寨，均尚未建立证券市场，利率和汇率政策的改革都滞后于越南。

与上述国家不同，新加坡的金融深化改革起步较早，始于 20 世纪 70 年代。主要表现在金融资产的增长、金融中介在经济中的作用不断增强，以及各类专门金融机构的发展上。早在 20 世纪 60 年代末期，新加坡货币管理局便对银行的设立实行开放政策。成立了 150 家国内银行和 40 家外商银行。20 世纪 70 年代中期之后，新加坡开始取消各银行存放款利率联合制，取消外汇管制等金融自由化措施。20 世纪 80 年代之后，新加坡进一步加快了金融领域的自由化改革、开放与创新，以适应全球经济与金融发展的深化，吸引了全世界最大的 100 家银行中的大多数在此设立分支机构，新加坡作为亚洲美元市场，具有仅次于伦敦、纽约和东京而占世界第四位的资金实力，已成为能够提供最广泛先进服务的“金融超级市场”。新加坡还是亚太地区重要的金融工具市场，是亚太地区的国际金融中心。

第二节　1997 年东亚金融危机爆发后的金融改革

1997 年东亚金融危机爆发之后，在 IMF 的贷款条件制约与监督下，东南亚那些遭受危机沉重打击的国家被迫进行新一轮金融制度的改革。改革的重点是：解决资本循环尤其是不良贷款的问题；进行银行重建和完善银行退出机制；在加强金融监管的同时，进一步促进金融部门的对外开放和自由化。不过，纵观其改革历程，这轮金融改革存在着两个既有联系又不相同的阶段。亦即 1998—2003 年，金融改革目标严格按照 IMF 的贷款条件进行；在东南亚危机重灾国提前还清 IMF 贷款之后，它们便进入了较为自主但必须遵循国际准则的金融改革阶段。

一、IMF 贷款条件下的金融改革

1997 年东亚金融危机爆发后，危机的传导效应使得东南亚的救市方法失效，在耗尽国家近乎全部外汇储备之后，危机重创国家包括泰国、印度尼西亚和菲律宾在内相继放弃救市转向 IMF 申请援助贷款，将经济主权置于 IMF 的管控之下，并开始了贷款条件约束下的金融改革。马来西亚虽然没有向 IMF 贷款，但也实行了“假想 IMF 金融改革政策”。①

作为融资的援助条件是 IMF 开出的一系列不仅侵犯别国主权，而且导致经济休克的所谓“IMF 疗法”的处方，包括：受援国必须通过采取高利率和紧缩货币政策、减少进口需求、压缩经济增长率等“IMF 正统”方法摆脱经济危机和加强外汇兑换率；立即关闭行将倒闭的金融机构和银行；采取严厉的财政紧缩措施以平衡政府财政收支；进行以金融业、公司和公共部门改革为中心内容的结构改革。由此可见，IMF 贷款条件的主要目的是收回以它牵头筹措的贷款本息，而非借款国的经济恢复与重建。IMF 要求东南亚借款国在银行金融领域的改革必须遵循监管发达国家银行业的《巴塞尔协议 I》所规定的准则进行。②

由于政治因素，印度尼西亚政府的经济改革与金融重组措施的出台，在与 IMF 的谈判过程中经历了反复和波折。从 1997 年 10 月印度尼西亚政府向 IMF 寻求援助开始，直至 1998 年 4 月，有关援助的附加条件——经济改革方案才基本敲定，时间长达半年之久。③ 与泰国和韩国相比，在 IMF 支持下的印度尼西亚改革方案更为全面，很多方面超过印度尼西亚政府在地区性经济组织和国际经济组织所作的承诺。在结构改革方面，除了进行银行系统的重组，其改革方案的框架还包括排除垄断，以及一整套增进市场机制和透明度措施，

---

① 西口清胜．亚洲货币金融危机与资本交易管制——马来西亚与中国的比较研究［Z］．《21 世纪初东南亚经济与政治》国际学术研讨会，中国厦门大学南洋研究院，2001，9.

② 1974 年年底，加拿大、法国、德国、意大利、日本、卢森堡、荷兰、瑞典、瑞士、英国和美国的中央银行行长齐聚瑞士巴塞尔，商讨成立巴塞尔银行监管委员会（BCBS）。1988 年 7 月，BCBS 颁布了《统一资本计量和资本标准的国际协议》，也称《巴塞尔协议 I》。界定了银行资本的组成，规定核心资本应占总资本的 50%，附属资本不应超过资本总额的 50%。同时，对不同资产分别给予不同的风险权数，在考核风险资产规模的基础上，要求 1992 年年底从事国际业务的银行资本与加权风险资产的比例达到 8%（其中核心资本不低于 4%）的目标。

③ 李晓西，主编．亚洲金融危机实地考察——背景资料部分“印度尼西亚与国际货币基金组织的协议”［M］．北京：中国人民大学出版社，1999.

包括改进破产法、建立商业法庭、起草竞争法，以及保证建立具有独立性的中央银行。此外，印度尼西亚政府还必须承诺并兑现其经济政策的公开化，这些都是有损于国家经济主权的。

受 IMF 贷款条件制约的东南亚金融改革主要围绕三大任务进行：一是加强金融监管；二是制定并实施金融机构重组计划；三是不良贷款处置和债务重组。

（一）加强金融监管

金融发展超前而监管滞后是此轮金融危机爆发的主因，这是国际学术界和政界达成的共识，因此严格金融监管至关重要。归纳危机重灾国对加强金融监管的举措可以发现，重新定义呆坏账、对银行贷款进行不同级别的管理、强化资产评级要求是最先采取的改革举措。

泰国中央银行主要采取了严格对呆坏账的定义与准备金要求和强化资产评级要求等措施。1998 年 7 月之前，凡泰国银行业的贷款在 12 个月未偿还本息之后，方被定义为呆账。1998 年 4 月，泰国中央银行公布一项新的规定，从 1998 年 7 月开始，分级处理呆账、新呆账与坏账问题，并对呆账和坏账进行新的定义：①正常贷款（pass），为准时偿还的贷款；②关注贷款（special mention），偿还期限拖欠少于 3 个月的贷款；③次级贷款（substandard），偿还期限拖欠 3～6 个月的贷款；④可疑贷款（doubtful），偿还期限拖欠 6～12 个月的贷款；⑤坏账（loss），拖欠 1 年或以上的贷款。后三类贷款均通称为问题贷款（problem loan），第⑤类贷款为坏账，亦被称为不良贷款（non-performing loan）。对各级贷款，泰国中央银行规定了不同的准备金要求。正常贷款的准备金要求为 1%，关注贷款为 2%，次级贷款为 20%，可疑贷款为 50%，坏账为 100%。

泰国中央银行还将资产评级的时间间隔从 12 个月减少至 6 个月。考虑到准备金要求的增加、坏账造成的损失及将来的发展需要，泰国中央银行要求所有的商业银行和金融公司提交资本重组计划。

菲律宾的新中央银行（SBP）自 1993 年成立以来便建立了一套对银行信贷、有价证券和风险资产实行监管的制度。其中将银行的风险贷款定性分为四种：①必须引起注意的贷款；②低于标准的贷款；③可疑贷款；④亏损贷款。SBP 根据这四种不同性质的贷款加强监管。东亚金融危机爆发之后，SBP 进一步严格风险贷款，对银行及准银行的风险贷款规定了不同的准备金要求。

第一种类型的准备金占贷款总额的比重从1998年12月31日的2.5%上升至1999年4月15日的5%，第二种类型从12.5%上升至25%，第三种类型一直为50%，第四种类型为100%。

印度尼西亚政府则颁布第56号总统令，根据国际标准颁布新的风险资产分类、贷款损失准备金标准等防范规定，要求全部银行在1998年年底接受由国际认可的稽核公司所做的贷款有价证券的核审。印度尼西亚中央银行还采取了一系列增强银行系统、增进银行监管系统的措施，即改善银行管理、加强内控机制、提高金融信息披露水平、坚持运用国际稽核标准等。印度尼西亚中央银行还要求各类银行在2001年年底增资8%。

（二）制定并实施金融机构重组计划

在IMF贷款条件的制约下，泰国政府在1997年8月4日责成总数为91家的金融公司中的58家公司暂停营业。当年10月，泰国政府颁布法令，成立金融重组局（FRA）和资产管理公司（AMC）。FRA的主要任务是：审查被责令停业的58家金融公司的复业计划；重组金融机构中的良好资产；监督无力复业的金融公司的清盘。AMC则负责处理问题资产，对通过公开出价购买的不良资产进行评估，参加被关闭金融公司不良资产的竞买活动，对余下的金融机构采取“以市场带动”的金融公司资本重组计划。战略实施之初，泰国政府希望通过增加金融机构的透明度和严格银行监管条例吸引国内外新的投资者。可是，由于泰国实际部门的情况继续恶化，不良资产激增，潜在的投资者对其投资行为十分谨慎，致使“以市场带动”的金融公司资本重组进展缓慢。

印度尼西亚政府也在IMF的贷款压力下被迫开始推行银行重组与改革措施。成立了印度尼西亚银行重组机构（IBRA），其主要任务是对无流动资金和破产的银行进行重组，并为银行重组筹集所需资产。[①] 为达到目的，在IBRA内部设立资产管理投资（AMI）和资产管理单位（AMU）。前者负责处理涉及资产的所有问题，后者负责获得并处理已被冻结或兼并银行的不良债务。印度尼西亚中央银行将所有尚未使用的流动资金支持（其数额相当于

① 印度尼西亚政府最初的银行重组战略重点是：稳定银行系统，用关闭、合并和政府接管的方法解决亏损银行问题；对弱势银行增资使其恢复实力；加强监管与调控能力。政府所采取的第一项行动是，于1997年11月关闭了16家破产的商业银行。直至1998年1月，印度尼西亚中央银行的举措是，通过向大私人银行注入大量流动资金，应付公众提款。在银行重组方面并没有采取其他重大行动。

1998 年 1 月 GDP 的 10%）转移给 IBRA。印度尼西亚政府还修改了银行法，授予 IBRA 解决问题银行的权力，并为 IBRA 融资发行了 80 亿卢比的债券，使之得以于 1998 年 2 月接管了 54 家资不抵债的银行。1998 年 9 月政府宣布将 4 家国有银行（BDN，EXIM，BBD，Bapino）与另一家国有银行（BRI）合并，成立一家新的银行机构——Mandiri 银行，后者持有被兼并银行 100% 的股份。① 1999 年 6 月，印度尼西亚国有企业权力部（MESOE）发布通告，加强对遗留的 3 家国有银行（BNI，BRI，BTN）的管理，采取过渡性措施。同时，明确表明，Mandiri 银行和这 3 家国有银行最终也要实行私有化。1999 年 2 月，印度尼西亚政府在完成对本国 128 家私人银行的资产负债核审之后，于当年 3 月采取了一项重大措施，即按照资本充足率（CARs）标准，解决弱势银行问题。②

东亚金融危机对马来西亚金融体系与公司部门的打击相比泰国、印度尼西亚要轻得多，因此马来西亚没有向 IMF 求援，但因其实行"假想的 IMF 金融改革政策"，所以也对其银行部门和金融机构进行了重组。首先，马来西亚政府于 1998 年 5 月成立国家资产管理公司（Danaharta），其任务是剥离银行机构的不良贷款，以实现银行部门的收支平衡，并加强银行的贷款能力。同年 8 月，又成立国家资本基金机构（Danamodal），其主要任务是负责调整金融机构的资本，向存活银行金融机构注资，以提高银行体系的资产充足率。金融机构与 Danaharta 和 Danamodal 的关系是：金融机构向 Danaharta 转让不良债权，在借贷平衡表上将不良债权折算之后，接受 Danamodal 的资本注入，以将自我资本比率提升到《巴塞尔协议》所规定的下限 8%的水平。1998 年 8 月，马来西亚设立企业债务重组委员会（CDRC），重点解决涉及银行的大企业债务问题。1999 年 10 月，Danaharta 开始了剥离金融机构不良贷款的第二轮行动。1999 年年底，马来西亚的 Danaharta 收购不良贷款账面价值共 340 亿林吉特，占不良贷款总额 1030 亿林吉特（3 个月未偿还的不良贷款）的 33%。截至 2001 年 12 月 31 日，在 Danaharta 所收购和代管的 477.2 亿林吉特

① MASABIRO KAWAI. Building institutions and resolution of the East Asian crisis, in Peter Drysdate (ed) reform & recovery in East Asia (The role of the state and economic enterprise) [J]. Routledge, 2000: 290.

② 印度尼西亚的私人银行被分为三种类型：A 类银行的资本充足率至少占风险资产的 4%；B 类银行的资本充足率为-25%~4%；C 类银行的资本充足率低于-25%。

不良资产中，已处理或达成处理协议的占 99.9%。[①] 从 2000 年开始，马来西亚中央银行（BNM）宣布推行一项重大的金融重组战略，将马来西亚的 54 家金融机构、22 家商业银行、20 家金融公司、12 家商人银行重新组成 10 个大银行集团。马来西亚的金融改革与调整进入了一个新的发展阶段。[②]

（三）不良贷款处置和债务重组

根据泰国政府与 IMF 达成的贷款协议要求，泰国政府在 1997 年 8 月 4 日责成总数为 91 家的金融公司中的 58 家公司暂停营业。之后，对余下的金融机构采取“以市场带动”的金融公司资本重组计划，以形成泰国金融体制的核心。战略实施之初，泰国政府希望通过增加金融机构的透明度和严格银行监管条例吸引国内外新的投资者。可是，由于泰国实际部门的情况继续恶化，不良资产激增，潜在的投资者对其投资行为十分谨慎，致使“以市场带动”的金融公司资本重组进展缓慢。1998 年 8 月 14 日，泰国政府发起了“为经济复苏重组金融部门”行动计划，并建立总额为 3000 亿泰铢（合 86 亿美元）的公有基金，用于重组金融机构。为加快金融重组，在世界银行贷款条件的压力下，泰国放宽了对外资持有当地银行股份的限制。泰国银行宣布，在 10 年内取消对外资持有当地金融控股 25%的限制，10 年后，外资虽然无权认购新发行股份，但仍可继续持有原有的股份。对外资政策的放宽，使得金融机构的重组获得了初步进展。2001 年 6 月，泰国政府成立泰国中央资产管理公司（TAMC），专司剥离金融机构和企业的不良资产或坏账，促进债务重组。

在 IMF 贷款的压力下，印度尼西亚政府于 1998 年 1 月被迫开始推行银行改革措施，由印度尼西亚银行重组机构（IBRA）接管 54 家资不抵债的银行，其中包括 4 家公有银行、31 家私人国家银行、11 家地区开发银行。1998 年 8 月印度尼西亚政府根据 IMF 的要求被迫加快了银行业改革的步伐，主要目标是对印度尼西亚的私人大银行和国有银行进行兼并。印度尼西亚政府根据 IMF 的指导于 1998 年 9 月正式宣布，将 4 家国有银行（BDN，EXIM，BBD，Bapino）和另一家国有银行（BRI）合并，成立一家新的银行机构——Mandiri 银行，后者持有被兼并银行 100%的股份，成为印度尼西亚最大的银行，其资

① 唐钰琳．马来西亚资产管理公司处理不良资产的方法及其成效［J］．国际金融研究，2002（7）．

② ［日］村上美智子．马来西亚的金融重组和银行经营健全化［J］．南洋资料译丛，2001（4）．

产总额占银行部门总资产的25%。但是，合并的法律程序要到1999年7月才能完成。1998年10月和12月，印度尼西亚政府发行了两批银行资本重组债券，总额达178万亿卢比，或占当年印度尼西亚GDP的14.6%，完成对Mandiri银行资本的调整。① 1999年6月，印度尼西亚国有企业权力部（MESOE）发布通告，加强对遗留的3家国有银行（BNI，BRI，BTN）的管理，采取过渡性措施并实行私有化。

印度尼西亚政府对企业重组、国有企业改革与私有化采取了三项重要措施：一是设立以外国债券指导委员会、负债方联系小组和私人外债小组联合组成的PED机制，并在IMF、世界银行和亚洲开发银行的技术支持下，制定“雅加达创新方式”（Jakarta Initiative）私人债务重组计划。二是采取“雅加达创新旗舰行动”（Jakarta Initiative Task Force），对现有的破产法进行重大调整。主要内容是在法律上允许私营部门的称职专业人员接管破产或正在重组过程中的公司资产；建立程序法规，以保证整个处理过程的稳定性和透明度，尤其是防止无理拖延破产过程；采取有力的保护措施，防止在破产实施之前债务人通过内线或非法手段进行交易。三是建立特别商务法庭，使其对破产程序拥有司法权并负责一般商务纠纷的审判。

马来西亚政府于1998年5月成立国家资产管理公司（Danaharta），由于剥离银行机构的不良贷款，并于1998年8月成立国家资本基金机构（Danamodal），通过其向存活银行金融机构注资，以提高银行体系的资产充足率。1998年8月设立企业债务重组委员会（CDRC），促进公司债务在法庭之外的自愿重组，方便债权人与债务人自愿达成协议。1999年10月，Danaharta开始了剥离金融机构不良贷款的第二轮行动。在处理不良贷款的同时，马来西亚连续4次发行有政府担保的零点公债券，并以投标的方式出售了2.52亿美元的外贷不良资产。紧接着又开始其一年4次拍卖破产公司、企业的财产或资产的活动。截至2001年12月31日，在Danaharta所收购和代管的477.2亿林吉特不良资产中，已处理或达成处理协议的占99.9%。②

① MASABIRO KAWAI. Building institutions and resolution of the East Asian crisis, in Peter Drysdate (ed) reform & recovery in East Asia (The role of the state and economic enterprise) [J]. Routledge, 2000: 290.

② 唐钰琳. 马来西亚资产管理公司处理不良资产的方法及其成效 [J]. 国际金融研究, 2002 (7).

二、摆脱IMF贷款条件约束后的金融改革

由于IMF的“处方”基本上是传统的应对措施，加上其贷款援助条件要求东亚重灾国在尚未制止危机之前进行结构改革，在实践中不仅未能使危机得到缓解，反而使危机进一步扩展、加深。这一方面表现为高利率和金融改革的压力使银行、金融公司的坏账进一步增加，引发更多的银行破产和公司倒闭事件；另一方面则表现为不断增加的失业与贫困，进而引发政治动乱，给国家的稳定带来了威胁，因而招致来自各方的批判。①

包括约瑟夫·斯蒂格利茨（Joseph Stiglitz）、保罗·克鲁格曼（Paul Krugman）等在内的西方著名经济学家都认为，IMF对东亚危机重灾的贷款条件过于苛刻，主要考虑贷款本息能否收回，而非受灾国的经济复苏。尤其是针对泰国、印度尼西亚和韩国的“休克疗法”，只会使受灾国在国内和国际上更加失去信誉，使更多的资本在关键时刻外流，使地区危机和经济衰退更为深刻、持续时间更长。他们还认为IMF参与的结果不但未能解决该地区在危机初期遇到的很多问题，反而增加了贫困，使工资更为下跌、环境更为恶化、公共债务剧增，以及债务国国家主权的消融。史蒂文（Radelet S.）和萨克斯（Sachs J.）则谴责IMF和其他国际金融机构在1997年危机中夸大了问题的严

---

① 有关IMF的改革建议总结如下：①金融与公司部门的改革：关闭资不抵债的金融机构，将它们的资产转移到资产重组局（韩国、印度尼西亚、泰国）并进行资产重组或合并（全部重灾国）。马来西亚和泰国改革方案的重点是金融公司部门；保证利用有限的公共资金进行银行重组，用于重组所开支的实际资金必须在财政预算中明确标示（全部重灾国）；强化谨慎原则标准，包括贷款分类、程序要求和资本充足标准（全部重灾国）；强化披露、会计和审计标准，以及立法和监管机构（全部重灾国）工作；本国银行业实行对外投开放（韩国、印度尼西亚和泰国）；采取严厉的财政紧缩措施（印度尼西亚、马来西亚、泰国）；加强对贷款风险的审慎规定（全部重灾国）；引入长期贷款保险方案（全部重灾国）；对公司内外债务进行重组（印度尼西亚、韩国、泰国），关闭资不抵债的公司（韩国）。②竞争和政府政策：对实行严格销售安排的各种主要商品实行自由化（印度尼西亚）；建立政府资产私有化的有竞争力的程序和条件（印度尼西亚、马来西亚、泰国）；禁止或限制运用公共资源拯救私人企业（印度尼西亚、韩国、马来西亚、泰国）；加速私有化，或关闭资不抵债的国有企业（印度尼西亚）；健全企业倒闭标准（韩国）；除金融部门外，实行外资对其他所有部门的所有和管理自由化（韩国、印度尼西亚、马来西亚、泰国）。③贸易改革：削减对进口关税和出口税收的征收（印度尼西亚）；停止对商品进口和出口的数量限制（印度尼西亚、韩国）。④社会政策：实施劳动密集型公共建筑工程项目（印度尼西亚、泰国）和扩大失业保险安全网（韩国）；保护低收入阶层的利益，使其免受物价和其他必需品涨价的影响（印度尼西亚、马来西亚、菲律宾、泰国）；政府为穷人提供健康与教育（印度尼西亚）保障，政府的预算支出中为穷人再拨健康项目的支出（泰国）；扩大助学金和贷款计划，以减少失学学生的数目（泰国、马来西亚）；为中小企业提供补助贷款（印度尼西亚、马来西亚）。资料来源：IMF，World Economic Outlook，A survey by the staff of the International Monetary Fund，October，1998。

重性，未能采取有效措施敦促债权与债务国做出还债安排，导致信心丧失，从而使东亚地区的“无流动资金”金融情况进一步恶化，最终演变为金融系统的崩溃。同时，短期债务的暴露必然带来货币贬值恶性循环的大混乱，并使呆账、坏账大为增加。其结果是不可避免地爆发了由恐慌诱导的自我形成危机。[①] 新自由主义学派代表人物哈佛大学经济学教授马丁·费尔德斯坦（Martin Feldstein）也猛烈批判了IMF在东亚危机中的表现。他说，IMF在东亚危机中对重灾国所做的一切正在使其有效性及其作用大为受损。IMF强调结构与机制改革，而非重视收支平衡的调整，对该地区近期甚至较为长期的经济发展产生了相反的作用。IMF应该继续履行其帮助受灾国应对外汇的暂时性短缺和长期的贸易逆差之传统性任务。在评价IMF给印度尼西亚政府所开的“药方”时，他尖锐地指出，对一个合法的政府强加详尽的经济改革“处方”是值得怀疑的问题。IMF不得利用一些国家遇难之时践踏别国的民族政治程序，应该延迟在印度尼西亚推行反贪污之类的计划，先解决稳定印尼盾、解决私营企业债务和为商人增加信贷等问题。[②]

由此可见，IMF的援助贷款条件不仅不利于受灾国经济的复苏，而且使受灾国经济陷入更深的泥潭。为使国家经济主权掌握在自己手里，泰国和印度尼西亚政府先后于2003年提早还清了贷款，摆脱了苛刻、有损于受援国经济发展和民族自尊心的贷款条件的控制。马来西亚在实施类似的“假想IMF金融改革政策”之后，经济非但没有好转，反而更为恶化，遂于1998年9月采取了与IMF背道而驰的政策，推行为期1年的选择性资本管制措施。该项措施包含两个相关联的部分：一是稳定马币汇率；二是限制短期资本外流。不过，菲律宾却因自身独特的原因，经济持续走低，在其他国家摆脱IMF贷款之时却向IMF借用了6.2亿美元的备用贷款，从而将经济主权重新置于IMF的贷款条件之下。

这一时期东南亚国家的金融改革主要集中在银行业部门，并注重提高整体金融体系的安全性与稳定性。巴塞尔委员会于2004年6月26日公布的《统一资本计量和资本标准的国际协议：修订框架》（《巴塞尔协议Ⅱ》），成

---

① RADELET S, SACJS J. The East Asian financial crisis: diagnosis, remedies, prospects [J]. Harvard institute for international development. 20 April, 1998.

② FELDSTEIN, MARTIN. Reforming the IMF [J]. Foreign affairs, 1998, 77 (2): 20-33.

为东南亚国家在这个时期金融改革的指南。[①] 改革目标在于使本国的银行金融业能够达到《巴塞尔协议Ⅱ》三大支柱中所规定的标准，以期通过制定资本充足性的指导原则，更精确地评价银行的风险，降低套利交易的机会，并为监管机构使用更复杂的风险管理方法提供更大的灵活性。与此同时，鼓励银行根据《巴塞尔协议Ⅱ》中对资本的要求，自行建立更健全精确的风险管理体系，以有效地控制风险，增强盈利能力。[②] 尽管东南亚危机重灾国还清了IMF的贷款，可以不再强制遵循IMF的贷款条件，但是，IMF作为推动金融全球化三大国际经济机构依然试图主导发展中国家，包括东南亚金融改革的方向。

以下以泰国、马来西亚和新加坡为例，展示东南亚国家在金融领域所作的具有多样性的自主性改革。

（一）泰国

1. 摆脱IMF贷款条件后泰国的金融改革

2003年7月泰国提前还清IMF贷款，开始了自主性的金融制度改革。2004年1月，泰国内阁通过了由政府和央行提交的《金融部门总体规划》(Financial Sector Master Plan)[③]。该总体规划针对危机爆发以来泰国金融机构出现的包括金融系统的效率、证券市场发展滞后等问题，提出泰国金融部门今后5~10年发展规划的指导性意见。《金融部门总体规划》的推出和实施使泰国金融部门发生了巨大的变革，也标志着泰国又一轮金融制度改革与变迁高潮的到来。

第一阶段的改革规划为期3年，其主要致力于现存金融部门结构的合理

---

① 1998年巴塞尔委员会开始起草新资本协议，先后于1999年6月、2001年1月和2003年4月发布了征求意见第一稿、第二稿和第三稿，前后历时6年。

② 《巴塞尔协议Ⅱ》的三大支柱构成了其基本框架：第一支柱是最低资本要求，主要包括三个基本要素：监管资本的定义、风险加权资产和资本对风险加权资产的最低比率。第二支柱是监管部门的监督检查。针对银行业风险，制定监督检查的主要原则、风险管理指引和监督透明度及问责制度，以及如何处理银行账户中利率风险、操作风险和信用风险（包括压力测试、违约定义、剩余风险、贷款集中风险和资产证券化）。第三支柱是市场纪律，是对第一支柱（最低资本要求）和第二支柱（监督检查）的补充。巴塞尔委员会建立了一套披露要求与标准，主要涵盖“适用范围、资本结构、风险敞口与评估以及资本充足率”四个领域，并就每一领域都制定了具体详细的披露要求。

③ 泰国实际上在2002年2月就成立了“金融部门总体规划委员会”，主要有三个目标：使全国范围内潜在用户都很容易获得金融服务；建立一个有竞争力、高效的金融体系；使金融服务对所有客户公平。BANK OF THAILAND. Supervision report 2004 [EB/OL]. http://www.bot.or.th; Bank of Thailand. Financial Sector Master Plan. http://www.bot.or.th.

化、提高金融机构效率、扩大金融服务范围，尤其是扩大在人口众多的农村地区的金融服务。金融部门结构合理化工作是将泰国目前的商业银行、金融公司、房地产信贷公司、国际银行便利（IBF）进行整合，泰国央行的目标是，按照“仅存一家政策”（One Presence Policy）① 的原则将其监管的 83 家金融机构降低到 44 家。

按照《金融部门总体规划》，泰国国内只允许存在两类银行：可以提供所有传统商业银行服务和部分投资银行业务的商业银行（又称全能银行）和零售银行。取得商业银行营业执照至少需要核心资本金 50 亿泰铢。零售银行的最低资本金为 2.5 亿泰铢，其提供的金融服务只能面对中小企业和低收入群体，不得对外经营衍生金融产品。除非财政部特许，不得经营外汇业务。达不到这些标准的金融机构不能成立银行，只能以信贷公司的形式营业，不得吸收公共存款。根据这个计划，国有商业银行和国有专业银行从 13 家锐减到 3~4 家（见图 2-1）。

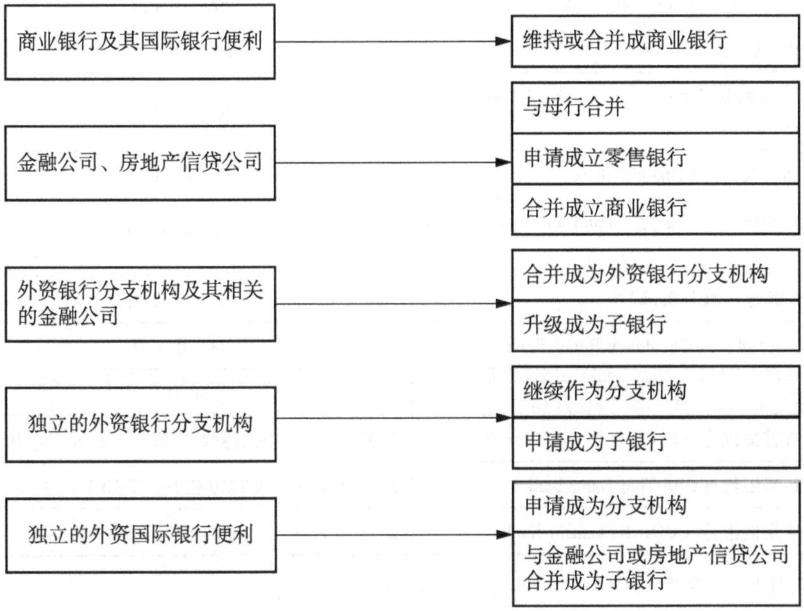

图 2-1　泰国银行类机构、金融公司、房地产信贷公司制度变迁

资料来源：泰国中央银行官方网站，www.bot.or.th。

① “仅存一家政策”的目标是指将众多商业银行、金融公司、房地产信贷公司进行整合，使每家金融机构只有一个吸纳存款的机构。

在IMF的贷款条件制约下，泰国中央银行曾经宣布在10年内取消对外资持有当地金融控股股份的限制。摆脱IMF贷款条件后，泰国中央银行进一步规定：外资银行可以两种形式存在，即外资子银行（Subsidiaries of Foreign Banks）和外资银行分支机构（Full Branches of Foreign Banks）。外资子银行需要最低核心资本金40亿泰铢，才享有泰国国民待遇。外资银行分支机构需要最低核心资本金30亿泰铢，但是不得增开分支机构。

按照《金融部门总体规划》，以银行为主的金融机构开始了大规模的资产重组。2005年因金融机构并购、升级而新成立的商业银行便达5家。除泰纳昌银行（Thanachart Bank）和曼谷首都银行（Bangkok Metropolitan Bank）这两家的重组发生在IMF贷款条件之下，其他商业银行的资产重组均可被视为自主改革（见表2-1）。

表2-1　2002—2006年泰国商业银行资产重组

新成立银行	成立时间
1. 泰纳昌银行（Thanachart Bank）	2002年4月
2. 铁士古银行（Tisco Bank）	2005年7月
3. 中国国际商务银行（International Commercial Bank of China）	2005年8月
4. 甲那金银行（Kiatnakin Bank）	2005年10月
5. 土地和房产零售银行（Land and House Retail Bank）	2005年12月
6. ACL银行（ACL Bank）	2005年12月
7. GE零售银行（GE Money Retail Bank）	2006年1月
被兼并银行	**备注**
1. 曼谷首都银行（Bangkok Metropolitan Bank）	2002年4月并入暹罗城市银行（Siam City Bank）
2. 泰达努银行（DBS Thai Danu Bank）	2004年9月并入TMB银行（TMB Bank）
3. 叻他奈信银行（UOB Radanasin Bank）	2005年11月并入亚洲银行（Bank of Asia）

资料来源：泰国中央银行官方网站，www. bot. or. th。

2. 摆脱IMF贷款条件后泰国金融制度改革的成效

首先，商业银行经营状况得到了很大的改善。随着《金融部门总体规划》的实施，金融公司、房地产信贷公司等金融机构在存贷款业务中的比重进一步下降。泰国金融业中的主要部门——商业银行部门，在泰国金融部门的存贷款总额中占有超过70%的比重。经过危机后8年多的艰苦改革，包括一系列的不良贷款处理、资本金的充实、银行监管制度的加强和完善，以及《金融部门总体规划》指导下的金融机构重组，泰国的商业银行境况大大改善，盈利能力大大提升。

其次，证券市场得到了较好的恢复。泰国证券市场在危机期间遭受了严重打击，1997 年中到 1998 年下半年短短一年多时间里泰国证券交易所股票市值就蒸发了 2/3。经过 8 年多的证券市场制度改革，泰国证券交易委员会的独立性和政策执行力度大大加强，股票市场的基石——上市公司的质量也由于危机的消除和经济的复苏而得到很大的提高，公司治理和信息披露制度得到进一步完善，投资者信心也有了很大的恢复，这些都极大地促进了泰国证券市场的复苏。2006 年泰国证券交易所指数（SET）已经恢复并超过了危机前的水平，第一季度基本稳定在 700~800 点。

最后，币值回归，汇率更加稳定。泰铢在经受了危机期间的剧烈波动之后，汇率波动明显变小。麦金农和岗泽（McKinnon and Gunther, 2003, 2004）的研究表明，泰铢对美元汇率波动的标准差，在危机前为 0.21，波动相对较小；而危机期间标准差变为 1.55，表明泰铢对美元的波动迅速增加；危机后，波动标准差又下降为 0.38，说明泰铢对美元汇率波动大幅度减小，尤其是危机后的 2003—2004 年，标准差进一步下降为 0.27，泰铢对美元的波动基本恢复到危机前水平。① 泰铢对美元汇率趋于稳定的重要原因是泰国央行对外汇市场的干预。泰国在 2003 年还清 IMF 贷款以后，修正了一些原先在 IMF 贷款条件下所承诺的货币金融政策。② 泰国金融政策部门认为，作为出口导向型开放小国，泰国不能不关注本国货币币值的稳定。为此，泰国实际上抛弃了 IMF 以前所要求实行更有弹性、浮动幅度更大的汇率制度。泰国目前的很多货币金融政策在实施时都充分考虑汇率的稳定，尤其是泰铢对美元的稳定。

---

① 麦金农等的研究将泰铢汇率的考察期分为三段：危机前为 1994 年 1 月 1 日至 1997 年 5 月 30 日，危机中为 1997 年 6 月 1 日至 1998 年 12 月 31 日，危机后为 1999 年 1 月 1 日至 2004 年 5 月 17 日。参见：MCKINNON，RONALD，AND GUNTHER SCHNABL. Synchronized business cycles in East Asia and fluctuations in the Yen-Dollar exchange rate [J]. The World economy，2003（26）：1067-1089. MCKINNON，RONALD，AND GUNTHER SCHNABL. The East Asian dollar standard fear of floating and original sin [J]. Review of development economics，2004（8）：331-360. MCKINNON，RONALD，AND GUNTHER SCHNABL. The return to soft dollar pegging in East Asian：mitigating conflicted virtue [J]. International finance，2004，7（2）：169-2001.

② 另外一个非常明显的修正就是央行的中间货币政策目标由 IMF 贷款条件下实行的货币供应量目标改为通货膨胀率目标，因为泰国央行认为泰国的货币供应量和产出增长率之间的关系并不稳定。

（二）马来西亚

如前所述，马来西亚在1997年东亚金融危机期间并未向IMF寻求援助，因此在金融改革方面具有较大的主动权。但马币林吉特的汇率在1998年之后急剧波动，马来西亚政府遂于1998年9月采取了与IMF背道而驰的政策，推行为期1年的选择性资本管制措施。与此同时，在银行金融领域采取了一系列重要的改革措施。

1. 金融危机后马来西亚银行金融业改革的措施

第一，积极处理银行业呆账。1998年3月，马来西亚政府建立国家资产管理公司（Danaharta），主要目的是转移收购银行的呆账，以确保商业银行的呆账情况可以维持在可控范围之内。规定凡坏账率超过10%的银行，其超过10%的部分必须以一定的折扣率卖给国家资产管理公司，[①] 然后再由国家资产管理公司将这些坏账交由马来西亚最大的商业银行——马来亚银行代为管理。换言之，通过将银行的坏账剥离给资产管理公司来改善银行的资产质量，可以使商业银行免于破产。

第二，向银行大量注资。除剥离银行坏账外，马来西亚还同时成立了国家资本基金公司（Danamodal），向那些无法筹集资本的银行机构注入资金，使其可以继续维持下去。1999年7月，当邻国的金融机构还处于大批破产的境地时，马来西亚的国家资本基金已经为10家银行机构注资64亿林吉特，使其银行的平均风险加权资本比率达到13%，远超出《巴塞尔协议Ⅰ》所规定的8%的要求。

第三，建立企业债务重组委员会。由于减少银行坏账在很大程度上要依靠企业资产质量的提高，要彻底改善银行资产还需要从改善企业的经营状况着手。1998年8月，马来西亚政府成立企业债务重组委员会（CDRC），作为Danaharta和Danamodal的补充，其任务是为企业借款人和债主（主要是银行机构）提供更加快速的重组债务制度，让债权人和债务人无须通过法律程序来解决彼此的债务。企业债务重组委员会仅成立10个月，便于1999年6月中旬接受了60家公司的申请，重组债务325亿林吉特。

第四，实行银行重组与合并。1999年7月29日，马来西亚政府宣布强制性推行银行合并计划，将国内所有金融机构合并为6家大银行集团，即马来

---

① WILLIAM BRUMMITT. Asia's financial markets：capitalising on reform，department of foreign affairs and trades［EB/OL］. http：//www. dfat. gov. au/publication/fin_ markets/，1999.

亚银行、马华银行、土著联昌银行、英雄艾芬银行、大众银行及南方银行。之后在华人银行企业的要求下，马来西亚政府将原定的6家大银行集团扩大为10家，另外4家分别是丰隆银行、兴业银行、大马银行及国贸银行。这项大合并的顺利完成使得每家银行集团的股东基金不少于20亿林吉特，资产总额也超过了250亿林吉特。在马来西亚的22家商业银行中，内资银行为9家（2006年3月15日，马来西亚第二大银行土著联昌银行以67亿林吉特收购南方银行），外资银行为13家。主要外资银行来自新加坡（2家）、美国（3家）、英国（2家），其余6家分别来自日本、泰国、荷兰、德国、加拿大、中国。在马来西亚的22家商业银行中，资产规模前十位的银行有5家是外资银行。

第五，制定《金融业大蓝图》。2001年3月1日，马来西亚中央银行公布了《金融业大蓝图》（FSMP），规划了今后10年金融业的发展。其中，银行业的改革和发展分为三个阶段：第一阶段是2001—2003年。继续进行1999年开始的银行业的并购，扩大马来西亚国内商业银行的规模以增强竞争力。第二阶段是2004—2006年。在建立有较强竞争力、创新力和高效率的国内大银行的基础上，适当引入竞争机制。具体措施包括对现有的外资银行适度地放宽管制，同时让消费者有更多的选择。2004年10月，马来西亚第四大银行兴业银行（RHB）25%的股份卖给了阿联酋阿布轧比商业银行。2005年3月，新加坡淡马锡出资1.44亿美元入股马来西亚安联银行。2006年11月，澳大利亚第三大银行澳新银行（ANZ）斥资3.57亿美元，入股大马证券银行（AmMerchang）。第三阶段是2007年至今。为增强银行业的竞争，在放宽引入外资银行的同时鼓励国内银行走向国外。2008年2月，中国香港私募基金博智资本（Primus Pacific Parter）出资13.371亿林吉特（约合4.1亿美元）收购马来西亚第七大银行国贸银行的母公司国贸资本（EON Capital）20.2%的股权，成为其第一大股东。

2. 马来西亚商业银行改革的成效

在2008年美国金融危机的影响扩散到全球之时，马来西亚已经通过对商业银行所做的一系列改革，提高了银行业的竞争力和国际地位，形成了九大商业银行的格局。它们分别是艾芬银行（Affin）、安联银行（Alliance）、大马银行（AmBank）、土著联昌银行（CIMB）、国贸银行（EON）、丰隆银行（Hong Leong）、马来亚银行（Malayan Banking Berhad）、大众银行（Public）和兴业银行（RHB）。这一时期，马来亚银行是马来西亚最大的商业银行，其次是土著联昌银行和大众银行，分别位于第二位和第三位。总体来看，2008

年马来西亚商业银行的各项指标与1997年东亚金融危机爆发时相比都有了很大的提高。其中商业银行的核心资本充足率为10.6%，风险资本充足率为12.7%，基于3个月的不良贷款为2.2%。[①] 马来西亚商业银行的国际地位也有了较大的提高。香港中文大学工商管理学院和中国人民银行研究生部联合推出的《2007年亚洲银行竞争力排名研究报告》显示，在2007年亚洲125家银行的综合竞争力排名中，马来西亚有7家银行榜上有名，分别为大众银行（第10位）、马来亚银行（第26位）、土著联昌银行（第46位）、丰隆银行（第86位）、兴业银行（第110位）、国贸银行（第111位）和大马银行（第120位）。[②]

（三）新加坡

新加坡政府将金融业作为经济发展的重要支柱，致力于将新加坡发展成世界级的金融中心。正是因为新加坡具有健全的金融监管体系和富有效率的监管过程，才使得新加坡的金融稳健性居全球首位，金融风险得到有效控制，在1997年东亚金融危机爆发时避免了一场浩劫，国家主权免于遭受蹂躏。1997年东亚经济危机爆发之后，新加坡扮演中央银行角色的金融管理局（MAS）积极采取了一系列有力措施，使得本国的金融银行业更为康健。

1. 积极进行银行业的整合，以增强本土银行的竞争实力

新加坡发展银行并购邮政储蓄银行（后更名为星展银行）后成为东南亚第一大银行，并在中国香港并购了道利银行，成立星展银行香港公司。成功并购促进了银行经营业绩的改善，提升了银行的竞争力并扩大了市场份额，在国际金融市场上获得一席之地，可以与欧美大银行竞争，扩展国际业务，巩固新加坡金融市场的国际地位。但随着新加坡星展、华侨、大华三大本土银行的发展壮大，本土银行不仅占有银行业总资产50%的比例，而且基本维持了国内市场一半以上的占有率，总体实力与外资银行相当。

2. 国内银行和外国银行相对分离可有效抵抗危机蔓延

新加坡的银行业可以分为两个部分，即当地银行和外国银行。新加坡作为国际金融中心，必须引进外国银行，但是为了保护当地银行，避免其与外国银行过度竞争，新加坡政府采取措施，只对部分外国银行发放限制性执照

---

① Economic and financial development in Malaysia in the fourth quarter of 2008 [EB/OL]. http://www.bnm.gov.my/view.php?dbIndex=0&website_id=1&id=690.

② 2007年亚洲银行竞争力排名研究报告 [N]. 21世纪经济报道，2007-12-01.

或者离岸执照，截至2006年12月，新加坡共有商业银行110家，其中本土银行7家、外资银行103家。在外资银行中，全能银行（Full Bank）24家，批发银行34家，离岸银行45家。[①] 全能外资银行可以在新加坡与当地银行一样从事境内交易，但不允许增设分行；批发外资银行可以从事国际业务，但是不能接受新加坡的居民普通存款和25万新加坡元以下的定期存款，并且外国银行只能在新加坡设立一个分行；持离岸执照的外资银行只能从事以国际业务为主的离岸业务。

3. 新加坡金融管理局监管严格，银行业抗风险能力强

新加坡金融管理局（MAS）制定了严格的银行业监管标准，长期以来新加坡的银行资本充足率和有关金融监管一直是与巴塞尔委员会成员国同步的，对《巴塞尔协议》的执行持非常积极的态度。MAS对银行业的监管主要内容包括市场准入、法人治理结构、危机处理和市场退出。对市场准入采取少而精的原则，鼓励本地银行进行重组、整合和合并，以提升其竞争力。对外资银行则采取有选择的市场准入原则，其中包括必须是世界最强的300家银行及各国国内名列前茅的银行，金融产业记录和信用评级良好、信誉优良的银行，母国监管机构监管得力的银行，以及符合国际清算银行资本充足标准的银行。2000年之前，MAS一直要求银行资本充足率不得低于12%，其中核心资本充足率不得低于10%。2000年9月之后，核心资本充足率被调低至8%，资本充足率仍然要求12%，这些资本标准远高于《巴塞尔协议Ⅰ》规定的8%。巴塞尔委员会于2004年6月推出《统一资本计量和资本标准的国际协议：修订框架》（《巴塞尔协议Ⅱ》）之后，MAS积极与本国银行进行沟通，探讨如何更好地贯彻《巴塞尔协议Ⅱ》，以促进新加坡银行业不断完善风险管理系统，从而培育一个安全有序的金融体系。根据本国银行业的特点，MAS分阶段地引入了《巴塞尔协议Ⅱ》的内部评级法，以提高新加坡银行业的风险管理水平。更为重要的是，MAS还鼓励银行完善严格的压力测试机制，使其准备好足够的资本金以抵御在经济周期中可能会遇到的风险。

4. 构建金融安全网

1997年东亚金融危机爆发后，MAS开始构建国家金融安全网，除在监管方面进行不间断的创新之外，从2001年开始着手研究存款保险制度，历时4年。在征询意见的基础上，其于2004年草拟《存款保险法案》。2005年10

---

① Monetary authority of Singapore [EB/OL]. http://www.mas.gov.sg/fi_directory/index.html.

月，新加坡颁布《存款保险法案（2005）》，于2006年4月正式生效。依照《公司法案》，新加坡存款保险有限公司（SDIC）于2006年1月注册成立。该公司是新加坡存款保险基金的指定代理机构，负责执行存款保险计划（DIS），其董事会对新加坡金融管理局的分管部长负责。SDIC在“存款保险计划”下的职能主要包括：向DIS成员收取保费，管理存款保险基金，补偿受保储户和向公众宣传DIS。作为“计划会员”的银行或金融公司一旦倒闭，储户在这些机构中合乎条件的累计存款可领取的受保额至多为2万新加坡元。

第三节　2007年美国金融危机爆发至今东南亚的金融改革

由2007年3月美国次贷危机引发的金融危机，到2008年第四季度已经转变为一场席卷全球的经济与金融相交织的危机，危机的冲击使欧美诸多银行陷入困境乃至倒闭。在金融全球化的背景下，东南亚的银行业也不可能独善其身，全球金融动荡已通过各种传导途径对东南亚的银行系统产生一定程度的影响，东南亚国家均采取了一系列应对举措。

一、美国金融危机爆发之后东南亚采取的应对举措

东南亚采取的应对举措与欧美国家有所不同。在美国次贷危机爆发不久时，凭着对金融危机的敏感性，东南亚首先注重流动性风险管理，以确保国内银行体系的稳定性。随着危机的深化，东南亚央行继续加强风险监管，防止银行业各项指标的恶化，以保证银行业的稳健运行。同时，在实体经济下滑的背景下，继续保持银行在经济中融通资金的中介作用，确保国民经济向前发展。东南亚充分运用了在1997年东亚金融危机过程中积累的危机应对和风险监管方面的丰富经验。虽然各国采取的应对举措不尽一致，但仍可归纳为以下几个方面：

第一，严格金融监管，加强银行金融机构的透明度和信息披露。

当美国次贷危机在2007年上半年暴露之后，东南亚各国纷纷未雨绸缪，进一步严格对金融部门的监管，加强银行金融机构的透明度和信息披露。同时，对本国银行和金融机构购买的美国金融衍生产品进行评估。

第二，增强存款者对本国金融机构的信心，防止因挤兑而引发市场恐慌和“羊群效应”。

当美国次贷危机于2008年9月向虚拟经济蔓延并向全球溢出之后，新加坡金融管理局，马来西亚、泰国和印度尼西亚的中央银行都为商业银行与金融机构存款提供担保，以防发生大量提款现象。为增加银行的流动性、减轻因客户抢购美元面临的流动资金困难，印度尼西亚央行还于2008年10月16日公布了包括外汇套现时间的延长、国内企业获取外汇的新途径规定、降低传统银行和教规银行外汇转账比率、撤销有关银行向外国短期借款日结余额下限条例、简化印尼盾转账最低准备金的计算方法等五项新条例。此外，东南亚的一些中央银行还采取措施扩大银行可抵押的资产种类，使银行更易获得央行的短期融资。①

第三，采取积极的货币政策和扩张性的财政政策，以减轻全球经济衰退对东南亚实体经济造成的严重冲击。

美国爆发的金融危机进一步引发了全球实体经济的衰退。为防止通货紧缩，刺激消费和投资，东南亚的中央银行纷纷对商业银行的存款利率和存款准备金进行数次下调。新加坡政府于2008年11月通过了总额为23亿新加坡元的财政预算方案，并在2009年之后对企业采取各项激励措施。为保证充裕的流动性释放，东南亚国家的央行还不同程度地增加了货币投放量。马来西亚2008年上半年的M1和M3分别比2007年同期增长了17.8%和14.2%。② 在鼓励有经济能力的国民扩大消费的同时，新加坡和马来西亚还千方百计打造全球和地区性购物中心，扩大全世界和周边国家的人民在它们国内市场的消费需求。

第四，增加对中小企业金融的支持力度，帮助中小企业渡过难关，减少破产案例。

东南亚大多数国家中小企业所经营的制造业因处于全球产业链中的较低端，在出口订单大幅萎缩、国内市场萧条的情况下首先受到猛烈冲击。这些国家纷纷出台旨在保护中小企业的财政货币政策以帮助产品滞销、出口困难的企业渡过难关。比如，马来西亚央行为中小型工业发展机构注入了2.4亿林吉特的资金，并将贷款年利率降至2%，还成立了专门为微型企业提供融资

---

① 印度尼西亚央行公布五项新条例增加银行流动性［EB/OL］.（2008-10-16）［2022-12-12］. http：//id. mof com. gov. cn/article/ziranziyuan/tiyu/200810/20081005833421. html.

② 中国驻马来西亚大使馆经济商务参赞处．经贸信息［EB/OL］.（2008-08-07）［2022-12-12］. http：//my. mofcom. gov. cn/sqfb/4/dyncolumn. html.

总额为2亿林吉特的基金；2008年上半年，银行对中小企业的贷款增长了11.2%。[①] 泰国央行扩大了国有银行向中小企业的放贷额度，从此前的1.1兆铢增至1.15兆铢，并配以扶持中小企业税收政策。新加坡2009年财政政策的重点为帮助私人企业加大应对成本和资金周转的力度。印度尼西亚财政部则准备对中小企业实施总额约为12.5万亿印尼盾的税收减免。[②] 越南政府鼓励商业银行对中小企业采取延长还款期限、降低贷款利率，并为企业提供税收优惠等措施。

二、主要金融改革举措

次贷危机对全球金融系统造成巨大冲击，对全球金融监管体系的变革也产生了深远影响。完善金融监管体制、加强金融监管目标和维护全球金融稳定成为主要国际经济组织与国际评级机构积极推动的重要事项。围绕防范系统性风险、控制金融创新风险等目标，欧美等金融市场发达的国家，在美国次贷危机后对金融监管系统采取了一系列改革措施，包括美国通过的《金融监管改革法案》、巴塞尔委员会推出的更加严格的《巴塞尔协议Ⅲ》等。二者背后的宗旨都是将宏观审慎监管的重要性提升到空前重要的位置。

东南亚银行业在经历了1997年东亚金融危机后，进行了较为全面的改革，在美国金融危机爆发时，其银行业正处在改革与调整时期，发展轨迹明显不同于其他国家和地区。在国际银行业受到美国金融危机重大冲击的情况下，东盟四国外资银行并没有出现撤资的现象，业绩依然稳定增长。同时，本土银行加快扩张步伐，各国继续放宽外资限制以及大力发展伊斯兰银行业，使得东南亚银行业逆势而行，在一定程度上回旋于美国金融危机之外。因此，东南亚在美国金融危机爆发至今的金融改革主要是遵循《巴塞尔协议Ⅱ》与《巴塞尔协议Ⅲ》，夯实银行业的稳健性，以及注重金融稳定、金融公平和金融安全。

（一）遵循《巴塞尔协议Ⅲ》，继续夯实银行业的稳健基础

次贷危机的爆发使得刚颁布的《巴塞尔协议Ⅱ》受到了挑战，巴塞尔委员会针对危机中暴露出来的金融监管问题对《巴塞尔协议》再次进行了修订和完善，形成了《巴塞尔协议Ⅲ》。相较于《巴塞尔协议Ⅱ》，《巴塞尔协议

---

① 按当时汇率计算，1美元约兑换3.5林吉特。

② 按当时汇率计算，约合10亿美元。

Ⅲ》中的三大支柱仍然是最低资本要求、监督检查和市场纪律，但对三者均进行了修订。首先，在第一支柱下，对资本充足率计算公式中分子的资本定义和构成进行修改，对分母中风险权重进行更新和强化。最为重要的则是提高了最低资本要求比率，引入了杠杆率作为原有基于风险框架的校验和补充，以有效防范银行系统风险。其次，对于第二支柱中的监督检查，《巴塞尔协议Ⅲ》重点关注了流动性风险，提出了流动性风险管理的十七项原则。最后，对于第三支柱，增加了六个方面信息的披露，提高了信息披露要求。值得关注的是，《巴塞尔协议Ⅲ》与《巴塞尔协议Ⅰ》和《巴塞尔协议Ⅱ》最根本的区别则在于其引入了宏观审慎监管，提出逆周期资本缓释工具，且鉴于系统重要性银行及其关联对系统性风险的重要贡献，要求系统性重要银行应具有额外的损失吸收能力。由此可见，《巴塞尔协议》的监管框架已经从微观审慎监管开始向宏观审慎监管和微观审慎监管相结合转变。

由于东南亚在经历了1997年东亚金融危机之后严格按照《巴塞尔协议Ⅰ》和《巴塞尔协议Ⅱ》进行了认真和艰苦的金融改革，当巴塞尔委员会推出《巴塞尔协议Ⅲ》时，东南亚积极响应，明确跟进落实的时间表和路线图，并根据《巴塞尔协议Ⅲ》确定的银行资本和流动性监管等新标准，提高了资本充足率、杠杆率、流动性和贷款损失准备的监管标准，建立更具前瞻性且有机统一的审慎监管制度安排，以增强银行业金融机构抵御风险的能力以及金融体系稳定性。而且，由于东南亚在1997年之后严格按照巴塞尔委员会、IMF等国际经济组织的要求进行严格的金融监管，在圆满地完成《巴塞尔协议Ⅱ》的基础上，达到了《巴塞尔协议Ⅲ》的要求，进一步夯实银行金融业的基础便轻而易举。实际上，几个老东盟成员方都为本国银行和金融机构制定指南（CAR Framework）提供了如何操作资本保全缓冲和反周期资本缓冲要求的指导。新加坡金融管理局甚至实行比《巴塞尔协议Ⅲ》更加严苛的资本规定。印度尼西亚制订了具体计划，从2014年至2019年分阶段逐步推行《巴塞尔协议Ⅲ》。马来西亚颁布了最新资本充足（CAR）框架，做好了满足《巴塞尔协议Ⅲ》条件的充分准备。菲律宾新中央银行的行动也很迅速，宣布实施《巴塞尔协议Ⅲ》计划，并颁布了一系列规定以奠定《巴塞尔协议Ⅲ》的实施基础。

2017年12月7日，巴塞尔委员会发布公报，宣称已经完成《巴塞尔协议Ⅲ》的修订，2022年起开始实施。修订后的协议框架对银行监管进行改革，包括就银行计算风险的方法、所需保持的资本充足率等指标达成一致，这会减少银行业监管的不确定性，使银行业资本框架更健全，增强对银行业系统的信心。

（二）注重金融稳定并强调金融公平，建立金融安全网

美国次贷危机爆发之后，以美国为代表的发达国家普遍实施大规模的量化宽松货币政策（Quantitative Easing Policy），这些国家的中央银行在实行零利率或近似零利率政策后，购买国债等中长期债券，增加基础货币供给，以及向市场注入大量流动性干预。这种流动性在全球范围内进行资产配置，不可避免地通过国际投资等方式涌入新兴经济体，给全球金融市场的稳定，包括东南亚的金融市场和金融体系的稳定带来新的挑战，使得金融稳定问题备受关注。此次金融危机的经验告诉世人，过去基于风险资本要求的微观审慎监管在金融创新和金融全球化不断深入的今天已不足以保障金融稳定。因此，除了关注单个金融机构经营的稳健性，还必须高度重视对整个金融体系的稳健性监管。系统性风险和金融稳定密切相关，而如何避免系统性风险爆发，或降低系统性风险对金融稳定的影响，属于宏观审慎监管的内容。

G20 峰会是宏观审慎政策框架的主要推动力量。2009 年 4 月，G20 集团召开伦敦峰会，会上首次正式提出宏观审慎政策框架，而这也成为日后历次 G20 峰会的重要议题。在 2010 年 11 月首尔峰会上，G20 集团正式批准《宏观审慎政策基础性框架》；2011 年 11 月，金融稳定理事会（FSF）、IMF 和国际清算银行联合发布《宏观审慎政策工具和框架》，并正式提交 G20 戛纳峰会，这将“宏观审慎监管”的重要性以及金融稳定的重要性提到了前所未有的新高度。

东南亚在制定立法的过程中阐明将实现金融稳定作为实现国家金融安全的一项重要目标任务，并明确规定了责任机构的权力（见表 2-2）。比如，马来西亚在 2009 年修订的中央银行法中声明，其主要目标是“促进货币稳定和金融稳定，使其有利于马来西亚经济的持续增长”。

在新加坡和马来西亚，中央银行是保持金融稳定的责任机构。2009 年马来西亚中央银行法（the CBA）赋予马来西亚国家银行正式维护金融稳定的任务，以及为完成任务所具有的总体权力。马来西亚国家银行内部设立的金融稳定委员会（FSC），是金融稳定问题的决策机构。金融稳定执行委员会（FSEC）延续了国家银行的监督权力，对直接监管范围之外的机构行使监管权力。金融稳定执行委员会的正式成员包括马来西亚国家银行总裁、一位副总裁、马来西亚保险存款公司（PIDM）的高级执行官、一位审计员、一位法律专家，每年至少开两次会。证券委员会和财政部不是正式成员，但有可能

应邀参加金融稳定执行委员会的会议。根据中央银行法，马来西亚国家银行在从事宏观审慎政策方面具有广泛的权力。迄今，马来西亚国家银行在没有其他监管机构参与的情况下单独执行宏观审慎政策。近年来，马来西亚国家银行采取了一系列宏观审慎措施以遏制家庭债务的增长和房价的上涨。

印度尼西亚于2011年颁布了金融服务管理局法，引入了宏观审慎政策框架，其核心部分为金融体制稳定协调论坛。该论坛由财政部领导，具有明确的指导、评价和稳定金融体系的任务。论坛的成员组成为印度尼西亚中央银行行长、OJK主席和存款保险公司主席（LPS），更加明确了中央银行肩负金融稳定的任务。与此同时，还制定了金融系统安全网法。菲律宾因其特殊的国情，早在20世纪90年代中期便按照IMF的贷款条件对本国的中央银行职能作了重大改革。菲律宾的新中央银行（BSP）在内部创立了一个中央货币机构——中央银行货币署，注重国内价格稳定，以创造一个稳定与可持续性的经济增长环境。菲律宾的BSP具有独立制定国家宏观经济政策的权力，其金融政策的制定不再受政治因素的影响。美国次贷危机爆发之后，BSP最为重要的任务之一是保持金融稳定，从各个方面落实以《巴塞尔协议》为核心要求的宏观审慎监管理念。

表2-2 金融稳定任务（亚洲部分国家和地区）

国家/地区	任务设立	负责机构
印度尼西亚	立法	综合金融监管机构、金融稳定委员会
马来西亚	立法	中央银行
菲律宾	立法	中央银行、金融稳定委员会
新加坡	立法	中央银行
泰国	立法	中央银行、金融稳定委员会
越南	立法	中央银行
中国	立法	中央银行
中国香港	立法，行政决策	中央银行、保险监管、证券监管、金融部
韩国	立法	中央银行、综合金融监管机构、金融部
日本	立法	中央银行、存款保险机构、综合金融监管机构、金融部
印度	立法，行政决策	中央银行、金融稳定委员会

资料来源：IMF STAFF COMPILATION. 转引自 CHENG HOON LIM, RISHI RAMCHAND, HONG WANG AND XIAOYONG WU. Institutional arrangements for macroprudential policy in Asia, table 1, IMF Working Paper, WP/13/165, 2013: 4.

2008年金融危机全面爆发之后，金融资本进一步集聚而导致贫富差距进一步扩大。国际货币基金组织、世界银行、20国集团等组织在强调注重金融稳定的同时，大力推广“包容性金融”（普惠金融）倡议,① 强调金融公平，使得中小企业和家庭以合理的成本获取较广泛的金融服务。

以菲律宾为例，菲律宾政府积极响应主要国际组织所提出的发展“包容性金融”倡议，发展微型金融（microfinance），试图在保持金融机构稳健和可持续发展的同时，促使菲律宾金融体制更具“包容性”。菲律宾的金融包容性战略包括以下三个方面：提高公众对金融部门康健的信心；教育公众认识金融工具以及公众权利；鼓励金融机构提供各种金融产品以满足各种消费者的需求。可是，当Gilberto M. Lianto（2015）在研究了菲律宾金融普惠的现状、教育和规则问题后指出：尽管菲律宾政府认为普惠金融是菲律宾“包容性”经济增长的重要组成部分，但是菲律宾现有的金融体制却并未体现普惠。菲律宾政府面临的主要政策挑战是如何界定其在为贫困人群提供安全与有效产品时创造广泛的、互联的生态系统。②

泰国政府也努力拓宽金融服务领域，实施普惠金融战略。针对家庭和中小企业金融服务不足问题，泰国财政部专门成立了一整套的小微金融服务体系，包括新设国有特定金融机构（SFIs），比如国民储蓄银行（GSB）、农业及农业合作银行（BAAC），以弥补逐利的商业银行不愿涉足的领域。此外，为鼓励商业银行积极拓展金融服务范围，泰国中央银行调整了面向小微和贫穷家庭贷款的风险权重，降低了在这些特定领域商业银行的资本要求。

保证金融安全最为重要的举措便是建立金融安全网。新加坡金融体系的稳健性名列前茅，在构建金融安全网方面表现突出。尤其是2008年全球金融危机爆发之后，新加坡金融管理局（MAS）在原有监管框架基础上构建宏观审慎监管框架的同时，进一步推进并扩大存款保险计划，构建金融安全网。新加坡金融安全网主要由审慎监管、最后贷款人制度、存款保险计划三部分构成，监管职能由新加坡金融管理局单方行使。新加坡存款保险与保单

---

① “包容性金融”又被称为“普惠金融”，是2005年联合国在宣传小额信贷时采用和推广的一个概念，它的产生反映了金融体系乃至实体经济运行中的某些现实需求。2008年金融危机全面爆发之后，“包容性金融”概念迅速流行开来，并得到20国集团、国际货币基金组织、世界银行等的大力推广，成为一套牵涉金融结构调整和金融体制变革等重大问题的发展战略和操作理念。此概念强调家庭和企业以合理的成本获取较广泛的金融服务。

② GILBERTO M. LIANTO. Fiancial inclusion, education, and regulation in the philippines [J]. ADB working paper series, No. 541, August, 2015, asian development BANK Insititute.

持有人保障计划的直接保护对象是小储户和保单持有人，由新加坡存款保险公司具体实施。从防范系统性金融风险的角度来说，具有事前防范、事中干预、事后处理三方面作用。第一，在事前削弱民众挤兑的“羊群效应”和信号效应，阻塞因储户信心变化而产生的危机传染路径；第二，为事中干预决策提供新选择，为银行或保险公司退出市场准备条件；第三，在事后对储户和保单持有人进行赔偿，以降低银行或保险公司破产导致的社会成本。

泰国政府也制定了存款保险制度，以提高存款者保护和透明度。[①] 2008年8月，泰国正式实施《存款保护法》，[②] 并对于陷入困境的金融机构，由泰国央行成立管理委员会代为管理，如委员会认为该机构丧失经营能力，其执照将被撤销。存款保护机构（DPA）履行代为清偿债务的责任，这就强化了市场纪律约束，以约束金融机构过度承担风险。此外，泰国央行还要求金融机构提高服务透明度，必须每日公布存贷款利率，并将这些信息报送监管机构。为进一步保护弱势消费者权益，泰国央行还对银行消费贷款的综合收益率设置28%的上限，并要求金融机构将其收取的贷款利率、手续费和其他费用在每个分支机构进行公布，以约束金融机构“乱收费”。

在贷款条件的制约下，早在1963年菲律宾便建立了存款保险公司（PDIC）。在新形势下，菲律宾PDIC的功能已从原先的储蓄动员转变为维护国家的金融稳定与金融公平。如果中央银行货币署命令一家银行倒闭，PDIC可最大限度地提供存款保险，以保证储蓄者免受储蓄损失，有助于促进公众对银行体制的信任，减少储户在经济困难时期的悲观情绪，促进银行金融业的稳定。

第四节 对东南亚金融改革产生影响的主要理论

20世纪70年代兴起的现代货币主义理论对传统的经济发展理论产生了巨大影响，西方经济学家对发展中国家的经济与金融发展进行了大量的研究。

---

① 亚洲金融危机后，泰国政府批准了对金融部门存款人和债权人的全额担保，但此举被认为导致了存款人、债权人和金融机构的道德风险。

② 该法案对所保护的存款数额设置了过渡期，实施第一年（2011年）存款人保险额度仍是100%，第二年降低到5000万泰铢，第三年降低到2500万泰铢，第四年（2015年）降低到100万泰铢。

1973 年，美国布鲁金斯学会会员斯坦福大学经济学家爱德华·肖所撰写的《经济发展中的金融深化》① 和麦金农的《经济发展中的货币与资本》② 两本书出版，分别从金融抑制和金融深化两个不同的角度，系统地论述了发展中国家工业化发展战略对金融部门的抑制及其弊端，详尽地讨论了实行金融深化战略的目标与意义；解析了发展中国家对金融的压制如何严重阻碍了储蓄的积累和经济的发展，提出著名金融深化理论，使其成为指导发展中国家金融改革与对外开放的重要理论。从 20 世纪 70 年代末开始，国际货币基金组织（IMF）以此理论指导发展中国家制定经济与金融改革方案，经济发展较快的新加坡、马来西亚、菲律宾、泰国和印度尼西亚成为该理论的实践典范，从而在东南亚掀起了一轮金融改革与开放的浪潮。

一、对 20 世纪 80 年代中期之后东南亚金融改革产生影响的主要理论

20 世纪 80 年代中期之后，伴随着经济全球化的不断深化，相关理论不断涌现，观点精彩纷呈，有的甚至针锋相对。然而，占据主导地位的是新自由主义理论。这可以从世界银行（WB）和 IMF 雇用学者的论文中，以及这些国际经济机构对受援国所提出的贷款条件、协助制订的经济复苏计划和报告中体现出来。一些代表新自由主义观点的学者包括激进派奥赫麦（K. Ohmae）、格里德（W. Grieder）、斯特兰奇（S. Strange）、萨克斯（J. Sachs）等；马丁·凯沃（Martin Khor）、凯尼奇·奥赫麦（Kenichi Ohmae）、丹尼尔·耶金、凯姆·安德韦森（Kym Andweson）和 Ramkishen S. Rajan 等的论著中也拥抱全球化，从正面肯定的视角解析经济全球化给全球经济增长与金融发展所带来的益处。主要有：①新自由全球化激进派，主要代表人物为奥赫麦、格里德、斯特兰奇、萨克斯等。他们认为，全球化主要是指全球经济和市场的一体化，是跨国界的“自下而上的经济全球化”（economic globalisation from below）。其结果不一定是你死我活的“零和游戏”，而是对双方都有利的“正和游戏”，是世界资源的优化组合，绝大多数国家在全球化过程中能得到长远的比较利益。全球化是人类进步的先驱，它正在促使全球市场和全球竞争一体化的出现，因此，经济全球化是世界经济发展的最终和理想状态。该理论还强调，自下而上的全

① ［美］爱德华·S. 肖．经济发展中的金融深化［M］. 邵伏军，译．上海：上海三联书店，1991.

② ［美］罗纳德·I. 麦金农．经济发展中的货币与资本［M］. 卢骢，译．上海：上海三联书店，1988.

球化主要是通过国际市场参与者的私人投资决策得以实现。因此，国家应该推行开放贸易与投资的政策，放弃国家干预，以实现相对优势，树立跨国世界经济的理念。在没有国界的经济体系下，每个国家政府的功能已经弱化为全球资本的“传送带”，或只是扮演一个“三明治”的角色，成为介于强大的跨国公司和区域经济之间的“媒介机构”，而客观的世界市场则比国家的更为强大，国家主权将让位于经济全球化。[①] ②IMF 的正统观点：经济全球化有利于跨国公司商品和服务交易及国际资本流动规模和形式的增加，以及技术的广泛迅速传播。世界范围的经济调整融合和文化交流使世界各国经济的相互依赖性增强。[②] ③凯姆·安德韦森、Ramkishen S. Rajan 等澳大利亚学者“跨国生意成本下降”的论点。他们认为，经济全球化可视为一种过程，即生产与贸易的流动过程，以及金融与国际资本的流动过程。推动生产与贸易、金融与资本流动全球化的动力首先是交通运输、信息和通信技术，包括互联网的创新和发展，使得跨国生意的成本急剧下降。[③] ④马丁·凯沃的国家对经济管理的取消以适应民族经济对外开放的观点。他认为，经济全球化并不是一种新的过程。但是，在过去的二三十年间，经济全球化因各种原因而加速了。诸如技术发展，尤其是自由化的政策已经席卷全球。经济全球化最重要的方面是拆除国家在金融、金融市场、贸易和外国直接投资等方面所设置的壁垒，大大地促进了国家的对外开放，使之融合于世界市场。世界大部分国家的贸易、金融与生产活动的全球散布，使得跨国公司和国际金融机构在这一过程中的权利不断扩大，几乎所有的国家都深受这种进程的影响。[④] ⑤凯尼奇·奥赫麦的全球化世界经济使得民族国家及其政府不必存在的观点。在其所著的《民族国家的终结》一书中，奥赫麦将经济全球化的内涵定义为四个“I”：由世界资本市场而推动的投资（Investment）；以在全球寻找资源与市场的跨国公司为主要形式的工业化（Industry）；使跨国组织与生产的协调得以进行的信息技术（Information technology）的发展；在全球寻找质量最好、价格最低的商品的个体消费者（Individual consumers）。增强了的四个“I”的运

---

① HELD D, et al. Global transformations-policies, economics and culture [J]. Stanford. California: Stanford university press, 1999.

② 国际货币基金组织．世界经济展望［M］．北京：中国金融出版社，1997：45.

③ RAJAN, RAMKISHEN. Economic globalization and asia (Essays on finance, trade and taxation) [M]. World scientific publishing Co. Pte. Ltd., 2003: 3.

④ KHOR MARTIN. Globalization and the south: Some critical issues. 转引自谈世中，王耀媛，江时学，等．经济全球化与发展中国家（英文部分）［M］．北京：社会科学文献出版社，2002：340-341.

动使得扮演传统经纪人角色的民族国家及其政府大可不必存在。[①] ⑥丹尼尔·耶金的全球化意味着公司将不再以国别区分，而只有成功之区别的观点。他认为不存在什么德国公司或美国公司，只有成功的公司和不成功的公司之分，经济全球化就是取消国家对经济的管理权。“全球化就是24小时相互联系、极度活跃的、剥夺睡眠机会的，并受电子邮件推动的世界。在这个世界上，各国政府对本国经济的影响力将减少。”“人们对市场发挥公平作用和提供产品的能力信心增强，因而不再指望政府管理经济。”[②]

为了能抓住经济全球化所带来的发展机遇，主流经济理论要求各国政府必须采用主要国际经济机构IMF、世界银行所制定的结构调整政策（Structure Adjustment Policies，SAPs），其中包括宏观经济政策、经济结构调整、私有化、金融政策、公司法规和治理等，尤其是在金融领域实现自由化和“去制度化”改革。而IMF和世界银行使其贷款的发放转换为债务国政策转变的“条件性”（conditionality）机制，成为债务国的经济走向自由化、私有化、“去制度化”的主要工具，也因此成为向全球发放发达国家所推崇的“宏观经济政策包”的主要机制，[③] 促使东南亚政府先后在本国经济的核心部门——金融领域开始了自由化和“去制度化”改革。但是，超前的金融自由化和滞后的金融监管最终使得东南亚成了1997年东亚金融危机的重灾国。

二、对1997年之后东南亚金融改革产生影响的主要经济理论

虽然各种不同或对立的经济学流派对于东南亚金融危机产生的原因争论不休，然而，其对于金融开放超前而监管滞后这一危机爆发的重要原因却基本上达成了共识。比如，正统派观点（fundamentalist views）的主要代表人物罗纳德·米基农（Ronald Mikinnon）和赫·皮尔（Huw Pill）都认为，东亚受灾国在金融危机爆发之前，宏观经济基础运行基本上良好。但是存在以下问题：金融部门薄弱，缺乏谨慎的监管制度和金融指导；道德危机；激励政策适得其反，尤其是政府担保、银行希冀政府保释；缺乏透明度，使之最后深

① OHMAE KENICHI. The end of the nation state：the rise of regional economies［M］. London：harpercollins，1995.

② ［美］丹尼尔·耶金．一个时髦词的诞生［N］. 新闻周刊，1999-02-15.

③ KHOR M. Globalization and the south：some critical issues，UNCTAD discussion paper［EB/OL］. UNCTAD/OSG/DP/147，April 2000：3-4. http：//www. unctad. org/en/pub/pubframe. htm.

陷金融危机，破坏了稳健的经济基础。① IMF 的观点与之所见略同，不过，IMF 还倾向于指出一些相伴随的宏观经济薄弱问题。比如，高额与不断增长的经常账户赤字、对货币的高估，以及由此导致对出口和交换商品的价格扭曲。诺贝尔经济学奖得主保尔·克鲁格曼（Paul Krugman）、约瑟夫·施蒂格利茨（Joseph Stiglitz），以及杰格迪什·比亚瓦迪（Jagdish Bhawati）和丹尼·罗德克（Dani Rodrik）则代表了较为激进的正统派观点（radical views）。他们将危机的爆发归咎于有关国家向不稳定的短期性国际流动资本开放，从而引发了由恐慌诱导的自我形成危机（panic-induced self-fulfilling crisis）。② 其观点也非常明确，亦即东南亚的金融市场在对外开放的同时并没有做好必要的监管。

在主流理论的引导下，国际货币基金组织（IMF）和世界银行（WB）专门为完善东南亚金融银行业的监管联合完成了一项“金融部门评估项目”（Financial Sector Assessment Program，FSAP），它借鉴了美国金融管理当局的“骆驼”评级体系（CAMEL Rating System）金融稳健评估指标，规定了一系列综合微观审慎指标体系用于对金融系统，包括银行系统的稳定性进行评估。被简称为“骆驼”（CAMEL）框架，包括资本充足性（capital adequacy）、资产质量（asset quality）、管理健全性（managment）、盈利能力（earning）和流动性（liquidity）等，用于监管东南亚银行业的稳健情况。此外，还建立了市场风险敏感性、利率敏感性等参数，结合宏观审慎指标，包括经济增长、通货膨胀、利率与汇率、国际收支、信贷与资产价格变化、传染效应，以对金融系统尤其是银行系统进行稳健性评估。

与此同时，亚洲开发银行（ADB）也在东亚发展中经济体银行业的安全

---

① MIKINNON R，PILL H. International borrowing：a decomposition of credit and currency risks［J］. World development，1998（10）.

② 他们认为，主流经济学所鼓吹的资本账户自由化和货币可兑换性是不可能与货物、劳务的自由化获得同等的效益和生产率的。争论的议题围绕受灾国当地“市场失败”问题，如道德危机、非对称性信息、适得其反的选择与激励政策而展开。他们认为，亚洲价值观所固有的劣根性，使建立在人事关系上的“裙带资本主义”在金融领域中表现为，只要贷款人与政府关系良好，即使是有疑问的投资，银行也乐于贷款。金融市场的性质所决定的内在因素，使得借贷双方的意图及其发展前景极其不明确。此种类型的“市场失败”是很难因取消政府的担保以及政府对银行、公司采取救援行动，或通过建立提高透明度的机制得以消除的。这种观点认为，资本或外汇管制，加上强硬与谨慎的规章制度与监控是防止金融危机再现的主要长期性措施之一。参见 KRUMAN P. What happened to asia［M］. Mimeo，MIT，January，1998；STIGLITZ J. BOATS，Planes and capital flows. financial times［M］. 25 March，1998；BHAGWATI J. The capital myth：the difference between trade in widgets and dollars［J］. Foreign affairs，1998，77（3）；RODRIK D. Who needs capital account convertibility?［M］. Harvard university，February，1998.

基础上建立了金融部门稳定性指标，用于评价金融部门稳定性。其主要分为三类：谨慎性指标（prudential indicators）、经济周期活动指标（activity indicators）和市场指标（market indicators）。

谨慎性指标涵盖了衡量银行稳健经营的微观核心指标，其中包括根据《巴塞尔协议Ⅰ》中对风险资本比率的要求而规定的监管资本充足率（regulatory CARS）、不良资产比率（NPL）、准备金比率（provisioning ratios）、资产回报率（ROA）和股权收益率（ROE）及一级资本充足率（non-risk-weighted CARs）等。经济周期活动指标反映金融部门活动水平和金融结构的周期性活动，其中主要反映银行的贷款活动，包括贷款沉淀比率（loan deposit ratios）、证券投资和分散投资于抵押或个人与商业非抵押贷款的风险投资组合等。市场指标则反映主要的机构评级公司对金融机构稳定性评价，以及金融部门股票市场价值的评估，评估机构对金融制度整体实力和金融市场完整性的质量评估尤为重要。市场指标是其他指标的有益补充，并且提供一个独立的、基于市场的金融稳定性评估。评估机构和市场对金融部门综合实力的定性和定量评估极其重要。后者不但考虑了金融机构内在的优点和缺点，而且还考虑了宏观经济环境对稳定性的影响、金融机构的营运，以确保与资产质量相适应的准备金管制体制的有效性。

如上所述，在贷款条件的制约以及全球舆论压力下，东南亚开始了极其艰难的金融银行业改革历程。它们必须努力遵循或满足巴塞尔委员会、IMF、世界银行、亚洲开发银行的改革指导和要求，并接受三大国际评级机构——美国标准普尔公司、穆迪投资服务公司、惠誉国际信用评级有限公司评估。

三、美国金融危机之后对东南亚金融改革产生影响的主要理论

美国次贷危机爆发之后，对东南亚金融银行业改革的指导理论主要有宏观审慎监管思想以及金融稳定理论。

宏观审慎监管思想的提出时间实际上比较早，可以追溯到20世纪70年代末期。[①] 之后，在每次金融危机发生后，“宏观审慎”或相关概念就会被提及。如20世纪80年代资本市场的迅速发展导致了“经济泡沫”的产生。

① 当时，库克委员会（Cooke Committee）、英格兰银行、欧洲货币常设委员会（ECSC）和国际清算银行（BIS）几乎在同一时期涉及了“宏观审慎”这一概念。

1986年“宏观审慎监管”一词正式出现在国际清算银行的公开文件中，“宏观审慎政策”被定义为：“增强整个金融体系安全的宏观监管政策。”[①] 1997年东南亚金融危机爆发之后，1998年1月，国际货币基金组织在《建立一个健全的金融体系》报告中指出：“加强对银行的宏观审慎监管，将对其宏观审慎分析建立在宏观市场基础上，并与宏观经济紧密联系。”[②]之后，国际货币基金组织还研发了一系列对金融系统稳健程度进行评估的宏观审慎监管指标体系。东亚金融危机的爆发使得一些国际经济组织逐渐认识到了“宏观审慎监管”的重要性，但仍未对其进行明确定义和规范。

直到美国次贷危机爆发，进而演变成全球性的金融危机，“宏观审慎监管”才被提到前所未有的高度，而G20峰会是宏观审慎政策框架的主要推动力量。[③]2008年11月15日的G20华盛顿峰会通过了加强金融监管的行动方案和原则，包括提高透明度和问责制、强化审慎监管、提升金融市场的诚信和改进金融监管国际合作。2009年4月，G20集团召开伦敦峰会，会上首次正式提出宏观审慎政策框架，而这也成为日后历次G20峰会的重要议题。在2010年11月首尔峰会上，G20集团正式批准《宏观审慎政策基础性框架》；2011年11月，金融稳定理事会（FSF）、IMF和国际清算银行联合发布《宏观审慎政策工具和框架》，并正式提交G20戛纳峰会。

宏观审慎监管被提出的最根本机理在于金融微观主体行为内生风险生成的混沌效应和风险扩散的非线性机制。当数量众多的金融市场主体在进行交易或创新活动时，尽管每一个主体的行为初衷都是建立最优收益均衡，但是在各种机制的作用下，个体理性的加总往往会带来系统非理性。并且在某些特殊时点（经济过热等），一个细微的事件经常会掀起金融市场的“蝴蝶效应”，造成市场风险的非线性放大和传播。换言之，监管的视角过于单一，常常造成宏观监管的失效。与此同时，微观金融对象的行为均衡形式也日益多样化，同时随着市场规模的扩大、市场产业类型的增多，市场主体之间的相关作用机制也日益复杂，单纯的微观监管机制在面对如此纷繁的微观风险情况时难以厘清每一个风险点和行为特征，也就使得风险监管失去作用。美国次贷危机的实质就是金融监管与微观创新主体的创新行为和交易行为之间发

①② Bank for International Settlements（BIS）. Recent Innovations in international banking［R］. Report Prepared by a Study Group establishied by the Central banks of the Group of Ten countries，1986.

③ 2007年夏，美国金融危机爆发之后，20国集团（G20）取代7国集团（G7），成为国际经济金融治理的最重要平台。

生脱节，使得风险隐患最终失控。

2008 年全球金融危机爆发后，以美国为代表的发达经济体普遍实施大规模的量化宽松货币政策（Quantitative Easing Policy，QE）刺激经济。[①] QE 目的是向市场注入大量流动性，这种流动性在全球范围内进行资产配置，不可避免地使国际资本涌入新兴经济体。这种流动性带有“热钱性质”，会给新兴经济体维护本国金融市场和金融体系稳定带来新的挑战。尤其是大量“热钱”涌入股票和房地产行业，并进行炒作，加剧了新兴经济体国内的资产价格波动，极易引发严重的金融动荡问题，使得金融稳定备受关注。20 国集团金融稳定理事会（FSB）主导了国际金融监管改革，从微观、宏观和中观三个层面提出了国际金融监管改革的主要内容，以维护国际金融的稳定。

此次金融危机的经验教训在于，除了关注单个金融机构经营的稳健性，还必须高度重视对整个金融体系的稳健性监管，因此系统性风险和金融稳定密切相关。而如何避免系统性风险爆发，或降低系统性风险对金融稳定的影响，也属于宏观审慎监管的内容。由于央行是否可以作为监管主体的监管体系，抑或专门在央行系统外单独设立监管体系，依然是构建宏观审慎监管体系的主要争议，如上所述，东南亚各国对此大都采取了折中的做法。

---

① 量化宽松货币政策，是指中央银行在实行零利率或近似零利率政策后，通过购买国债等中长期债券，增加基础货币供给，向市场注入大量流动性的干预方式。

第三章

东南亚的中央银行独立性改革

东南亚的中央银行独立性改革是在遭受1997年金融危机之后才提上日程的。作为IMF的贷款条件之一，一些接受IMF贷款的危机重灾国必须按照IMF的贷款条件，进行中央银行的独立性改革。本章首先研究全球与东南亚进行中央银行独立性改革的国内与国际背景。其次，以泰国、印度尼西亚和菲律宾为案例，较为详尽地阐述了这三个东南亚国家中央银行独立性的历史沿革、不同特点及影响因素，进而对中央银行的独立性现状进行初步的探析。最后，对东南亚中央银行独立性改革的限制性条件进行了研究。

第一节　中央银行独立性改革的背景

长期以来，尽管中央银行也被称作银行，但它们并非商业银行意义上的“银行”，而是政府的一个机构。对中央银行职能最常见、最传统的归纳是三大职能，即中央银行是“发行的银行”“政府的银行”和“银行的银行”。①

中央银行作为“发行的银行”，就是国家赋予中央银行集中与独占货币发行的特权，是国家唯一的货币发行机构，这是中央银行最基本、最重要的标志，是发挥其全部职能的基础。中央银行作为“政府的银行”，其职能包括：中央银行制定和实施货币政策、对金融业实施监督和管理；为政府管理国库，提供各种金融服务。在一些发展中国家，中央银行甚至还向财政部放款，是

① 林与权，陶湘，李春．资本主义国家的货币流通和信用［M］．北京：中国人民大学出版社，1980：193；付一书．中央银行学［M］．上海：复旦大学出版社，2009：23.

政府的“钱袋子”，与政府有着紧密的关系。中央银行作为“银行的银行”，是指中央银行的业务对象是商业银行、其他金融机构以及特定的政府部门，它是特殊的金融机构，它集中存款准备金，充当金融机构的“最后贷款人”，为商业银行提供各种服务，组织参与和管理全国的清算，有维护银行体系安全、稳定的责任。

可是，在新自由主义的影响下，自20世纪80年代末以来世界范围内掀起了一股促进中央银行独立的浪潮。一些发达国家开始改革相关法律和制度安排，以增强中央银行的独立性。随后一些发展中国家，尤其是向国际经济组织借贷的发展中国家也纷纷按照贷款条件，进行中央银行独立性的改革。在东南亚，菲律宾便是一个典型案例。1997年东亚金融危机爆发之后，东南亚积极推动中央银行独立性改革。这除了因其沦为金融危机的重灾国被迫向IMF贷款，接受由IMF牵头向七国集团和亚洲其他国家筹措的援助资金所附加的各种苛刻贷款条件，兑现进行中央银行独立性改革的承诺外，还有其更为深刻与复杂的时代背景。

一、私有化和市场经济席卷全球，使全球制度趋同

20世纪80年代末到90年代初，柏林墙倒塌，苏联解体，东欧剧变，中国也将建立社会主义市场经济作为经济体制改革的目标。私有化和市场经济的浪潮席卷全球，全球化进入了一个全面加速和深化的时期。由于新自由主义的蔓延，西方市场经济发达的国家致力于追求市场机制的完善，而非市场经济国家则纷纷谋求建立市场经济制度。20世纪90年代以来，苏联和东欧国家几乎是齐头并进式地向市场经济制度转轨。从拉美、亚洲到非洲，各种经济类型的国家几乎都无一例外地使市场机制在资源配置中发挥越来越大的作用。各国的经济市场化进程使全球化的制度趋同扫清了原有的障碍，各国国内经济规则不断趋于一致，为全球化进一步扩展和深化奠定了基础。

20世纪90年代以来，苏联与东欧的经济转型国家在接受市场经济制度、接受西方自由主义的经济思想和意识的同时，也接受了IMF等国际金融组织提高中央银行独立性的建议，东欧经济转型国家在积极向西欧靠近进而加入欧盟的过程中，也效法德国中央银行和欧洲中央银行，纷纷提高其中央银行独立性。拉美和亚洲发展中国家则主要是在经济金融全球化的背景下，在金

融危机的推动下和IMF等国际组织的贷款条件压力下，纷纷提高中央银行的独立性。①

二、新自由主义发展高峰及其全球蔓延

以20世纪70年代初期爆发的两次石油危机为导火线，整个资本主义世界陷入了滞胀的困境。面对滞胀，凯恩斯主义政策束手无策。全球化的加速与深化使经济学领域也进入“单一经济学”时代。新自由主义思潮重新兴起，新自由主义的经济学派重新抬头②，并在一定程度上成为主流经济学派，向凯恩斯的国家干预经济理论展开了猛烈攻击。新自由主义经济学派认为资本主义经济之所以陷入滞胀的困境，与推行凯恩斯主义、忽视货币政策的作用、忽视控制货币供应量有关，主张重新重视货币政策的作用、控制货币供应量，以应对通货膨胀。新自由主义经济学派强烈反对相机抉择的经济政策，反对国家干预，主张按规则行事，减少政府对中央银行的干预，保持中央银行的独立性。于是，中央银行独立性问题重新被提出，引起人们的重视。

自20世纪七八十年代以来，随着高新科技革命兴起、生产力的巨大发展，资本主义由国家垄断向国际垄断发展。为适应这种需要，新自由主义开始成为美英国际垄断资本推行全球一体化理论体系的重要组成部分。其标志性事件是1990年由美国政府炮制的包括十项政策工具的“华盛顿共识”。按照美国学者约瑟夫·斯蒂格利茨的概括，“华盛顿共识”的教条是“主张政府的角色最小化、快速私有化和自由化”。③ 美国著名学者诺姆·乔姆斯基在《新自由主义和全球秩序》一书中明确指出：“新自由主义的‘华盛顿共识’

---

① 经济合作与发展组织（OECD）认为，“经济全球化可以被看作一种过程，在这个过程中，经济、市场、技术与通信形式都越来越具有全球特征，民族性和地方性在减少”。可以从三个方面理解经济全球化：一是世界各国经济联系的加强和相互依赖程度日益提高；二是各国国内经济规则不断趋于一致；三是国际经济协调机制强化，即各种多边或区域组织对世界经济的协调和约束作用越来越强。这三点中，世界各国经济联系的加强和相互依赖程度日益提高是各国国内经济规则趋于一致以及国际经济协调机制强化的基础，而后两者使得全球化进入了一个加速深化和渗透的新阶段。各国国内经济规则趋于一致和国际经济协调机制强化在20世纪90年代初至今表现得尤为明显，中央银行独立性制度的扩散正是在这样的背景下发生的。

② 新自由主义是一个包括众多学派的思想和理论体系。狭义新自由主义主要是指以哈耶克为代表的新自由主义。广义新自由主义，除以哈耶克为代表的伦敦学派外，还包括以弗里德曼为代表的货币学派、以卢卡斯为代表的理性预期学派、以布坎南为代表的公共选择学派和以拉弗、费尔德斯坦为代表的供给学派等，其中影响最大的是伦敦学派、现代货币学派和理性预期学派。

③ ［美］斯蒂格利茨．斯蒂格利茨经济学文集：第1卷［M］．陈工文，李飞跃，纪沫，译．北京：中国金融出版社，2007：211.

指的是以市场经济为导向的一系列理论，它们由美国政府及其控制的国际经济组织制定，并由它们通过各种方式实施。”① “华盛顿共识”已经远远超出了经济全球化，而是经济体制、政治体制和文化体制的“一体化”。作为完成形态的国际垄断资本理论体系的新自由主义思潮，归纳起来主要是四个方面，即经济的自由化、私有化、市场化和全球一体化。这四个方面互相联系，彼此促进，不可分割。自 1990 年“华盛顿共识”出笼之后，新自由主义开始向全球蔓延。

在 20 世纪 80 年代晚期和 90 年代初期，新自由主义的政策也被传统上位居中间偏右的政党采纳。美国民主党在 20 世纪 90 年代大幅采用新自由主义的政策，总统比尔·克林顿也支持北美自由贸易协议，并将自由贸易作为其经济政策中不可或缺的一部分，提倡将科技知识产权作为美国减少贸易逆差的方式。一些中间偏左的新自由主义经济学家认为贸易保护主义与左翼右翼无关，而是和“不对称”的问题有关。许多第三种道路的政党——包括英国的工党和德国的社会民主党都采纳了新自由主义的政策。这些延续了 20 世纪 80 年代政策的政府主张：他们可以运用这样的方式来达成更大的社会利益，并且利用经济捆绑的方式使那些刚脱离共产主义制度的欧洲国家更快融入世界经济的行列。

在“华盛顿共识”的背景下，中央银行独立性问题重新得到重视，并把它作为新时期中央银行与政府之间关系的核心理论问题来加以研究。代表美国等西方国家利益的世界银行和国际货币基金组织则把提高中央银行独立性作为健全中央银行制度的实践问题，要求会员国进行改革，实际上成为美国等西方国家国际垄断资本推行其全球一体化的推动力量。

三、区域经济一体化加速发展

20 世纪 90 年代以来，世界区域经济一体化的发展速度大大加快了。如今，区域经济一体化已经覆盖了世界大多数国家和地区。据世界银行统计，全球只有 12 个岛国没有参与任何区域贸易协议（RTA）。174 个国家和地区至少参加了一个区域贸易协议，平均每个国家或地区参加 5 个。全世界近 150

① ［美］诺姆·乔姆斯基．新自由主义和全球秩序［M］．徐海铭，季海宏，译．南京：江苏人民出版社，2000：11.

个国家和地区拥有多边贸易体制和区域经济一体化的“双重成员资格”。[①]

区域经济一体化内容广泛而深入。新一轮的区域经济一体化协议涵盖的范围大大扩展，不仅包括货物贸易自由化，而且包括服务贸易自由化、农产品贸易自由化、投资自由化、贸易争端解决机制、统一的竞争政策、知识产权保护标准、共同的环境标准、劳工标准等，有些甚至提出要具备共同的民主理念。

一些发展中国家和转轨国家把区域贸易协议作为锁定贸易自由化或国内体制改革进程的机制，即通过外部的条约责任和有形、具体的承诺来促进国内的体制改革。同时，在区域经济一体化加速发展的过程中，区域成员国的相关经济制度也不断趋向一致，在区域网络中制度同化的趋势也越来越明显。中央银行独立性制度的扩散不能忽视区域一体化的背景和作用。

四、金融危机成为东南亚增强中央银行独立性的“催化剂”

在 20 世纪 70 年代金融自由化改革之后，拉美国家于 80 年代、90 年代和 21 世纪初均多次爆发银行危机、债务危机等，危机爆发国家在 IMF 等国际金融组织贷款条件下被迫进行金融相关制度的一系列改革，其中就包括提高中央银行的独立性。1997 年爆发的东亚金融危机也成为东亚发展中国家金融改革的催化剂。东亚危机重灾国在危机中不得已接受了 IMF 的贷款条件，包括：要求进行中央银行独立性的改革；被迫在汇率体制、金融与银行服务业部门采取激烈的改革举措；修改本国重要的金融、银行等相关法规，使之更为开放和更具竞争力以适应全球投资贸易自由化的要求。一些免遭危机重创的东亚发展中经济体也如法炮制，在这种情况下，东南亚也提高了中央银行的独立性。

五、布雷顿森林体系的崩溃

1971 年 8 月，美国总统尼克松宣布了以美元停兑黄金等为内容的“新经济政策”。其后虽经史密森会议补救，但最终依然无法挽救布雷顿森林体系。随着 1972—1973 年很多西方发达国家陆续实行浮动汇率制，以固定汇率和可

① World Bank. Principal PTAs within World Bank Regions [EB/OL]. http://econ.worldbank.org/WBSITE/EXTERNAL/EXTDEC/EXTRESEARCH/EXTPROGRAMS/EXTTRADERESEARCH/0, contentMDK: 21875293~pagePK: 64168182~agePK: 64168060~theSitePK: 544849~isCURL: Y, 00.html.

兑换货币为特征的布雷顿森林体系便彻底结束了历史使命。

国际货币安排的重大转变必然对中央银行产生重要影响，对实行单独浮动汇率制的国家影响尤甚。在浮动汇率体制之下，一国可以更容易地根据国内经济运行状态进行经济政策选择，从而可以使中央银行在货币政策选择上免受维持汇率稳定义务的束缚。与此同时，从固定汇率制到浮动汇率制的转变也解除了对政府控制中央银行进行货币政策选择的外在约束。布坎南认为，浮动汇率制更容易使国内经济因国内政治家的不明智策略而受到损害，因此在浮动汇率的国际货币安排体制之下，更需要通过合理的制度安排来加强中央银行的独立性。

由于浮动汇率下中央银行没有必要在外汇市场上进行干预，货币政策没有必须保障汇率稳定的义务，从而可以追求国内经济目标。但是，如何使用货币政策仍然会陷入国际间相互依赖形成的问题之中。货币扩张降低了利率，也会造成货币贬值。但是，国际资本市场一体化制约着货币政策发挥作用的渠道。而且，世界其他国家的货币政策或财政政策的变动所产生的世界利率变动仍将会通过汇率的波动而传递到本国。

六、国际金融组织和评级机构在中央银行独立制度全球扩散中发挥重要作用

IMF 和世界银行一直作为美国等西方国家主流意识的代表和推行者，利用其在世界经济和金融体系中的影响力和所掌控的资源来推行主流意识乃至制度安排，其中包括中央银行独立制度。IMF 的贷款条件一般包括财政政策、货币政策以及中央银行管理商业银行和金融市场的规则体系，这其中就往往包含了要求增强中央银行的自由度乃至独立性的条件。

国际评级机构和一些国际金融咨询公司也对中央银行独立制度的扩散起了重要作用。一些国际评级机构已经将一国的中央银行独立性纳入其评级指标，将一国的中央银行独立性水平作为评估一国经济和政治风险的标准之一。2005 年标准普尔公司的年报曾对其如何使用中央银行独立性来评估国家的信誉作了说明，比如信用级别为“BB”级国家的标准之一就是“其中央银行在通常情况下能够追求持续稳定的货币政策与汇率政策”，而“B”级国家则“中央银行具有有限的独立性，一般正式或非正式地被作为政府政策协助的角色”（Standard & Poor’s，2005）。国际评级机构和国际金融咨询公司在世界金融市场中具有重要的导向作用，它们对中央银行独立制度的倾向与评判标准

大大影响了各个市场主体，包括跨国公司、各种形式的投资机构与投资者，进而影响到东南亚中央银行独立性进程。

不过，20 世纪 80 年代末掀起的中央银行独立性改革浪潮有其限制性，可以归纳为以下三个方面：

（1）相对于国内金融市场及其参与者的独立性

中央银行作为“银行的银行”在一国金融体系中处于重要地位。中央银行利用法定存款准备金、再贴现率和公开市场业务等手段，实现货币政策目标，调控金融。与此同时，中央银行也受到来自金融市场和参与者的影响。中央银行必须保持客观中立，按照经济金融发展本身的规律来制定政策和开展业务，而不能过多受到市场参与者的影响。

（2）相对于国际金融市场的独立性

随着金融创新发展和金融全球化，中央银行在新的国内、国外金融环境中不受影响变得更不容易。所以在新形势下，一国中央银行必须在考虑本国经济金融发展实际水平的基础上制定货币政策，才能够在日益开放复杂的国际金融市场中维护本国金融稳定。

（3）相对于本国政府的独立性

中央银行独立性实质上是指中央银行与政府之间的一种关系，即中央银行相对于政府的独立程度。中央银行独立主要是指中央银行在制定和执行货币政策职能时的自主权力。制定和执行货币政策职能时不受政府以及各种政治力量的干扰，是中央银行独立性的关键。①

中央银行的独立性是否得到体现尚有待于以下措施实施的程度如何。首先是人事独立性。亦即中央银行领导人和高层管理者的任免程序与任期不受政府换届的影响和干预。其次是给予政府信贷的独立性。亦即政府直接或间接从中央银行获得信贷以融通政府支出的能力。独立性强的中央银行应该能够抵制财政透支以及其他不合理的融资要求。再次是经费预算独立性。亦即中央银行自身的财政经费来源是否受政府控制。最后是政策独立性。亦即中央银行制定和执行货币政策的自主权，这是独立性的核心。政策独立性又包

---

① 尽管现代中央银行承担着众多的职能，但无论是从有关的理论分析来看，还是从一些国家的实际情况来看，中央银行独立性并不涵盖中央银行的所有职能领域，而主要集中表现为中央银行在履行货币管理职能时的自主性。

括两个方面：一是目标独立性，即中央银行可以自由选择政策目标的自主性；① 二是工具独立性，即中央银行在明确自身目标之后，可以自由选择货币政策的操作手段及政策工具。②

第二节　东南亚中央银行独立性改革案例研究

1997 年东亚金融危机爆发之后，东南亚的危机重灾国被迫向 IMF 贷款，并接受由 IMF 牵头向七国集团和亚洲其他国家筹措的援助资金所附加的各种苛刻贷款条件，其中包括对中央银行进行独立性改革。

一、泰国中央银行独立性改革历史沿革及现状

泰国中央银行，即泰国银行（The Bank of Thailand，BOT），其前身是泰国国家银行局（the Thai National Banking Bureau），成立于 1936 年，并非一个独立的机构，在组织架构上隶属泰国财政部。

1942 年 4 月，泰国颁布《泰国中央银行法》（*Bank of Thailand Act*），赋予泰国银行履行所有中央银行的职能，并使得泰国中央银行脱离财政部的管辖，成为一个单独的机构。可是，财政部依然有权监督泰国中央银行的所有事务。1942 年 12 月 10 日，BOT 作为泰国中央银行正式开始运作。

1942 年的泰国银行法在不少条款的规定上非常笼统，仅作了一些原则上

---

① 对于中央银行来说，货币政策目标的独立性就是指其拥有不追随政府财政政策目标的走向而自主决定货币政策目标的权力。如果一国的中央银行法或相关法律明确地规定了其中央银行的首要目标是维护货币稳定，从而排除了中央银行任意调整货币政策目标，或者其他部门要求中央银行调整货币政策目标的可能性，实际上正好体现了中央银行的目标独立性，而不是剥夺中央银行的目标独立性。所以，中央银行独立性较高的国家几乎都规定了中央银行的首要目标是维护货币稳定，或者是维护价格的稳定。

② 判断一个中央银行是否具有充分的政策工具独立性的标准就是看它是否拥有自主动用实现货币政策目标所必需的政策工具的权力。货币政策目标的实现需要一定的货币政策手段。中央银行的货币政策工具有一般性货币政策工具（法定存款准备金率、再贴现率和公开市场业务）、选择性货币政策工具（消费者信用控制、证券市场的信用控制、不动产信用控制、优惠利率、预缴进口保证金等）、直接信用控制（利率最高限、信用配额、流动性比率和直接干预等）和间接信用控制（道义劝告、窗口指导等）。中央银行为实现其货币政策目标必须通过相应的货币政策手段来调整货币供给量，进而调节宏观经济运行。中央银行为确保顺利地完成既定的货币政策目标，就有必要拥有自主动用货币政策工具的权力。

的规定，对于泰国中央银行行长任命、政策执行等内容只有大概的说明。[①] 然而，这样一部笼统的法律，从1942年实行以来居然从未进行过任何重大条文的修订。直到2008年3月泰国国会才通过了新的泰国中央银行法。因此，在此期间，泰国中央银行运作的主要依据来自其他法律条文、一些官方的政策性规定、政府规章，甚至惯例。其实际独立性程度并不完全依照法律规定，而是受到多方面因素的影响。

（一）泰国中央银行独立性发展阶段性划分

泰国中央银行独立性发展与变化经历了以下四个阶段。

1. 1942—1958年政治不稳定与低水平的中央银行独立性时期

这个时期泰国政治不稳定，政府变动频繁。1942—1958年，泰国经历了16届政府的执政，平均执政时间仅为1年。尤其是在1944—1947年为期3年的政局动荡时期，先后更换了10届政府。这个时期泰国的政治体制主要是军方政权，中间也有比较短暂的民主和半民主政治体制存在，其中掌握政权最长的是銮披汶·颂堪（Field Marshal Plaek Phibun songkhram，任期为1948—1957年）。可是，在颂堪执政期间也发生了3起未遂政变。

囿于政治体制，泰国中央银行的独立性非常弱，常与政府发生矛盾，只不过中央银行往往是失败和屈服的一方。[②] 而且，受政局变动的影响，中央银行行长更替极其频繁。1942—1958年，泰国中央银行行长先后更换了9人，平均任期仅约1.9年。在这种高度政治不稳定情况下，政治家更多考虑的是自身任期的安全问题，利用中央银行这个“钱袋子”，保持自身政策的灵活度，以便有更大的运作范围。这是该时期中央银行独立性较弱的客观

---

① 比如仅原则性规定泰国中央银行的最高政策决策单位是理事会（Court of Directors），对行长与理事会理事的任期以及货币政策的拟定等均没有明确的规定。

② 比如在20世纪50年代早期Dej Santivong担任行长的时期，政府财政赤字严重，并对国民经济和收入分配进行强烈干预，Dej Santivong在1952年的泰国中央银行年报中强烈反对政府的赤字财政，并指责政府的大规模不负责任的投资行为。当颂堪命令中央银行调整泰铢对英镑的汇率时，Dej Santivong认为这样会损害泰国的出口而拒绝执行，最终提出辞职。1953年也发生了中央银行与政府的重要冲突。颂堪要求泰国中央银行调整泰铢汇率以使商业银行获利，泰国中央银行对此提出异议，认为这样将会使商业银行把贷款用于金融套利。最终在政治压力下，泰国中央银行不得不同意调整汇率，但是当时的副行长Puey Ungphakorn提出了一个附加条件，即在调整汇率的同时，禁止商业银行以优惠汇率出售外汇。这个附加条件最终获得颂堪的认可。但是不久一家获得军方支持的商业银行大量地以优惠汇率出售外汇获利，影响范围很大，泰国中央银行坚决要求处罚这家银行。结果内阁会议最终对这家银行进行了罚款，但是也免去了Puey Ungphakorn中央银行副行长的职务。

背景。

2. 1959—1972 年军人集权与中央银行独立性增强时期

沙立·他那叻元帅（Sarit Thanarat）于 1959 年上台执政，通过颁布各种法令开始其独裁统治。在取得政治稳定和权力巩固以后，沙立希望得到世界银行和美国的认可，以得到更多的国际贷款与资本，于是任命 Puey Ungphakorn 为泰国中央银行行长，并开始了中央银行独立性改革。泰国中央银行独立性水平在 1959—1972 年得到较大的提高。[①] 其间，泰国中央银行行长只更换了一次，平均任期达到 8 年。泰国中央银行独立性提高的原因除了归结为因政治稳定导致银行行长的任期安全得到保障，以及政治家更多考虑国内经济的发展，将货币政策的部分权力交给专业的中央银行来实施，进行较少的政治干预等因素外，国家经济对外国投资、国际贷款以及世界银行的贷款援助等需要增强也是重要的推力。这些因素均要求泰国国际信誉的改善，而中央银行是否具有独立性则是后者考量的重要因素。此外，中央银行行长 Puey Ungphakorn 的个人出色才能和领导能力也在泰国中央银行独立性的提高中起到了重要作用。[②]

3. 1973—1983 年政治不稳定、国际流动性泛滥与中央银行独立性削弱时期

20 世纪 70 年代中期以后，泰国推行民主体制和开放使其政治环境不确定性增强。这种不确定性降低了政治家对自身任期安全的预期和他们心目中对国际信誉的重视程度，希望将中央银行的权力掌握在自己手中，以此作为政

---

① Puey Ungphakorn 在国际组织、国际金融界具有的良好声誉和关系，当时不少国际金融界人士把 Puey Ungphakorn 看作“唯一值得信赖的泰国人”，甚至声称在没有他参与的情况下就不和泰国进行商业往来。Puey Ungphakorn 巧妙地利用国际方面的压力作为杠杆来撬动国内政治压力，大幅度地增强了泰国中央银行的独立性。

② Puey Ungphakorn 于 1959 年被任命为泰国中央银行行长。他具有出色的才能并且为人正直，当时泰国相关法律并未禁止中央银行行长兼任其他政府职务（当时的发达国家中央银行法大多明确禁止），但 Puey Ungphakorn 却坚持推却了不少为自己带来大量收入的职位。他利用自己与国际组织的良好关系作为中央银行权力的一种支撑，并以此影响军方领导人。在中央银行与政府发生一些难以协调的矛盾时，Puey Ungphakorn 态度非常强硬，有时甚至会以辞职作为威胁，这些威胁往往会收到效果。Puey Ungphakorn 管理下的泰国中央银行的权力也扩展到财政领域，政府方面曾经提议建立一个新的委员会来处理一些财政问题，主要是国际方面的财政问题。但 Puey Ungphakorn 认为这是中央银行的权力范围，他声明说，“我认为建立新的委员会完全没有任何意义，如果新的委员会成立……那么我除了辞职之外别无选择”。政府方面最终没有再提议建立这个委员会。PUEY UNGPHAKORN. A siamese for all seasons [J]. Bangkok, 1983: 315.

治斗争的武器。[①] 与此同时，由于中东国家的石油收入开始大量涌入国际市场，国际流动性泛滥，国际贷款利率很低，且容易获得。比如，1973 年泰国在国际金融市场平均私人借款利率仅为 4%，甚至低于伦敦 1 年期存款利率，[②] 泰国在国际金融市场的贷款的较易获得，导致政府对国际信誉的需要程度大大下降，从而削弱了中央银行的独立性。

泰国中央银行与财政部在 20 世纪 70 年代制订农业贷款计划过程中充满矛盾，导致中央银行独立性水平下降。20 世纪 70 年代开展的农业贷款计划遭到不少私人银行的反对，它们认为贷款风险太大，而且这些银行没有相应的力量去评估农业贷款的风险。泰国中央银行也没有专门的农业信贷部门来监管这个计划。于是，中央银行内部专门集中力量成立了一个对此负责的机构，但是最终这个机构的控制权力却归属财政部。

该时期政治的不稳定表现在新政府往往是建立在多方派别联合的基础上。这种联合政府需要保持各方势力的均衡，政府首脑往往将一些重要职位分配给不同派别的人员，尤其是财政部长一职。担任财政部长的官员代表某一派别的势力，并积极扩大自身的权力范围，从而不可避免地会削弱中央银行的权力，造成其独立性的下降。

4. 1984—1997 年中央银行独立性水平缓慢恢复时期

这个时期，泰国政治不稳定状况依然延续，1984—1997 年共经历了 8 届政府的替换，成为世界上政府更迭最频繁的国家之一（John Funston, 2001）。但是世界环境发生了巨大变化，尤其是在 20 世纪 90 年代初以后，伴随经济全球化趋势的迅猛发展，各国都越来越意识到经济发展和国际经济交往之间联系的重要性。尽管泰国政治不稳定程度依然较高，但泰国的政治家也日益注意政府的国际信誉，以图吸引更多的外国直接投资、

---

① 他侬·吉滴卡宗元帅（Thanom Kittikachorn）加快了泰国民主制度的建设。1968 年泰国颁布了新的宪法，该宪法使政治党派合法化（之前已经被禁止了 10 年）。随后泰国建立了一个半议会体制并于 1969 年举行大选，建立了 13 个政治党派。但是很快 1971 年又发生了军事政变，新政府解散了立法机构，废除了宪法并禁止建立政治党派。1973—1976 年是泰国混乱的民主阶段，短命的看守政府和民选政府相继上台。学生、农会和工会上街示威宣泄不满。而右翼暴力集团则四处制造恐慌，暗杀学生、农会和工会的领导人。在 1976 年的选举中，发生了有记载以来最严重的暴力冲突，几十人在冲突中丧生。江萨·差玛南上将（Kriangsak Chamanan）以此为借口发动了政变。

② 数据来源：IMF：International Financial Statistics（Washington, D. C. IMF）相应年度版本。

国际贷款，以缓解外汇储备的短缺程度，[①] 中央银行是否独立以及独立的程度如何与国际评价和国际信誉息息相关。与此同时，随着对经济发展认识的深入，泰国政府与中央银行在将价格稳定作为重要目标和逐步增强中央银行权力方面取得一致认识，这是泰国的中央银行独立性程度依然能在政治动荡的环境下得到改善的主要原因。1985 年通过的商业银行法也扩大了中央银行职权的法律范围。不过，由于中央银行与政府（主要是财政部）之间矛盾重重，甚至相持不下，中央银行独立性改革的步履依然是缓慢的。[②]

（二）现阶段泰国中央银行独立性增强

促使泰国中央银行独立性增强的主要原因是泰国在沦为 1997 年东亚金融危机爆发的肇始国和重灾国后被迫接受 IMF 的贷款条件。

1997 年 7 月，泰国在招致国际货币投机者的狙击、外汇储备消失殆尽的情况下采取了浮动汇率制。之后，泰国货币急剧贬值，同时股市崩溃。

---

① 20 世纪 70 年代中期以后，国际流动性开始萎缩，流入泰国的 FDI 开始下降，泰国的外汇储备也随之迅速下降，1978 年为 19.74 亿美元，1979 年下降为 17.94 亿美元，1980 年为 15.5 亿美元，1982 年为 15.1 亿美元。

② 例如，时任中央银行行长的 Nukun Prachuabmoh 希望对储蓄和贷款利率均实行浮动制，但财政部长 Somaii Huntrakul 却认为应当对贷款利率设置上限。最终财政部占了上风。中央银行曾规定商业银行贷款的增长不能超过 18%，使中小企业难以获得贷款，这个规定遭到企业界和媒体的强烈反对，财政部也反对这项规定，最终政府对规定进行了修改。泰国中央银行公开声明反对政府购买 F-16 战斗机的计划，Somaii Huntrakul 对此批评中央银行不应当使政府财政预算让公众公开讨论。Somaii Huntrakul 还反对中央银行提出的存款保险计划，甚至以辞职相威胁，导致国会不得不搁置了此项计划。Somaii Huntrakul 认为中央银行的金融监管过于松懈，因此财政部专门派人定期监督中央银行的金融监管。最终，Somaii Huntrakul 让与自己关系密切的 Nukun Prachuabmoh 接任中央银行行长的职位。但是不久以后，Pramual 任财政部长，中央银行与财政部又继续发生矛盾。二者的矛盾主要在于财政部对于扩张性宏观经济政策的偏好与中央银行不一致。例如，中央银行同时取消利率限制和控制信贷扩张的政策就遭到财政部长 Pramual 的极力反对，他甚至指责中央银行与私人银行密谋设定利率并声称决不允许这种情况发生。这个声明被认为泰国中央银行将不被允许独立地制定和执行货币政策。在 Kamchorn 任中央银行行长时期，中央银行重新部分地取得了国家财政政策的否决权。Kamchorn 在政府首脑希望获得国际信誉的情况下，也利用自己与国际组织的关系来支撑中央银行的权力。当时泰国中央银行的一位高层管理人员曾经提到："我们（泰国中央银行）和 IMF 有相似的政策偏好，但是由于政府的反对压力，我们不得不要求 IMF 将这些政策偏好强加给我们。"后来，财政部长 Pramual 不经过泰国中央银行就与 5 家外国银行商谈进入泰国金融市场的问题，对此 Kamchorn 进行了政治反击，媒体大量报道 Pramual 不尊重中央银行权力、牟求私利，最终迫使 Pramual 辞职。Kamchorn 之后中央银行行长由 Chavalit Thanachanan 接任，但时间很短。然后财政部提名 Vijit Supanit 任中央银行行长，Vijit Supanit 原来一直任职于泰国中央银行，但不是来自财政部，这一提名显然表明了财政部对提高中央银行独立性的支持。参见 Songkiat Chartwatananan. The New Wave [J]. Vijit Supanit. Dorkbia，1990：14.

财政部长 Amnuay Virawan 因“货币政策失控”而于 1997 年 6 月 19 日辞职。在泰铢宣布贬值后几小时，泰国中央银行行长 Rerngchai Makaranond 也引咎辞职。为防止金融动荡进一步损害经济实体部门，泰国政府不得不向 IMF 请求援助。IMF 在同意给予泰国提供 172 亿美元的贷款时附加了一系列贷款条件，并要求泰国进行制度结构方面的改革。金融部门开始的改革包括提高泰国中央银行的独立性，加强泰国中央银行的监管权力、扩大监管范围、加强监管职能，提高泰国各个金融机构的公司治理能力，并推动金融自由化。

为加强泰国中央银行的地位和权力，根据 IMF 国际金融专家小组的建议，泰国政府于 2000 年向国会提交了三项修改法案：新机构金融法、泰国中央银行修订法和新货币流通法，目的在于使泰国中央银行在进行金融重组时更加具有自主性和灵活性，不必事先征得泰国财政部的同意。这些法案要求泰国中央银行成立独立的稽核机构，对金融机构的问题进行举证，并有权对包括母公司与子公司在内的金融机构进行场外稽核。这些新法案的实施将有助于增强泰国中央银行的独立性。但是这些新法案因政治的变动一直被搁置，直到 2008 年新的中央银行法生效才正式通过。不过，有些政策性规定在 2000 年已经开始实施了。

泰国中央银行在 1997 年金融危机前主要是采用盯住一揽子重要国家货币的汇率制度。在金融危机之后，泰国中央银行根据 IMF 的建议实行了货币目标制。2000 年 5 月，泰国中央银行宣布实行通胀目标制，以季度平均核心通胀作为其通货膨胀目标的观察指数（见图 3-1）。通胀目标制的实施进一步增强了泰国中央银行的独立性，尤其是工具的独立性，使得中央银行能够避免政治压力的干扰。实行通胀目标制的一个重要条件就是中央银行的独立，在通胀目标制实行以后，泰国中央银行实际已经具备了较强的独立性，包括能够独立制定和执行货币政策（Stephen Grenville & Takatoshi Ito，2010）。泰国实行通胀目标制的政策成效显著，通胀情况一直表现相对良好，政策目标基本实现。在这种情况下，2008 年 3 月泰国新的中央银行法终于获得国会通过，在法律上进一步确认和提高了泰国中央银行的独立性。

根据 2008 年 3 月泰国新的中央银行法，泰国中央银行的独立性得到了一定程度的提高。首先体现在中央银行行长和货币政策决策机构人员的任命方面：由财政部长任命 7 名委员，组成中央银行行长遴选委员会，提供至少 2 位行长候选人，经内阁提名后再由国王进行任命，任期为 5 年。中央银行行

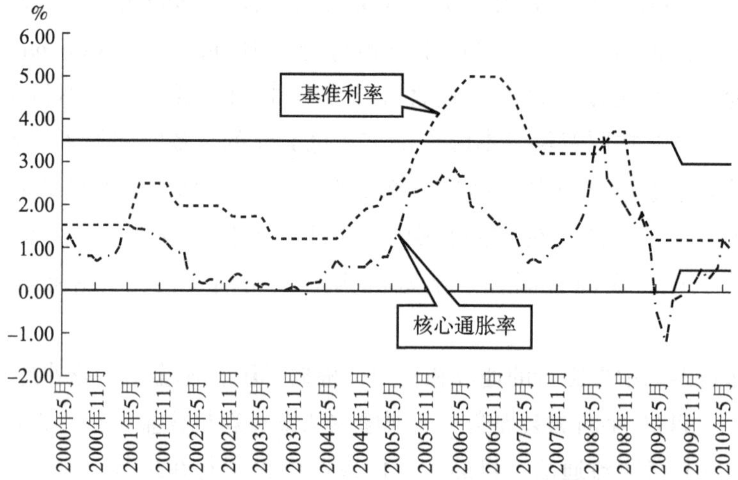

图 3-1　泰国 2000—2010 年通胀与利率情况

资料来源：泰国中央银行（Bank of Thailand）：相关年度泰国通胀报告（Inflation Report）。

长任职期间不得兼任其他职务，如果因为政策性因素对行长进行免职，必须经中央银行理事会或者财政部提案，再由内阁通过。泰国中央银行货币政策决策机构为货币政策理事会（Monetary Policy Committee），理事会成员为 7 人，理事由泰国中央银行理事会任命，任期为 3 年，没有政府指派的专门代表。其次体现在货币政策运作机制方面：实施通胀目标制，货币政策的最终目标是“维持价格稳定、保障金融体系与支付系统的安全”。① 货币政策理事会需与财政部长针对下一年度的货币政策协调商定，双方取得一致后向内阁提出报告，经内阁同意便可将货币政策目标在政府公报中刊登并予以执行。新法案并没有制定政府与中央银行发生冲突时的协调机制，但显然政府有最终决定权。再次体现在中央银行对政府的财政融资方面：泰国中央银行的独立性仍较弱，新法案基本未对政府向中央银行财政融资进行限制，对融资期限、金额、方式均未作详细规定。最后体现在金融监管方面：泰国中央银行并非唯一的监管机构。2008 年泰国实行了《金融机构业务法》（*Financial Institution Business Act*），规定金融监管职能隶属于财政部，由泰国中央银行与证券和外汇委员会承担，泰国中央银行仅对一般性的金融监管业务负责。

① 资料来源：泰国中央银行 2551 号法令［Bank of Thailand Act，B. E. 2551（2008）］（http：//www. bot. or. th/）。

二、印度尼西亚中央银行独立性改革历史沿革及现状

印度尼西亚与泰国的情况不同。泰国在60多年的时间里没有对中央银行法进行较大的修订，而印度尼西亚从1953年到2008年，先后出台了6部中央银行法，为观察研究提供了法律依据。

（一）印度尼西亚中央银行独立性改革进程

在印度尼西亚中央银行（Bank of Indonesia）建立后至1997年东亚金融危机爆发之前，其中央银行独立性改革进程可划分为四个阶段。

1. 1953—1958年印度尼西亚中央银行建立时期

印度尼西亚在20世纪四五十年代经济条件恶劣，政治混乱，经历了反对荷兰殖民者的斗争以及其他各种武装斗争和起义。1945年印度尼西亚宣布独立并颁布了第一部宪法。1949年12月，荷兰放弃对其殖民统治，向印度尼西亚联邦共和国移交权力。印度尼西亚于1950年放弃联邦政体，采用单一制。在1950年之前，由荷兰建立的私人银行——爪哇银行（De Javasche Bank）曾为印度尼西亚的发行银行。1951年之前，这家银行一直由荷兰人经营和管理。印度尼西亚政府于1951年对爪哇银行进行了国有化。1953年印度尼西亚政府颁布第11号法令。根据这部法令，爪哇银行于1953年7月正式改名为印度尼西亚银行（Bank of Indonesia），成为印度尼西亚中央银行。

根据1953年第11号法令，印度尼西亚中央银行对原爪哇银行的管理结构进行了改革。印度尼西亚中央银行主要由3个委员会进行管理，包括货币委员会、理事会和顾问委员会。货币委员会掌握最主要的权力，其职责为制定各项货币政策并指导中央银行理事会。货币委员会由3名有投票权的成员组成，财政部长为委员会主席，其余包括经济部长和中央银行行长。在财政部长不能出席时，中央银行行长暂时代行委员会主席职权。政府对货币政策负责，印度尼西亚中央银行还承担货币发行、信贷控制和银行监管的职能。

Sjafruddin Prawiranegara是爪哇银行的最后一任行长，同时也是印度尼西亚银行的第一任行长。他在银行1951—1952年年报中提到，对爪哇银行的国有化可能会导致发行货币的权力被政府利用，成为政府财政来源的渠道。在印度尼西亚银行正式建立后，Sjafruddin Prawiranegara又在1952—1953年年报中指出，1953年第11号法令规定的印度尼西亚中央银行的管理制度结构与他的设想并不一致，这种货币委员会凌驾于理事会之上的制度安排使得中央银

行职能和权力范围相对模糊。他认为，印度尼西亚中央银行应该与政府相对分离，只有在特殊的情况下政府才能干预中央银行。他还提出，应当建立一个协调委员会来协调政府和中央银行之间的关系。但是，Sjafruddin Prawiranegara 的这些建议最终都没有实现。

1955 年，印度尼西亚政府颁布了 1955 年第 11 号法令，其中对 1953 年的法令进行了修改，主要是对中央银行给予政府融资借款实行更为严格的限制。1953 年第 11 号法令规定，政府向中央银行借款的最大额度不得超过政府年财政收入的 30%。1955 年第 11 号法令将这一条款中的比例限制改为具体金额，即政府向中央银行借款的最大额度不得超过 7.1 亿卢比。可是印度尼西亚政府又在 1958 年第 84 号法令中将这个限制改为不得超过政府年财政收入的 30%。

与其他发展中国家相比，早期印度尼西亚中央银行的法律独立性相对较高（见表 3-1）。这个时期主要有两方面的因素对印度尼西亚中央银行的独立性产生影响：

一是历史因素。作为发展中国家，印度尼西亚中央银行的历史形成比较特殊。一些主要发达国家的中央银行都是从私人银行发展演变而来的，这种形成方式体现了政府和私人银行之间的一种合作，因此中央银行往往在形成时独立性较高。而二战后许多发展中国家成立的中央银行主要是从政府原来的金融管理机构中分离出来而组建的，或者是重新由政府建立中央银行而形成的。这种方式一开始就是由政府主导和控制的，政府在思想认识、制定法律和人事安排上不可避免地将中央银行作为行政机构来看待，也往往导致中央银行受政府干预很多，因而独立性较弱。如前所述，印度尼西亚中央银行的历史形成比较特殊，爪哇银行是由荷兰建立的一家私人银行，其在荷兰与印度尼西亚殖民和反殖民斗争的过程中由于联合国安理会的决议成为印度尼西亚地区的发行银行。直到 1951 年，荷兰人都在管理和经营着这家银行，甚至在 1953 年印度尼西亚政府对其国有化并形成印度尼西亚银行以后仍然有许多荷兰人在银行管理层任职，并在微观管理层面延续了以前的管理方式。尽管政府的干预不可避免，但是与同时期其他发展中国家相比，印度尼西亚一开始制定的中央银行法，即 1953 年第 11 号法令，还是使得印度尼西亚中央银行的法律独立性和实际独立性都相对较强。表 3-1 表明，在 12 个发展中国家中，只有埃及的中央银行法律独立性指标高于印度尼西亚，其他国家均在 0.3 以下。

表 3-1 1953—1958 年印度尼西亚中央银行独立性与其他发展中国家比较

国家	Cukierman 法律独立性指标	国家	Cukierman 法律独立性指标
印度尼西亚	0.39	印度	0.25
玻利维亚	0.30	墨西哥	0.25
埃及	0.52	尼泊尔	0.18
中国	0.29	巴基斯坦	0.21
泰国	0.27	南非	0.25
乌拉圭	0.22	委内瑞拉	0.28

资料来源：Cukierman（1992）。

二是经济因素。这个时期印度尼西亚的经济发展刚刚起步，资金异常短缺，非常需要资本和国际信誉。印度尼西亚在发展初期一直希望从国际金融市场获得资本，但由于国内政治和经济环境不稳定，很难从国际私人银行等机构获得国际资金，因此，印度尼西亚在那个时期所采取的政策是对各种国际资金、外国直接投资的流入基本上不作限制（John Funston，2001）。

2. 1959—1965 年印度尼西亚中央银行独立性削弱时期

1959 年，苏加诺决定终止选举制度，宣布实行由他主持的“有领导的民主”并实行公有制。他终止了 1950 年宪法，回归到赋予总统更大权力的 1945 年宪法。在 1959 年以后，苏加诺开始实行公有制和高关税政策，并逐步将制定各项经济政策的权力集中化，政府加大了对社会、经济等各方面的干预力度。随着政府机构和议会体制的变化，印度尼西亚政府根据总统法令对货币委员会的组成规定进行了修订：财政部长仍然是货币委员会主席，除中央银行行长之外又增加了更多的政府官员，包括计划部长、生产部长、发展部长和财政部副部长；中央银行行长对货币委员会的决定可持保留意见，并可在提交给部长会议作为参考的政府公报中表明自己的立场；货币委员会会议纪要必须严格保密。

该时期印度尼西亚中央银行有 3 位行长在任期未满的情况下被免除职务，其中 2 人的免职政府并未给出明确的理由。印度尼西亚存在高额的财政赤字，年平均超过 GDP 的 6%。同时金融部门发展水平较低，M2 占 GDP 的比重低于 7%。这些都使得印度尼西亚中央银行的实际独立性在这一时期有所削弱。

此外，该时期印度尼西亚中央银行独立性降低还受制于以下两个重要的非经济因素：一是政治不稳定，苏加诺总统动用军队控制了伊利安查亚（现在的巴布亚）。1963 年，他发动了一场反对马来西亚成立的对抗运动，并声称这是英国殖民主义的产物。与此同时，印度尼西亚共产党势力与军方势力在苏加诺的统治下斗争激烈，使得政治家的任期安全受到威胁，因而其希望控制更多的权力。二是苏加诺总统从1959年开始推行公有制和权力集中，政府对经济运行实施高度干预和控制，对印度尼西亚中央银行独立性的削弱也起到了重要作用。

3. 1966—1982年印度尼西亚政府对中央银行的主导权增强时期

1966年，苏哈托接管了印度尼西亚政府的全部权力，开始了长达30年的苏哈托统治时期。苏哈托颁布了新的经济发展政策，并称之为“新秩序”。苏哈托加强了印度尼西亚在贸易和投资方面的开放程度，推行发展导向的经济政策。1966年以后到亚洲金融危机前，印度尼西亚年均经济增长为5%~7%，这在很大程度上受惠于1973年第一次石油危机，作为一个石油大国，印度尼西亚通过高价出售石油资源取得收益。从20世纪80年代开始，外国直接投资对印度尼西亚的经济增长起到了越来越重要的作用。

苏哈托的“新秩序”体制集中在经济发展上，并以此为导向对经济制度进行改革。印度尼西亚中央银行在这个时期被赋予了更多发展方面的目标和功能，承担了更多执行政府政策的职责。当时的印度尼西亚中央银行除了传统职能，如货币政策、银行监管和支付体系之外，还是一个政府经济发展的机构。由此可见，印度尼西亚政府进一步加强了对中央银行的主导（见图3-2）。

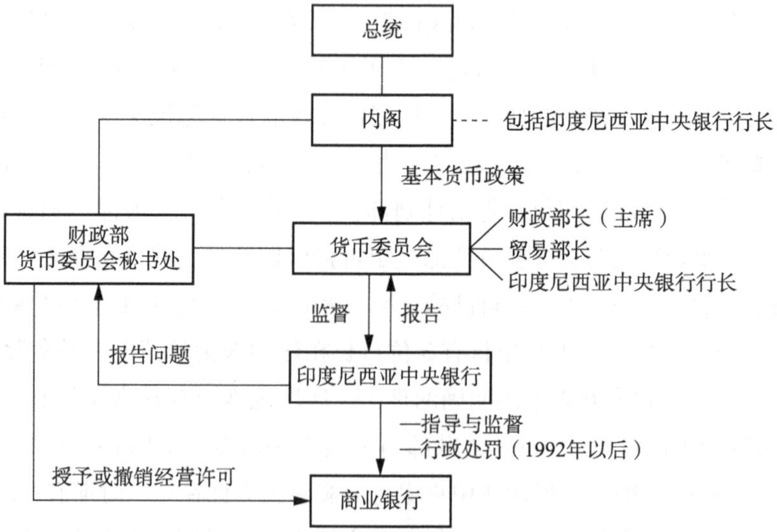

图3-2　1968—1998年印度尼西亚中央银行与政府的关系架构

资料来源：笔者根据印度尼西亚中央银行官方网站资料绘制。

印度尼西亚在 1968 年通过了第 13 号法令，对中央银行法再次进行了修订。对中央银行的职责、管理架构、责任等方面作了较大的修改。依照这部法律，货币委员会被纳入政府的管辖范畴，作为政府的一个助理机构，其不再在印度尼西亚中央银行的管理范围内；印度尼西亚中央银行作为一个发展机构，不再属于政府部门，印度尼西亚中央银行行长也不再是政府的部长级职务；禁止中央银行从事任何商业银行的活动；中央银行作为唯一的货币发行机构，货币发行的数量由政府通过向议会提交财政报告决定。1968 年第 13 号法令在中央银行给予政府贷款和融资方面没有再进行限制，只是在第 35 条第一款规定中央银行给予政府的贷款和融资应当以政府预算为基础；第 35 条第三款规定了中央银行给予政府贷款的年利率为 3%，但是又规定利率可以由政府和中央银行协商决定，这样实际上就没有对政府向中央银行贷款的利率进行任何约束。总之，这部法律使得印度尼西亚中央银行的法律独立性大大削弱。1968—1996 年印度尼西亚没有对中央银行法进行任何大的修订。

4. 1983—1997 年印度尼西亚中央银行独立性提高时期

20 世纪 80 年代以后，随着经济全球化飞速发展，外国直接投资在印度尼西亚经济中的地位越来越重要。印度尼西亚政府积极推行的经济自由化政策对其国际信誉的需要程度也越来越强。在这样的情况下，中央银行法虽然没有修订，但是印度尼西亚政府推出了一些有利于提高中央银行独立性的政策。例如，在 1983 年政府公报中进一步明确了中央银行的目标，指出货币（卢比）稳定是中央银行的首要目标。1985 年财政部 51 号文件又规定政府向中央银行的贷款不得超过财政预算中的具体数量。[①] 印度尼西亚政府还取消了最高利率的限制并放松了对银行部门的管制，印度尼西亚中央银行的实际独立性因此得到进一步提高。

如上所述，印度尼西亚中央银行在这个时期实际独立性提高的原因主要是印度尼西亚政府对国际信誉需要程度增强的影响。外国直接投资从 20 世纪 80 年代起逐步成为国际资本流动的重要形式，东南亚国家都在为吸引外国直接投资进行激烈的竞争，印度尼西亚也迫切需要通过吸引外国直接投资来促进经济增长。在持续推进放宽金融管制，并加强中央银行实际独立性的政策后，情况有所变化。印度尼西亚外国直接投资净流入持续增长，1995 年已经

① 资料来源：印度尼西亚中央银行 1983 年和 1985 年年报（http：//www. bi. go. id/）。

达到 43.5 亿美元，1996 年更是达到了 62 亿美元。[①]

另外，印度尼西亚政府的财政状况和债务也一直处于较为良好的状态。1991—1996 年，只有 1993 年政府财政有少量的赤字，其他年份均为盈余（见图 3-3）。同时，印度尼西亚政府的债务占 GDP 比重也持续下降（见图 3-4）。这些情况的好转反过来也使得印度尼西亚中央银行较少受到政府的干预，并使其实际独立性能够保持一个相对较高的水平。

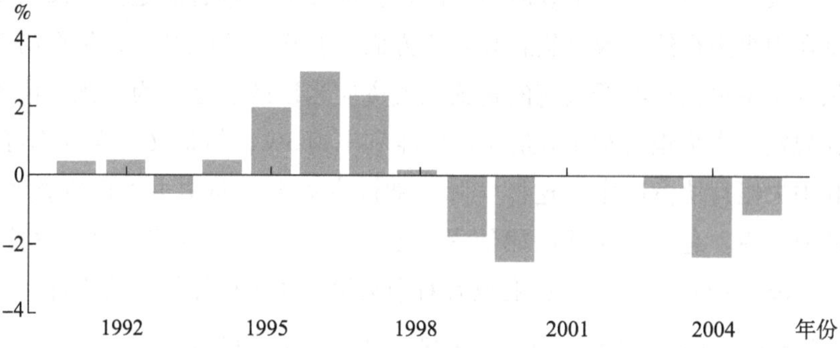

图 3-3　1991—2005 年印度尼西亚政府的财政盈余/赤字（占 GDP 的百分比）

资料来源：印度尼西亚中央银行相应年度年报（http：//www.bi.go.id/）。

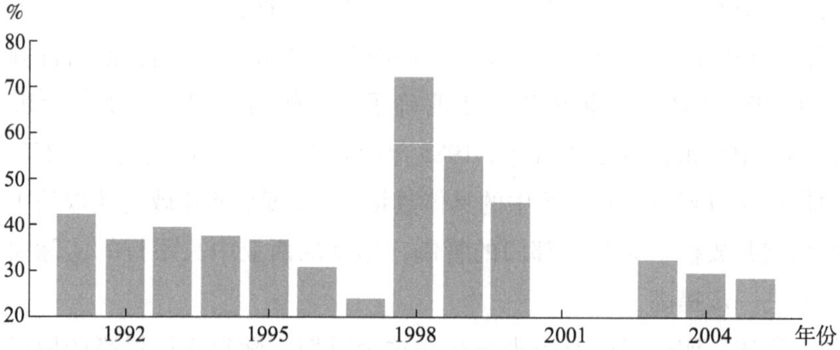

图 3-4　1991—2005 年印度尼西亚政府的债务（占 GDP 的百分比）

资料来源：印度尼西亚中央银行相应年度年报（http：//www.bi.go.id/）。

（二）促使印度尼西亚中央银行独立性增强与削弱的原因

1997 年亚洲金融危机严重打击了印度尼西亚的经济。1998 年，印度尼西亚经济总量收缩了 14%。印度尼西亚卢比对美元的汇率从 1997 年 7 月 1 日较

① 数据来自世界银行（http：//data.worldbank.org/）。

高的 2432 卢比比 1 美元，暴跌到 1998 年 1 月 24 日的 14800 卢比比 1 美元。① 金融危机引发和激化了银行系统中存在的各种问题，使许多银行陷入破产境地。金融危机使得印度尼西亚政府不得不向 IMF 求援，IMF 在提供紧急贷款的同时也提出了一整套金融和经济改革的方案与贷款条件。1998 年 5 月，印度尼西亚因为取消能源和食品补贴而在全国引起了广泛的骚乱，整个印度尼西亚境内都爆发了示威游行，经济危机引发的政治动荡，最终导致了苏哈托政府的倒台。

在人民强烈的政治和经济改革呼声中，哈比比政府上台。新政府对经济和政治领域进行了大刀阔斧的改革。在 IMF 贷款条件的制约下，一部新的中央银行法（1999 年第 23 号法令）在 1999 年终于获得通过，这部中央银行法赋予了印度尼西亚中央银行前所未有的法律上的独立性。

新的中央银行法规定，印度尼西亚中央银行是一个独立的国家机构，不受任何来自政府或其他党派的干预。印度尼西亚中央银行的目标是单一的，即维持货币（卢比）的价值稳定。为实现这项目标，印度尼西亚中央银行行使三项职能，即货币政策职能、银行监管职能和支付清算职能。新的中央银行法取消了货币委员会，将完全的货币管理权力赋予中央银行（见图 3-5）。在管理者方面，新法令规定，除非自己提出辞职或者被证明有犯罪行为不能再履行其职务，中央银行行长和中央银行董事会成员在其任期内不能被免职；中央银行行长和副行长由总统经议会同意后提名并任命；中央银行行长和中央银行董事会成员在其任期内，除其中央银行工作需要外，禁止兼任任何其

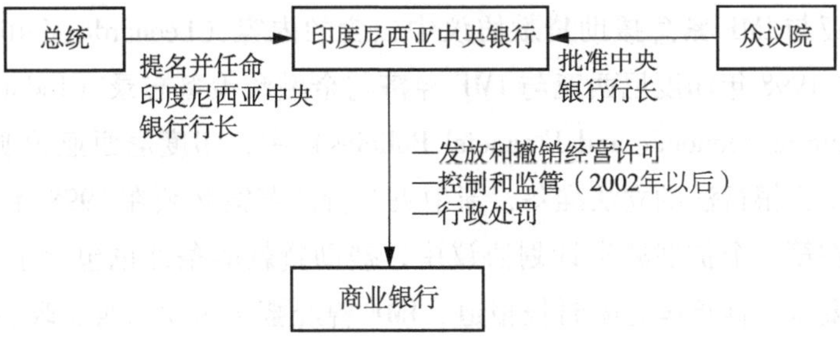

图 3-5　1999—2004 年印度尼西亚中央银行与政府的关系架构

资料来源：笔者根据印度尼西亚中央银行官方网站资料绘制。

① 资料来源：印度尼西亚中央银行 1997 年和 1998 年年报（http：//www. bi. go. id/）。

他机构的职务、禁止加入任何政治党派、禁止在任何企业拥有直接或间接的相关利益。在货币政策决策方面，新法令规定，任何政治党派都不能干涉中央银行任务的执行；中央银行董事会的决策将通过政府部长与中央银行会议共同审议以达成一致，当无法达成一致时，中央银行行长拥有最终的决定权。新法令还规定，中央银行不能向政府提供任何信贷，不能购买政府债券。

这个时期印度尼西亚中央银行独立性大幅提高的主要原因包括以下两个方面：

一方面是 IMF 的影响和推动。印度尼西亚与 IMF 之间具有长期、紧密而又复杂的关系。早在 1966 年，IMF 帮助苏哈托政府设计了宏观经济的稳定计划；1967 年印度尼西亚正式重新成为 IMF 成员国；1970 年印度尼西亚政府便接受过 IMF 的紧急贷款；之后印度尼西亚在出口商品大幅下跌时，接受过 IMF 的补充性融资计划（Compensatory Financing Facility，CFF）①。1997 年东亚金融危机爆发之后，IMF 对印度尼西亚所施加的贷款条件的影响要比东南亚其他国家更为深远。金融危机发生后，IMF 向印度尼西亚提供了其历史上数额最高的一次紧急财政援助，总额高达 430 亿美元。IMF 的援助一共包括三个计划，即一个紧急贷款计划和两个扩展融资计划（见表 3-2）。在提供援助的同时，IMF 也向印度尼西亚提出了一揽子金融和经济改革方案。其中便包括加强中央银行的独立性，赋予其更多的相应权力。在处于危机动荡时期并接受大量援助的情况下，印度尼西亚政府不得不接受这些改革方案，但是有些改革并没有达到预期效果。1999 年新的中央银行法改革实际上就是原来印度尼西亚与 IMF 紧急援助贷款协议中包含的内容（Leonardo Martinez Diaz，2006）。在 1998 年印度尼西亚与 IMF 经济与金融政策备忘录（Indonesia-IMF Memorandum of Economic and Financial Policies）中，印度尼西亚曾明确承诺，加快新的中央银行法的立法准备，新中央银行法草案必须在 1998 年 9 月底提交国会。在第一个扩展融资计划协议中，援助贷款的条件也包含了中央银行独立性的要求。据英国金融时报报道，IMF 曾经警告印度尼西亚政府，“推迟中央银行改革，将损害其独立性并可能影响到新的 IMF 援助贷款的发放”。②

① 补充性融资计划是在 IMF 成员国出口商品价格大幅下跌时，IMF 提供的用以补充出口外汇收入的外汇购买计划。

② FIDLER. Stephen：Indonesia's central bank plans'put IMF loans at risk [J]. Financial times，Feb. 9，2001.

表 3-2　IMF 对印度尼西亚的援助贷款与资金往来（截至 2006 年 6 月）

单位：百万美元

计划	年份	支出	回购	利息等杂项费用
紧急贷款计划	1997	2201.47	0	0
	1998	4254.35	0	133.96
第一个扩展融资计划	1999	1011.00	0	267.54
	2000	851.15	0	398.85
第二个扩展融资计划	2001	309.65	1375.92	369.50
	2002	1100.96	1834.56	202.86
	2003	1376.24	979.26	148.64
后期推进计划	2004	0	678.07	172.25
	2005	0	774.81	211.82
	2006	0	2988.99	122.00

资料来源：IMF. Indonesia：financial position with the fund（www.imf.org.）。

另一方面是出于对强烈的国际信誉的需要。在东亚金融危机发生后，印度尼西亚的经济状况急剧恶化，大量资金外逃。1998 年印度尼西亚外国直接投资净流入为负值，即外国直接投资净流出 2.4 亿美元，1999 年净流出达到 18.7 亿美元，2000 年更是达到 45.5 亿美元。这使得印度尼西亚的经济复苏受到严重的阻碍。因此，印度尼西亚政府非常需要提高国际信誉以吸引投资者，在法律上公开正式地大幅提高中央银行独立性成为解决问题的重要途径。

2004 年，印度尼西亚又对中央银行法进行了修订（2004 年第 3 号法案），该法案适当降低了中央银行的法律独立性（见图 3-6）。例如，在中央银行给予政府融资方面，1999 年中央银行法规定是完全不允许，而 2004 年修订后法案规定，印度尼西亚中央银行可以在初级市场购买政府短期有价证券，政府在发行政府有价证券之前应当与中央银行进行磋商。2004 年修订法案也取消了 1999 年中央银行法中中央银行给予政府贷款的禁止规定。

中央银行独立性的再次被削弱受以下两方面因素的影响：一方面，随着 IMF 援助计划的终止，IMF 对印度尼西亚的影响逐步降低。2003 年印度尼西亚终止了与 IMF 的援助协议，贷款总额还剩下 9 亿美元。印度尼西亚政府 1999 年的新中央银行法主要还是迫于当时金融危机的紧急形势和在 IMF 的压力下不得不颁布的。根据 I Kadek Dian Sutrisna Arthaa and Jakob de Haana（2010）采用库克曼指标的测算，1999 年中央银行法规定的印度尼西亚中央银行的法律独立性达到了 0.75，而同时期日本为 0.5，澳大利亚为 0.45，加拿大为 0.63，美国为 0.69，英国为 0.67（Polillo and Guillén，2005），已经高于许多发达国家的水平。作为发展中国家，印度尼西亚政府希望在经济发展中发挥更大的作用，过高的中央银行独立性限制了政府政策的灵活度。另一方面，随着经济的逐步复苏，国际信誉的需要依然强烈，但是相对有所减弱。印度尼西亚的外国直接投资净流入逐步开始变为正值，2002 年为 1.45 亿美元，2004 年增长到 18.9 亿美元，2008 年达到 93.2 亿美元的高点。① 外国直接投资仍在印度尼西亚经济发展中扮演了重要角色，在印度尼西亚中央银行已经正式获得独立地位的情况下，政府认为加强政策的灵活度更有利于外国直接投资的流入。②

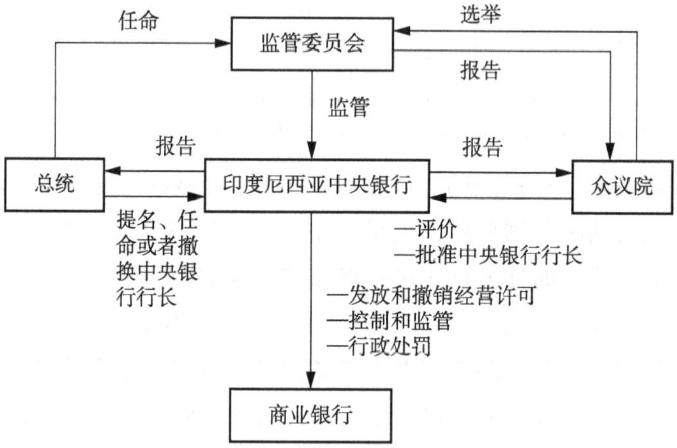

图 3-6　2004 年以后印度尼西亚中央银行与政府的关系架构

资料来源：笔者根据印度尼西亚中央银行官方网站资料绘制。

（三）印度尼西亚中央银行法独立性与实际独立性比较

印度尼西亚中央银行从 1953 年建立至今，共修订过 6 次中央银行法，根据这些法律规定可以计算出其法律独立性水平。本书认为，常用的 Cukierman 法律独立性指标体系主要是根据发达国家中央银行法的模式设计的，然后扩展到发展中国家，是一种带有普遍性的模板指标体系。Cukierman 法律独立性指标更适合于横向的、多个国家的情况。但是针对某一具体国家中央银行法独立性的纵向的、历史发展的研究，则需要针对性更强的指标体系。其根据印度尼西亚的中央银行法的变化与发展，提出了具有针对性的中央银行法律

① 数据来自世界银行（http：//data. worldbank. org/）。
② 资料来源：印度尼西亚中央银行 2005 年年报（http：//www. bi. go. id/），第 122 页。

独立性的指标体系，测算了印度尼西亚中央银行从建立至今的法律独立性变化与发展情况。

在实践中，尤其是在发展中国家的实践中，法律独立性水平和实际独立性水平往往存在偏差，为此库克曼等提出了 TOR 指标，但是 TOR 指标过于简单，其假设也存在一定的问题。I Kadek Dian Sutrisna Arthaa and Jakob de Haana（2010）提出了新的测度中央银行实际独立性的指标体系，这个指标体系主要通过测度一些实际的政府干预中央银行应当负责的权力范围的经济指标来衡量中央银行的实际独立性，其测量对象分为五个方面，包括中央银行行长的人事安排、政策决定、中央银行的目标、中央银行给予政府融资的限制以及中央银行自身的财政独立。

从对印度尼西亚中央银行法律独立性和实际独立性的比较来看，1968—1997 年两者偏差比较大，其他年份则相差较小（见图 3-7）。由此可见，关于印度尼西亚的中央银行独立性的程度从理论与实践两个层面来考察还是有差距的。

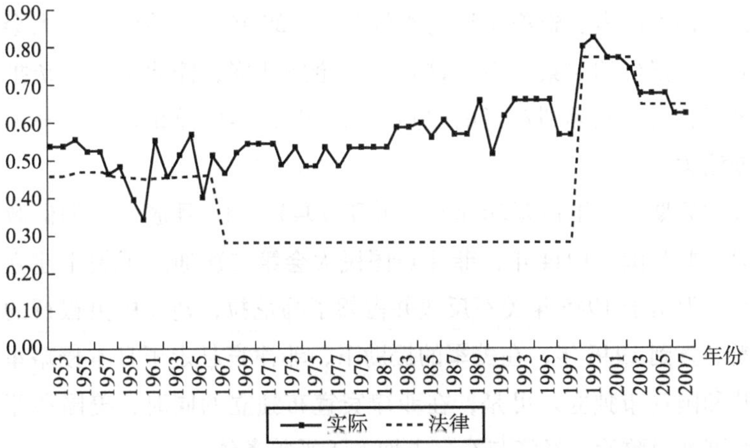

图 3-7　印度尼西亚中央银行法律独立性与实际独立性的比较

资料来源：I KADEK DIAN SUTRISNA ARTHAA AND JAKOB DE HAANA. Legal and actual central bank independence：a case study of bank indonesia ［EB/OL］. http：//ideas. repec. org/p/dgr/rugsom/10004. html.

三、菲律宾中央银行独立性改革及其特点

由于菲律宾独立前夕与美国签订了丧失国家主权的《美菲总关系条约》，

以及不平等的经济条约《贝尔贸易法》，菲律宾的金融部门在独立后相当长时期的发展遵循了美国政府的意愿。美国与菲律宾之间的不平等贸易导致菲律宾经常陷入严重的国际收支危机和债务危机之中。加上长期以来菲律宾政府习惯于依靠借贷来发展其经济，如以借新债还旧债的方式发展经济，向二战后建立的国际经济组织——IMF 和世界银行借款，以缓解国际收支危机。而作为贷款条件，菲律宾的经济与金融政策必须服从 IMF 和世界银行的指导，因而菲律宾经济与金融也同时深受主流经济的影响。相比东南亚其他国家，菲律宾的中央银行独立性改革开始最早，凸显出其特点。

（一）菲律宾旧中央银行的成立及其历史沿革

1898 年美西战争之后，美国开始了在菲律宾的统治。1900 年，由美国组建的第一届菲律宾委员会通过了《第 52 号法案》，该法案中规定将菲律宾境内全部银行归属财政局（Bureau of the Treasury）监管。直到 1929 年 2 月，菲律宾财政部设立银行局（Bureau of Banking），并由其接管了银行监管的职权。

1935 年，菲律宾自治领宣告成立，此后，货币体系由财政部与国库局共同掌管，菲律宾比索实施美元汇兑本位制。1939 年，自治领国民大会通过了一项设立中央银行的法案，由于这是一个金融法案，需要美国总统批准才可生效。最终，由于既得利益者的强烈反对，时任美国总统富兰克林·罗斯福否决了该法案。

二战中后期，日本占领菲律宾，并于 1943 年 10 月成立了傀儡政权，即菲律宾第二共和国。1944 年，菲律宾国民大会第二次通过了关于建立中央银行的法案，但由于 1945 年美军反攻并占领了马尼拉，建立中央银行的进程再次被阻断。直到 1946 年，在美军的援助下，菲律宾赶走了日本侵略军，菲律宾第三共和国宣布独立。可是，在菲律宾宣布独立的同时，美国和菲律宾签订了一系列涉及政治、经济与军事方面的不平等条约。

为便于美国在菲律宾独立之后按照《贝尔贸易法》与菲律宾进行不平等贸易往来，美国希望在菲律宾建立中央银行，以取代银监局。1947 年，在联合菲美金融使团（Joint RP-US Financial Mission）的推荐下，菲律宾曼努埃尔·罗哈斯总统要求财政部立即开始起草关于货币当局的章程，并于 1947 年 8 月由财政部长米格尔·夸德尔诺主持设立的菲美联合金融委员会（Joint Philippine-American Finance Commission）开始进行前期研究工作。1948 年 6 月，新任总统埃尔皮迪奥·基里诺签署了《第 265 号共和国法令》，即《1948

年中央银行法案》（*Central Bank Act of* 1948），并于 1949 年 1 月正式成立菲律宾中央银行（Central Bank of the Philippines，CBP），米格尔·夸德尔诺任首任央行行长，自此菲律宾中央银行正式营运。菲律宾中央银行所属的外汇部主要从事为贸易交易所需的比索对美元或美元对比索的掉期交易，并成为央行的主要业务。此外，菲律宾中央银行也为客户提供商业汇票以及为供应商信用的私人商业银行体系提供支持。央行开始成为菲律宾的国家货币发行当局，但是并无完全独立的财政和行政自主权。

1972 年 11 月 29 日，为使中央银行法案更适应菲律宾经济与金融的发展现状，费迪南德·马科斯总统签署《第 72 号总统令》，批准了《第 265 号共和国法令修正案》（*Amending Republic Act No.* 265）。该法案从法律上对菲律宾中央银行的目标与职能、政策制定方式、权力范围以及处理问题的程序等进行了进一步规范。从此，菲律宾中央银行的监管职能从国内的银行体系开始扩大到整个金融体系。1973 年，菲律宾临时国民大会颁布新宪法，要求建立一个独立的中央货币主管当局，马科斯总统签署了《第 1801 号总统令》（*Presidential Decree No.* 1801），指定菲律宾央行为中央金融管理局（Central Monetary Authority）。

不过，马科斯在执政时期，为迎合美国最大的农业企业对发展中国家市场扩张的需要，在国际经济组织的推动下，在农村进行了大规模的“绿色革命”运动，并同时进行土地改革，以将束缚在土地上的佃农转变成有支付能力的自耕农，为此需要大量的资金。与此同时，为炫耀执政成绩以达到继续执政的目的，马科斯在首都大马尼拉进行填海，建设包括文化艺术中心等在内的具有标志性的建筑，这也需要大量的资金。在将中央银行作为其提款机的同时，向 IMF 和世界银行借取大量的有条件贷款也是其资金来源之一。

菲律宾于 1986 年推翻了马科斯的独裁政权，但也爆发了战后最为严重的经济与金融危机。美国为继续控制菲律宾的金融体系，通过 IMF 对菲律宾提供了总额为 26 亿美元的银行救助贷款，与此同时，附加了菲律宾银行体系自由化、中央银行独立性等贷款条件。在全球金融自由化浪潮和 IMF 贷款条件压力的双重作用下，20 世纪 90 年代菲律宾中央银行独立性与金融业的自由化和“去制度化”的步伐迈得比东南亚其他邻国更快。

（二）菲律宾中央银行独立性改革及新中央银行

在全球金融自由化浪潮和 IMF 贷款条件压力的双重作用下，为规避风险，菲律宾政府在20世纪90年代初开始了金融体制改革和金融政策的调整。金融体制改革的重点是建立摆脱菲律宾政府控制的菲律宾新中央银行（Bangko Sentral ng Pilipinas，BSP），以取代于1949年成立的负债累累的菲律宾旧中央银行（CBP）。

BSP于1993年7月3日正式成立，是依据1987年《菲律宾宪法》有关条款和1993年颁布的《新中央银行法》（*New Central Bank Act*）而设立的，以取代1949年1月3日成立的菲律宾中央银行。菲律宾马科斯政府被推翻之后颁布的1987年革命宪法第十二章第二十款规定，“国会将建立一个独立的中央货币机构，董事会成员的组成必须是土生菲律宾公民，正直、诚实、有爱国心，大部分成员来自私人部门。中央货币机构将在货币、银行和信贷领域提供政策指导。将对银行资金运转进行监督并根据法律对金融公司和其他非银行金融机构行使行政权力”。

菲律宾《新中央银行法》第一章第一款第1条则规定，“国家将建立一个中央货币机构，在履行其委任的有关货币、银行和信贷职责时将作为一个独立的、负有责任的法人实体进行业务运行和操作。与这项政策相一致，并考虑到其独特的作用和责任，中央货币机构成立。作为一家政府所有的公司，中央银行将享有财政和行政自主权”。根据第一章第一款第3条，BSP的主要目标是维持价格稳定、促进经济平衡持续增长，推动并保持货币稳定和比索的可兑换性。同时，BSP还担负着发行货币、监管银行和开展类似银行业务的非银行金融机构、管理外汇储备、制定汇率政策、充当最后贷款人和政府的银行等重要职能。BSP的注册资本为500亿比索，全部由政府出资。

BSP具有独立制定国家宏观经济政策的权力，其金融政策的制定不再受政治因素的影响；中央银行的目标是保持价格稳定，以创造一个稳定与可持续性的经济增长环境；新中央银行自身财政状况的好转，使之能够在制定好的金融政策的同时，从事公开市场业务；按照现代中央银行制度和国际清算银行的一套做法对本国银行实行有效管理。由此可见，BSP的独立性改革要领先于其邻国。

BSP内部设立了一个中央货币机构——中央银行货币署（Monetary Board）。7名成员全部由总统任命，任期为6年且不能连任，包括行长（担任主席）、5名来自私营部门的全职委员和1名来自内阁的委员。下设秘书处、综合咨询和法律服务办公室、内审办公室和特别调查办公室等职能部门，至少每周召开一次会议。货币委员会需要定期向总统和议会提交国内经济金融发展状况、BSP 货币政策执行以及运行情况的报告。菲律宾中央银行组织架构如图 3-8 所示，货币委员会凌驾于中央银行行长之上，为决策制定部门，而中央银行行长之下设有货币稳定部、监督检查部、人力资源管理部和安全综合保障部。

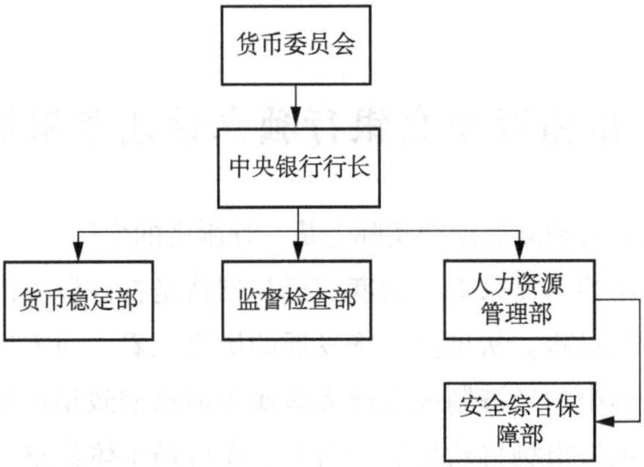

图 3-8 菲律宾中央银行组织架构

资料来源：http：//www.bsp.gov.ph/about/org.asp。

与菲律宾旧中央银行（CBP）相比，BSP 具有以下特点：

（1）BSP 内部设立了货币委员会。为确保能够制定好的货币金融政策，BSP 内部设立了一个由总统指定的 7 人货币委员会，作为 BSP 最高一级政策制定和监督机构。货币委员会成员任期为 6 年。其中 2 位是政府部门的代表，即 BSP 总裁和 1 名政府内阁成员，另外 5 位来自私人部门。货币委员会定期向总统和内阁呈交报告。

（2）BSP 本身的财政状况良好。BSP 是在债务重组的基础上建立的，由菲律宾政府注入 2908 亿比索好的资产抵销了 CBP 原有的 2808 亿比索债务，CBP 余下的 3312 亿比索债务则由新成立的清算委员会管理。债务重组为 BSP 提供了健康的财政状况，使之能够独立有效地制定有关货币金融政策，不再像 CBP 那样在制定政策之前首先必须考虑政策对债务的影响。

（3）BSP 享有日益增强的财政与行政自主权。BSP 财政上自负盈亏，可从事公开市场业务，但不能像 CBP 那样参与准财政经济活动（诸如参与某些银行、国有企业的外汇远期合同交易，或在 20 世纪 80 年代菲律宾外汇危机期间为国有公司和私人部门公司承担外汇债务），不从事发展银行业务往来或金融业务。行政上则具有独立制定宏观经济政策的权力，其宏观经济政策制定不再受到政治因素的影响。

（4）监管功能加强及管理手段更新。BSP 按照现代中央银行制度和国际清算银行的一套做法对本国银行实行有效管理。其中最为有效的是一揽子先进的监管方法，如场内检查与场外检查相结合的监管方法、银行风险资本定性分类等。

第三节　东南亚中央银行独立性改革限制性条件

东南亚中央银行独立的浪潮实际上是一种制度的变迁。

从制度经济学的角度来看，制度变迁与创新是打破原有的制度均衡、形成新的制度均衡的过程。从世界经济发展的历史上看，西方发达国家在工业化和经济发展过程中的经济制度变迁大多属于需求诱致型的制度变迁。这种制度变迁主要是通过市场自然发展的力量，在市场主体追求自身利益最大化的过程中，各利益方进行博弈和试错，在经济发展自然运行中最后逐渐形成制度均衡，可以说是一种自然的变迁过程。东南亚的经济制度变迁日益受到全球化的影响，并非一种自然的制度变迁过程，而是在各种国际因素的压力下被迫进行的，有着外部的约束条件。

由此推论，东南亚中央银行独立性改革的驱动力并不完全是一国国内经济运行及其相关制度自然发展所需，而是在全球化背景下受制于各种国际势力的压力，其主要是国际资本的竞争、全球网络的同质化压力和来自 IMF 等国际组织与国际评级机构的压力等。不过，东南亚中央银行独立性改革的驱动力也来自内部，具有一定的内生特点，其中包括通胀偏好、利益集团及其结构、金融监管制度安排、政府债务、政治不稳定及其他。

国际学术界对中央银行独立性的研究观点纷呈，针锋相对。归纳起来，大多数研究持有以下两种观点：

第一种是“免费的午餐”的观点。在研究中央银行独立性对通胀、经济增长、利率、汇率制度、就业、投资、财政赤字等经济变量的影响，分析了中央银行独立性与这些经济变量关系的基础上，这种观点认为，中央银行独立性的提高可以抑制通胀但不影响经济增长。因此，建立中央银行独立制度、提高中央银行独立性是一种低成本高收益的制度安排，是“免费的午餐”。这种观点认为，这种低成本高收益的制度安排同样也适用于发展中国家，因此发展中国家应当进行改革以增强其中央银行的独立性。而这种观点的假设前提其实是认为中央银行独立是一种可以随意设置和改变的制度安排，中央银行独立性是一个外生变量。从这种观点出发，20世纪80年代末以来发展中国家纷纷增强中央银行独立性的原因正是由于这种制度安排可以有效地抑制通胀而且不影响经济增长。

第二种是“中央银行独立性内生决定”的观点。持这种观点的学者对中央银行独立性的提高可以抑制通胀的观点持怀疑乃至否定的态度，认为中央银行独立性是一个内生变量，是“嵌入”一国具体的经济、政治、法律制度以及通胀文化、社会条件之中的。换言之，它是内生的，不是一种可以随意设置和改变的制度安排。

对于中央银行的独立性是相对的还是完全独立的，学术界也存在着较大的争议。相对独立性的观点目前占了上风。所谓相对独立性，是指有限度的独立性、在一定范围内的独立性。中央银行不可能不受到政府的影响，也必然需要其他政府部门的合作。即使是在中央银行独立性程度很高的德国，《联邦银行法》也规定联邦银行有义务就货币政策的重大问题向联邦政府提供咨询，并就政府的需要提供有关信息，而美联储也只能在政府既定的经济政策和目标这一基本框架内工作。中央银行不能完全独立于政府之外，不受政府制约或凌驾于政府之上，而应在政府的监督和国家总体经济政策的指导下，独立地制定和执行货币政策，这就是中央银行的相对独立性。所谓相对独立性，是指中央银行与政府的关系要遵循以下两个原则：

第一，经济发展目标是中央银行活动的基本点。任何国家中央银行的活动，都离不开该国经济发展的目标，在中央银行制度建立和扩展的过程中，已蕴含着这种关系。尤其是在第二次世界大战之后，中央银行的货币政策日益成为国家调控宏观经济的重要工具。如果中央银行的货币政策自行其是，就会影响到国家经济目标的实现。因此，中央银行货币政策的制定和执行，要重视国家的利益，不能独立于国家经济目标之外。

第二，中央银行的货币政策要符合金融活动的规律。中央银行的货币政策不能脱离实际情况，要充分考虑到该国的信用状况、金融规律等，不能完全受政府的影响和控制，而应保持一定的独立性。这是因为在现代经济学中，政府被认为是有自己特殊利益的，是利益群体的代表，所以中央银行保持独立性是为了避免不公平和权力的滥用，这种独立性是必须要坚持的。

第四章

东南亚金融体系发展的历史与现状

本章阐述和分析了东南亚处在经济发展不同阶段以及不同类型的国家金融体系发展的历史与现状。勾勒东南亚不同层次的金融市场，包括银行、证券、债券和保险业在1997年金融危机前后的发展及其变化，从金融改革与一国经济发展程度是否相匹配的视角，研究东南亚改革的有效性和失败的经验教训。

第一节　新加坡的金融业发展

新加坡政府将金融业作为经济发展的重要支柱，凭借经济快速增长、政治环境稳定、有力的立法和税务政策，以及严厉打击犯罪与贪污活动等措施，新加坡成为重要的国际金融中心。新加坡的金融行业属于混业经营，银行、证券和保险业发展基本上是并驾齐驱的。

一、新加坡的金融机构

新加坡依靠其灵活的经济发展战略和稳健的金融市场管理制度使其成为全球重要的国际金融市场。新加坡金融体系的一个重要特征是没有严格意义上的中央银行，成立于1971年的新加坡金融管理局（MAS）是事实上的中央银行，管理新加坡的金融业，并协助其发展成为国际金融中心。金融管理局的主要职能是确保金融市场有效率地运作并符合国家经济目标（见图4-1）。MAS扮演的角色主要包括实施货币政策、监管银行系统、政府的银行家、银行的银行、国际储备金管理者、货币发行者、发出银行牌照，以及最终贷款人。

新加坡的政府金融机构包括新加坡政府投资公司（GIC）、中央公积金局、邮政储蓄银行及新加坡发展银行。GIC成立于1981年，代理MAS专业管理政府外汇储备，在海外进行大规模投资；中央公积金局设立于1955年，是国家强制性储蓄制度的产物，其大部分资金投资于政府债券，中央公积金局将新加坡国内的部分消费强制转向投资；邮政储蓄银行是财政部直属的金融机构，法定其50%以上资产用作对国有公司、政府机构的贷款或政府证券投资，其资金筹措以接受个人存款为主，免征利息税，禁止接受法人存款；新加坡发展银行是政府为向国内矿工业提供资金而发起设立的银行，政府占股48.6%①，随着产业结构的高度化，该行的业务扩大到金融业各领域，其1998年收购了邮政储蓄银行，更名为星展银行，成为新加坡第一大行，其第一大股东为淡马锡控股有限公司（新加坡政府的投资部门）。

新加坡的主要非银行金融机构包括商人银行（Merchant Banks）、账务公司（Finance Companies）、保险公司（Insurance Companies）和基金公司（Fund Management Companies）等。此外，新加坡还有多家其他各类专业金融公司，如国际货币经纪商、投资顾问、保理公司、租赁公司、保险经纪商、风险资金公司和单位信托公司等。

新加坡商业银行包括内资银行和外资银行，商业银行分为三类：第一类是全面银行（Full Banks），这种类型的银行业务全、限制少，可以向新加坡国内外的客户提供各类存贷款业务、外汇交易等；第二类是批发银行（Wholesale Bank），这类银行不能设立分行，不吸收储蓄存款，只吸收定期存款，每笔的最低额度是25万新加坡元；第三类是离岸银行（Offshore Banks），只从事外汇交易，不准开立新币存款账户，银行署则根据银行的国别分别监管，监管工作划分为多个组别，专门设置了精通资本市场的业务人员，以便与银行署内的有关部门合作，有效监管银行信贷、资本市场相互渗透。

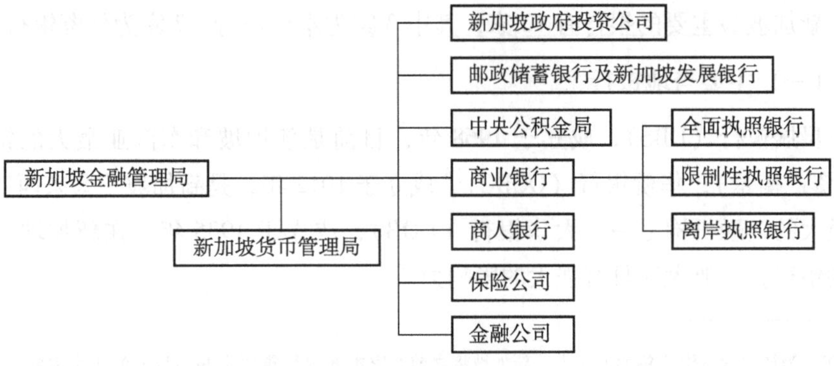

图4-1 新加坡金融机构结构

① ［日］深町郁弥，坂田真纪．新加坡国内金融制度的结构与发展［J］．南洋资料译丛，1999（4）．

二、新加坡的银行业发展及其原因

新加坡政府自1965年独立后便将把新加坡建设成为国际金融中心作为其经济发展战略的重要组成部分。银行业作为金融业的重要支柱尤为得到重视，在政府的政策引导、扶植和科学的监管之下得到了迅速发展。

立国以来，新加坡首先完成本土银行对国内的市场开发，然后本土银行通过并购加强了在区域市场的实力。与此同时，银行业对外资银行的开放吸引了全球具有竞争力的银行纷纷在新加坡设立分行或子公司，使得新加坡成为区域甚至全球重要的银行服务平台。在提升银行业竞争力的同时，推动创新产品发展，进而具备更具竞争力的定价模式。

截至2019年年底，新加坡拥有内资银行3家（均拥有全面执照）和外资银行117家。在这些外资银行中，拥有全面执照（full bank）的外资银行有27家，它们可以从事在银行法规定下的所有银行业务；持限制执照（不能提供美元零售业务）的银行53家；持离岸执照（在亚洲美元市场为商业活动提供服务）的银行37家。

商人银行经由MAS批准设立，其业务包括企业融资、承销股票、债券发行、合并收购、投资组合管理与管理咨询等服务，商人银行不能接受公众的存贷业务，但是可以接受来自银行、金融公司、其股东和由其股东控股公司的存贷业务；保险公司包括在新加坡注册的保险公司、授权的再保险公司和外国保险公司，均可提供保险业务；金融公司的业务主要包括提供小额融资、住房按揭贷款、汽车及耐用消费品分期付款，不能提供存款服务。

新加坡最重要的银行有10家，其中3家为本土银行，7家为外资银行。

（一）主要当地银行

星展银行（DBS），成立于1968年，目前是新加坡和东南亚最大的银行（以资产衡量）；华侨银行（OCBC），成立于1912年，是新加坡—马来西亚市场最大的金融机构之一；大华银行（UOB），成立于1935年，在新加坡是领先的银行，在亚太区具有强大的影响力。①

---

① 为加强地方银行集团的实力，新加坡将之前6家本地银行集团合并为目前的3家主要本地银行（星展银行DBS、华侨银行OCBC和大华银行UOB），从而建立管理团队，提高运营效率，扩大业务活动范围，以及改善业务和风险管理能力。目前，本地银行已经发展成为一站式银行，可以满足银行客户所有需求。本地银行开始透过海外并购，往海外扩展以及加强区域发展，由此可见，合并增强了本地金融业优势，提升了其竞争力。

美国金融杂志《环球金融》(*Global Finance*) 按照评级机构穆迪（Moody's）、标准普尔（Standard & Poor's）与惠誉（Fitch）给予银行的长期外汇评级，对全球最大的500家银行进行排名，发布了第28次全球最安全银行排行榜(The World's 50 Safest Banks 2019)，新加坡三大银行——星展银行、华侨银行与大华银行分别位居第14、第15和第17，并囊括了亚洲最安全银行前三名，其中星展银行连续11年夺冠，华侨银行与大华银行则分别位列第二和第三。[①] 2019年新加坡的三大银行盈利大幅增长，均实现两位数增长，其中星展银行增长28%、大华银行增长18%、华侨银行增长11%。

英国品牌估值公司Brand Finance的常年调查结果显示，星展银行连续7年获选东盟最有价值银行。在世界前100强银行排名中，星展银行的名次从2017年的第40位，跃升至2018年的第34位。星展银行的品牌价值如今已达122.37亿新加坡元（约合611.85亿元人民币），同比增长38.9%。与此同时，估值公司也将星展银行的评级从“AAA-”上调至“AAA”。同期，大华银行排名从2018年的第66位升至第55位。华侨银行排名从第64位升至第56位。[②]

（二）主要外资银行

汇丰银行（HSBC）于1877年12月在新加坡首次开业。汇丰银行是新加坡政府证券市场批准的主要交易商和经过批准的债券中介机构（ABI）；新加坡渣打银行（SCB）于1859年开始运营，是新加坡境内最大的境外机构托管银行；荷兰银行新加坡分行（ABN-AMRO）是新加坡著名的外资银行，由苏格兰皇家银行、桑坦德银行和荷兰政府所有；马来亚银行（Maybank）于1960年开始在新加坡营运，是一家持牌的商业银行，目前是东盟五大银行之一，并且在新加坡是全面银行（QFB）；法国巴黎银行（BNP Paribas）1968年在新加坡开业，并于1999年获得QFB资格，其享有良好声誉，是该集团的企业及投资银行，以及私人银行业务的区域中心；新加坡的花旗银行（Citibank）于1902年开业，是在新加坡营运的第一家美国银行，其于1999年获得QFB执照，是新加坡获得全面银行资格的前4家外资银行之一。

---

① 2019全球最安全的50家银行和50家商业银行［EB/OL］. https：//www.51credit.com/info/redian/13794.html.

② 经济日报［N/OL］.（2019-02-24）［2022-12-22］. https：//baijiahao.baidu.com/s? id=1626329479804344191& wfr=spider&for=pc.

很多因素促成了新加坡金融银行业的强大和稳健。

首先，新加坡具有促使银行业快速发展的法律、税收环境。新加坡实行严格的银行保密法、税收优惠政策和一整套财富管理服务，造就了私人银行业的蓬勃发展和繁荣。新加坡是少数尚未签署欧盟储蓄税指令的离岸中心之一，在新加坡外产生的任何资本收益和利得收入都无须在新加坡纳税，这使新加坡赢得了“亚洲的瑞士”的赞誉。

其次，新加坡金融管理局（MAS）实行全新的监管理念。为把新加坡建设成世界级金融中心，新加坡政府实行积极的开放政策，与此同时，推行全新的金融监管理念与方法。主要体现在：一是变管制为监管。MAS 认为，要吸引外资银行入驻新加坡就必须实施灵活开放的金融管理政策，在防范风险的前提下，让商业银行按照市场机制运作。二是专注于风险监管。尤其是其注重对风险的早期识别、预警和控制，注重银行内部的风险控制和管理。MAS 注重考核金融机构的识别、衡量、监测和控制风险的能力和水平。三是注重金融机构的公司治理及内部控制，这关系到金融机构是否能够稳健、安全经营。四是强调审慎会计与审慎监管。在会计准则上更多地向国际会计准则靠拢，在监管上更为强调审慎性监管。

再次，对银行实行一整套具有特色的监管方式。第一，MAS 在市场准入方面对本地银行采取少而精的原则，鼓励本地银行进行重组、整合和兼并，以提升其竞争力。对外资银行则采取有选择的市场准入原则：一是世界最大的 300 家银行及各国国内名列前茅的银行；二是金融从业记录和信用评级良好、信誉优良的银行；三是母国监管机构监管得力的银行；四是符合国际清算银行资本充足标准的银行。第二，重视公司治理和市场约束，成立了公司治理委员会，下设 3 个审计委员会，即法人治理委员会、信息披露和会计准则委员会、法律及管理框架委员会。第三，新加坡金融机构的市场退出机制有两种方式：一是吊销执照。当 MAS 要吊销一家银行的执照时必须先在公报上刊登执照吊销通告。被吊销执照的银行从通告当日起，除非进行那些经 MAS 同意的出于结束银行业务目的的操作，否则必须停止在新加坡的任何银行业务。二是清算倒闭。其包括法院强制清算和主动申请清算两种类型。进入清算倒闭后，公司的业务停止，财产出售，债权人得到赔偿，剩余财产被分配给各个成员，最终公司将不再存在。

最后，MAS 对《巴塞尔协议Ⅰ》《巴塞尔协议Ⅱ》《巴塞尔协议Ⅲ》均持积极态度，支持其主要目标，以促进新加坡银行业不断完善风险管理系统，从而培育一个安全稳健的金融体系。新加坡是亚洲地区乃至全球最积极的国家之一。新加坡不仅积极参与到国际金融体系的重构中，而且紧跟《巴塞尔协议》修订的步伐，陆续颁布了新加坡版"巴塞尔协议2.5"系列文件，并贯彻实施。[①] 新加坡落实《巴塞尔协议Ⅲ》的主要法规是MAS于2012年9月14日颁布的第637号通知，要求从2013年1月1日起实施。该通知不仅要求新加坡本地银行必须满足高于巴塞尔资本要求的资本充足率标准，同时从通告资本质量、增强风险覆盖、资本缓冲要求和杠杆监控等方面落实了巴塞尔的资本改革。巴塞尔委员会监管一致评估计划（RCAP）小组选取了14个重要指标对新加坡监管规则进行判定后发现，各项规定均符合标准。新加坡版的《巴塞尔协议Ⅲ》的特点表现在：新加坡的各级资本充足率要求均高于《巴塞尔协议Ⅲ》；储备资源缓冲要求比《巴塞尔协议Ⅲ》更加细化；设置逆周期缓冲资本，提高抵抗系统性风险的能力；引入《巴塞尔协议Ⅲ》中的杠杆率监管；信用风险标准法和内部评价法的规定与《巴塞尔协议Ⅲ》存在差异；引入流动性覆盖率监管框架。[②]

三、新加坡证券业发展的历史与现状

新加坡是仅次于伦敦、纽约、香港的第四大国际金融中心，而证券市场是新加坡国际金融中心的重要组成部分。作为亚洲新兴的资本市场，新加坡证券市场吸引着各国投资者的目光，逐渐成为亚洲极具活力的资本市场。新加坡证券交易所目前有2个主要的交易板，即主板（Mainboard）和副板（又称自动报价股市，英文简称SESDAQ）。自动报价股市成立于1989年，它的成立宗旨是为具有发展潜力的中小企业提供到资本市场筹集资金的渠道。自动报价股市成立之初，只开放给新加坡注册公司申请上市。自1997年3月起，新加坡证券交易所向外国公司开放。

（一）新加坡证券业的变迁与市场架构

1965年8月，新加坡脱离马来西亚后，马来西亚证券交易所（Stock Ex-

---

① 2008年全球金融危机爆发时，巴塞尔委员会开始修订《巴塞尔协议Ⅱ》，并于2009年7月颁布了《增强巴塞尔资本框架》《交易账户新增风险资本计提指引》和《巴塞尔协议Ⅱ市场风险框架的修订稿》等一系列文件，被称为"巴塞尔协议2.5"。

② 巴曙松，尚航飞，朱元倩．《巴塞尔协议Ⅲ》在新加坡的实施及其对中国的启示［J］．新金融，2013（12）．

change of Malaysia）改名为马来西亚与新加坡证券交易所（Stock Exchange of Malaysia and singapore）。由于马来西亚政府于 1973 年 5 月废止了两国间的货币等价交换制度，马来西亚与新加坡证券交易所正式分割为两个独立的交易所，亦即新加坡证券交易所（Singapore Exchange Limited，SEX）与吉隆坡证券交易所（Kuala Lumpur Stock Exchange；KLSE）。两个交易所分开独立后，两国市场上的上市企业仍在对方市场上继续上市挂牌买卖。马来西亚籍企业同时在新加坡证券交易所与吉隆坡交易所上市时，在两个交易所皆以马来西亚林吉特计价买卖；而新加坡籍企业同时在两个交易所挂牌买卖时则以新加坡元计价。1990 年 1 月，马来西亚政府下令对同时在两个交易所上市的马来西亚籍企业停止其在新加坡证券交易所的买卖；新加坡随之召回在两国交易所上市的新加坡企业，为弥补马来西亚籍企业撤离空缺，新加坡开设了国际店头市场（CLOB International），以引进外国企业股票在新加坡买卖。①

新加坡证券交易市场以新加坡证券交易所为主体，市场的监管机构为新加坡金融管理局。新加坡证券交易所是亚洲仅次于东京、香港的第三大交易所，也是亚洲的主要金融中心之一。新加坡证券交易所采用国际标准的披露标准和公司治理政策，为本地和海外投资者提供了良好的投资环境。1999 年 12 月 1 日，新加坡证券交易所（SEX）与新加坡国际金融交易所（SIMEX）合并，成立了目前的新加坡交易所（Singapore Exchange，SGX，以下简称新交所）。新交所是亚太地区首家集证券及金融衍生产品交易于一体的企业股份制化交易所。2000 年 11 月 23 日，新交所挂牌上市，成为亚太地区首家通过公开募股和私募配售方式上市的交易所。新交所是继澳大利亚证券交易所和 2000 年香港联交所上市后，亚太地区第三家上市的交易所。新加坡证券市场提供了一个完善及有弹性的上市框架，本地与外国公司均可申请在第一股市（主板）或自动报价股市（副板）上市。已经或即将在其他股市上市的公司，也可以通过第二上市的方式（以新加坡作为其第二上市地点的方式），在第一股市或自动报价股市上市。

新交所辖下有 5 个子公司：新加坡证券交易所（Singapore Exchange Security Trading Limited）、新加坡衍生商品结算所（Singapore Exchange Derivatives

---

① 新加坡证券市场及相关制度介绍（2010 年版）［EB/OL］. https：//www. docin. com/p-223555 108. html.

Clearing Limited)、中央托收私人有限公司［The Central Depository（Pte）Limited］、新加坡衍生商品交易所（Singapore Exchange Derivatives Clearing Limited)、科技服务私人有限公司［Singapore Exchange IT Solutions（Pte）Limited］（见图 4-2）。①

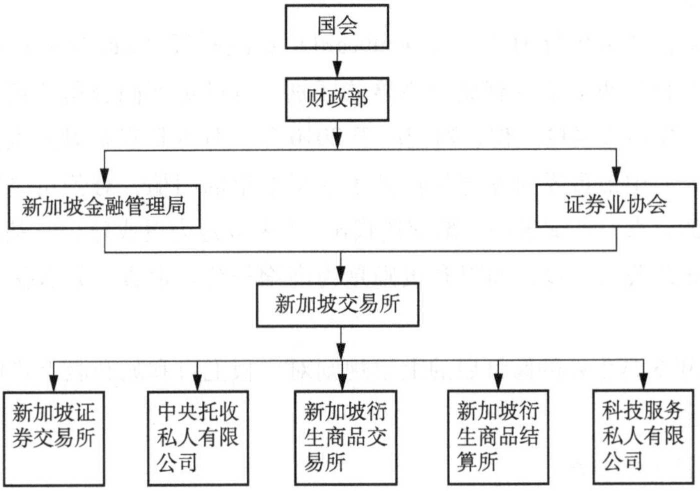

图 4-2　新加坡证券交易市场架构

（二）新加坡证券业发展概览

2005 年，新加坡证券市场总交易量为 2000 多亿新加坡元，海峡时报指数 2747.34 点。截至 2006 年 2 月，有上市公司 690 家。其中，外国企业 232 家，市值 1081 亿新加坡元；新加坡企业 458 家，市值 3348 亿新加坡元。外国企业的主要来源是中国内地企业 92 家，占外国公司的 40%；香港企业 51 家，占外国公司的 2%。外国企业的行业分布：制造业占 56.3%，商贸业占 15.6%，服务业占 14.1%。2014 年 3 月，新交所共有上市企业 767 家，市值 9591.36 亿新加坡元。其中中资企业 133 家，占总数的 17.3%，市值 294.57 亿新加坡元，约占总市值的 3.07%。② 根据有关法律规定，在新加坡注册的外国公司参与证券交易（包括股权并购）时与本土公司享受同等待遇。

新加坡证券市场证券商品种类很多，可分为集中市场和店头市场。集中

① 新加坡证券市场相关制度［EB/OL］. https：//www.docin.com/p-223555108.html.

② 新加坡证券市场情况介绍［EB/OL］. 中国国际贸易促进会网站，http：//www.ccpit.org/Contents/Channel_ 3590/2015/1130/507958/content_ 507958.htm.

市场的证券商品包括：①债券、抵押债券与贷款股票；②企业投资信托基金；③股票；④指数股票型基金；⑤全球存托凭证；⑥基础建设基金；⑦不动产投资信托基金；⑧认股权证。衍生性商品种类包括：短期利率期货与期货选择权、长期利率期货与期货选择权、股票指数期货与期货选择权、备兑认股权证、凭证。

新加坡证券市场分为主板（mainboard）和凯利板（catalist）两种。为使主板和凯利板这两个平台有更为明显的区别，以满足不同公司的需要，从而提高新加坡资本市场的地位，新交所于2010年1月6日宣布对主板上市条件进行修订，其中最重要的修订是提高了主板上市的门槛，对公司盈利及市值提出了新的要求。在文告中，新交所指出，“主板是为更成熟、有基础以及更长营业记录的公司而设，而凯利板则是为高增长公司而设，并有保荐人监管制度”。①

2012年8月生效的修订后的上市规则对主板上市和凯利版上市的要求作了新的规定。

1. 主板上市要求

（1）主板上市需符合以下3个标准中的其中一个：

①市值至少1.5亿新加坡元，至少营业3年，上一财年盈利。

②若上一财年只有营业收入，市值至少3亿新加坡元。

③扣税前盈利至少3000万新加坡元，至少营业3年。

（2）25%已发行股份由至少500名股东持有（如果市值超过3亿新元，股权分布比例为12%~20%）；如果是第二交易所上市，公司需在全球各地拥有至少500名股东，如果新交所与第一上市交易所之间并没有订立促进股份流动的框架和安排，则需在新加坡拥有至少500名股东，或在全球各地拥有至少1000名股东。

（3）必须有2名新加坡居民为独立董事。

（4）首次公开发行（IPO）后的6个月内，发起人不得出售任何股份。在接下来的6个月内，可出售最高持股量50%的股份；对于IPO前12个月内便已获得股份的IPO前投资者，股权的“利润部分”将受IPO后6个月的锁股期限制。

（5）首次公开发行上市的股票发售价格不低于0.5新加坡元。

① 资料来源：http：//sgpfinance.blogspot.com/2010/01/sgx.html。

2. 凯利板上市要求

（1）凯利板适合快速成长阶段的企业。寻求在凯利板上市的公司，必须经由新交所核准的保荐人提出，并通过 IPO 实现上市。

（2）凯利板上市对公司的税前盈利、上市市值、资本额和营业记录都没有量的要求，但要求证明有能力取得资金、进行项目融资和产品开发，股权分布要求 15%的股份必须由至少 500 名股东持有。

（3）2 名独立董事（对于外国公司而言，独立董事中最少 1 名为新加坡居民）。

（4）IPO 时，如果发行人作为一个群体持有超过 50%的发行后股本，则他们可以出售部分股份，但必须至少保留 50%的股份。如果他们持有少于 50%的招股后股本，则被禁止出售任何股份。IPO 后的 6 个月内，发行人不得出售任何股份，在接下来的 6 个月内，最高可出售持股量 50%的股份；对于 IPO 前 12 个月内便已获得股份的 IPO 前投资者，股权的“利润部分”将受 IPO 后 12 个月的锁股期限制。①

新加坡债券市场是世界上最有效率和最透明的市场之一。1995 年前债券市场在新加坡金融市场中的作用有限，但 1997 年东亚金融危机之后，新加坡 MAS 注重发展国内债券市场，目的在于为投资者提供一个流动性较强且无风险的投资工具；为公司债券市场提供一个可靠的定价基准曲线；提高国民对规定收入金融工具的投资技能。

新加坡债券市场分为初级市场和二级市场。初级市场的债券产品主要有新加坡政府债券的发行、短期国库券（T-bill）的发行、公司债券的发行。新加坡债券市场的发行主体：一是新加坡政府债券；二是外国实体；三是基金公司。自 1997 年东亚金融危机爆发之后，新加坡 MAS 积极鼓励外国发行者参与新加坡的债券发行，与此同时，依然保持新加坡元的非国际化政策。外国实体的债券发行要受到新加坡 MAS 第 757 号文件的限制。在此政策下，如果新加坡元在新加坡之外被使用时，以新元发起的基金必须兑换为可汇付的货币。二级市场的产品主要有：①债券现货交易。1997 年东亚金融危机爆发之后新加坡股市一直处在低迷之中。新加坡政府为提振金融市场，积极鼓励债券市场的发展，使得债券的二级市场交易

① 陈本宗．新加坡证券市场介绍［EB/OL］．中国国际贸易促进会网站，http：//www.ccpit.org/Contents/Channel_ 3590/2015/1130/507958/content_ 507958.htm.

得以活跃。主要市场参与者为政府、银行。②债券衍生品交易。随着新加坡金融管理局管理自由化步伐的加快，债券衍生品市场也逐渐发展起来，尤其是金融管理局修订了757号文件，允许非居民在新加坡外汇期权市场上自由交易，增强了金融经济的活跃性。①

为发展新加坡债券市场，提高与香港国际银团和欧洲债券等方面的竞争力，新加坡MAS还出台了一系列优惠刺激措施，其中包括新加坡非居民投资者从亚元单位所赚取的利润可以享受免税优待；亚元单位从提供资金、管理服务中赚取的离岸收入，新加坡债券市场的贷款利息、信用证收费、存款证和债券以及其他收入、基金管理收入、担保收入、保管及代理证券或股票的佣金收入、汇款收入、利率互换和货币互换资金融通收入等，只需付10%的优待所得税；新加坡债券市场废除亚元债券、存款证、贷款合同、包销证券以及有关信用证、担保等票据文件的印花税；对金融机构所做的国际银团贷款和亚洲美元债券的发行等有关方面的收入实行免税政策。

2018年10月24日，中国工商银行股份有限公司新加坡分行成功发行3年期离岸人民币债券，该债券发行总额为12.5亿元人民币，并已在新加坡交易所挂牌注册。此次发行债券创下本年度单笔发行金额最大的新加坡债券发行纪录，其发行利率明显优于同期二级市场价格。该债券获得了多个国家和地区的银行、基金、保险公司以及私人银行客户超额认购。② 2019年5月3日，中国工商银行新加坡分行发行了首只"一带一路"银行间常态化机制绿色债券（以下简称BRBR绿色债券），该债券是在"一带一路"银行间常态化合作机制下完成发行，同时符合国际绿色债券准则和中国绿色债券准则的BRBR绿色债券，包括人民币、美元及欧元3个币种，已在新加坡交易所挂牌注册。③

四、新加坡的保险业概况

新加坡的保险业比较发达，保险种类繁多，新加坡商业健康保险制度已经实现了法制化、多层次、严谨化，其商业健康保险制度是世界上最为完善的医疗保障制度之一，遵循的是逐步推广、逐步完善的渐进式原则。

在实行全民强制性医保计划的同时，积极发展商业健康保险是新加坡政

① 吴腾华．新加坡债券市场：结构、工具与基础设施［EB/OL］．https：//www.jinchutou.com/p-128295440.html.

② 资料来源：https：//news.china.com/domesticgd/10000159/20181025/34262060.html。

③ 资料来源：https：//www.sohu.com/a/311684761_ 267106。

府医疗卫生制度改革的重要战略。首先，作为新加坡人或具有新加坡的永久居民权（PR 身份）必须参与保健储蓄计划，这是由新加坡的公积金局提供的针对国家全民、强制性的医保计划。其次，建立健保双全计划，这是一种非强制性、低廉的重病症保险，旨在弥补重病症患者保健储蓄难以覆盖的缺口。受保对象是拥有良好健康状况，年龄介于 21~60 岁的公积金会员，新加坡人或新加坡永久居民都可以参保。它的主要目的就是受保人意外身故或患上终末期疾病或完全永久性残疾无法继续工作的时候，可以给受保人及其家属提供一笔资金帮助其渡过难关。最后，建立保健信托基金，针对贫困弱势群体或者健保双全计划都无法支付所有医药费用的重大疾病患者。新加坡人和永久居民还被要求参加一种可选择退出的定期寿险。[①] 新加坡的全民定期寿险参保率高，这与其定期寿险不贵，以及当地政府大力推广定期寿险有着密切的关系。

新加坡的医保制度也是最被世人称赞的医保制度之一，可以说是全民医保，真正实现了健康保险的“全覆盖、多方位”。据世界卫生组织统计，新加坡长期在世界卫生系统排名中位列第六名，其医疗保险制度可以分为三个方面：医疗储蓄、医疗保护和医疗基金。除以上这些，新加坡人还会根据自身情况配置其他保险，比如住院险、重疾、意外险等。

新加坡商业健康保险制度主要特征如下：一是注重个人责任。新加坡商业健康保险制度实行分担机制，即个人资金是保险基金的重要组成部分，本人必须承担一部分医疗费用。通过增加个人责任比重，提高人们对商业健康保险的参与度和谨慎度，避免人们过度依赖国家，实践“为自己的健康负责”的理念。二是经营专业化。新加坡各商业保险公司针对不同人群的需求设计相应的保险产品，使之体系化，更具有针对性。同时，面对医疗技术的进步或新兴需求，更易做出相应的转变，增强商业健康保险和医疗技术的契合度。商业健康保险不同于我们熟知的人寿保险，其在原理、风险评估、风险控制技术等方面有其特有的运算规则，因此新加坡政府对商业健康保险的经营者、管理体系、风险管控都有严格要求，商业健康保险的市场运作呈现出专业化趋势。三是监管宽松化。新加坡对商业健康保险公司的监管倾向以自律监管为主，必要时辅助政府监管。政府鼓励商业健康保险公司开发健康保险产品，

---

① 孙宏涛，王烨楠．新加坡商业健康保险制度及启示［EB/OL］．（2018-11-08）［2022-12-12］．中国保险报网，https：//baijiahao. baidu. com/s？ id=1616526737354963948&wfr=spider&for=pc.

通过与公民的商业保险合同关系的建立，实现医疗保障的风险承担。其监管宽松化主要体现在两个方面：在监管内容方面，对保险产品、保险费率以及保险条款方面的监管比较宽松，允许保险公司基于科技的发展以及医疗保障需求的变化相对自由地设定保单条款，自主决定保险费率，甚至在一定限度内允许使用投保人的资金进行合理投资；在监管手段方面，管理者对保险公司的监管手段集中于道义劝说、自我约束、协会自律监管等措施，以确保保险公司承担相应的责任。

根据新加坡政府颁布的保险法，新加坡保险市场保险公司的许可资产为：土地或建筑物；政府或公共机构发行的有价证券、上市及非上市的权益股份、上市及非上市的公司证券、汇票、担保贷款、现金和存款、可转让定期存单及投资联系产品。其中，新加坡保险市场业主权益股份、优先股、认股权及由股票担保的投资许可价值不得超过该保险公司保险基金的45%；可在新加坡股票交易所和自动报价系统交易的股票和未上市股票不得超过保险基金的5%；新加坡保险市场对任何一家公司或公司集团的无担保贷款不得超过其保险基金的5%。对任一金融机构或金融集团的对方风险不得超过资金的5%；新加坡保险市场对在股票交易所上市公司的对方风险不得超过其资金的10%；对任何未认可公司、新加坡保险市场商业银行或金融公司的对方风险不得超过其资金的5%。

第二节　马来西亚的金融业发展历史与现状

1957年马来西亚政府宣布独立之后便致力于国内金融体系的建设。1959年马来西亚成立中央银行（Bank Negara Malaysia，BNM），积极发展本国银行业。从独立初期国内的银行数量来看，外资银行占了大部分。1959年马来西亚共有18家外资银行，拥有99家分支机构。而国内银行只有8家，拥有8家分支机构。直到1975年内资银行才开始在数量、资产及总存款和总贷款方面与外资银行相当。[①] 随着经济的发展与金融全球化的深化，在马来西亚的外资银行数量又开始超越了本国银行的数量，实力也在不断增强。

① 沈建鑫．马来西亚商业银行风险管理研究［D］．厦门：厦门大学，2010.

一、马来西亚的金融体系发展概览

马来西亚虽然也深受1997年东亚金融危机的冲击，可是，马来西亚首相马哈蒂尔非但没有向IMF求援，还采取了与IMF背道而驰的资本管制措施。2000年，马来西亚BNM宣布推行一项重大的金融重组战略，被称之为《金融业大蓝图》（FSMP），规划了2000—2010年金融领域的改革。这10年金融改革的主要任务是通过银行间并购实现金融业智能计划，以建立一批具有较强竞争力的国内银行。具体做法：一是将马来西亚的54个金融机构、22家商业银行、20个金融公司、12个商人银行重新组成10个大银行集团。每个银行集团都提供全部的金融服务业务，包括商业银行业务、资金管理和证券经纪业务。[①] 二是适当引入竞争机制，开放对现有外资银行的限制，将本国一些银行的股份卖给外资银行以增强银行业的竞争力。三是颁布了一系列有利于伊斯兰银行发展的激励措施，使得国内银行、国内和国外伊斯兰投资者转而投资于伊斯兰银行或伊斯兰银行窗口，以及伊斯兰金融机构。

在2000—2010年《金融业大蓝图》基本上达致目标的情况下，马来西亚BNM又推出了2011—2020年《金融业大蓝图》，主要目标是引导马来西亚国内伊斯兰银行业的发展，允许国内伊斯兰银行的商业经营具有极大的灵活性，并最大限度地扩大其股份，并最终投资于国外以实现更高的银行实力的增长。马来西亚《金融业大蓝图》中与伊斯兰银行有密切关联的金融业智能计划的主要目标是贯彻《巴塞尔协议Ⅲ》一揽子改革，增强资本和银行的流动性缓冲，加强和发展损益分摊（PLS）投资，开发新产品，推广股权投资，并颁发具有特殊专长的新伊斯兰银行执照。马来西亚由于引进并执行了这些战略性措施，市场结构发生了变化，伊斯兰银行迅速崛起，并具有更强的韧性。

金融体系改革完成之后，马来西亚的金融体系可以分为金融机构和金融市场两大部分（见图4-3）。

① ［日］村上美智子．马来西亚的金融重组和银行经营健全化［J］．南洋资料译丛，2001（4）．

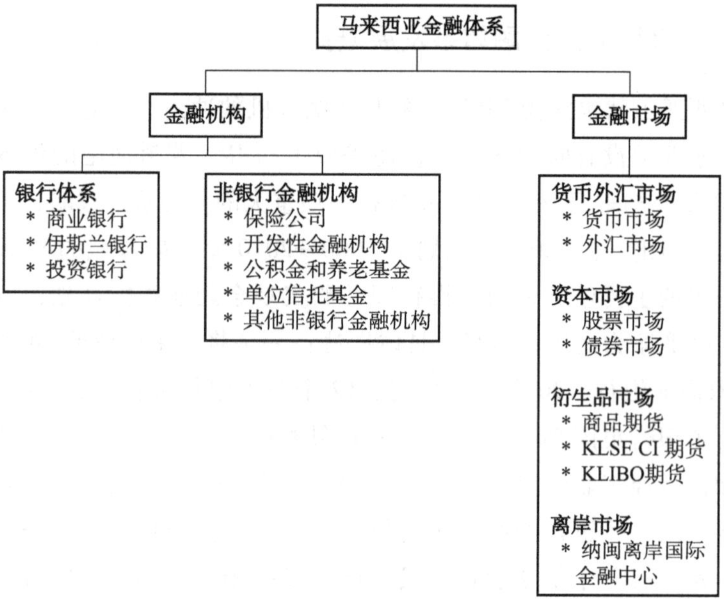

图 4-3　马来西亚的金融体系

二、马来西亚的金融机构

在马来西亚中央银行制定的两个长达 20 年《金融业大蓝图》的指引下，银行业发生了很大的变革，经历了以下几个阶段：

第一阶段为 2001—2003 年。这一时期主要是建立了一批具有较强竞争力的国内银行，具体举措是继续 1999 年开始的银行改革与并购，扩大马来西亚国内商业银行的单个和整体规模，使国内银行从原来的 22 家合并为 10 家注册资本在 20 亿林吉特、资产规模在 250 亿林吉特的大型商业银行，以应对银行业的对外开放。

第二阶段为 2004—2006 年。这一阶段是在前期已有一批有较强竞争力、创新力和高效率的国内大银行基础上，适当引入竞争机制。与此同时，对外资银行适度地放宽管制，允许外国伊斯兰银行在马来西亚设立分支机构，使消费者有更多的选择。2004 年 10 月，马来西亚央行将本国第四大银行——兴业银行（RHB Capital）25%的股份卖给阿联酋阿布扎比商业银行。2005 年 3 月，新加坡淡马锡先出资 1.44 亿美元入股马来西亚安联银行。2006 年 11 月，澳大利亚第三大银行澳新银行（ANZ）斥资 3.57 亿美元，入股大马证券银行

(AnMerchant Bank)。2006 年 3 月 15 日，马来西亚第二大银行——土著联昌银行以 67 亿林吉特收购南方银行。与此同时，国内银行之间的合并依然在进行。①

第三阶段为 2007—2010 年。为增强银行业的竞争力，马来西亚政府制定优惠政策，促进银行业进一步对外开放，在引进外资银行在马来西亚设立分行的同时，鼓励国内银行走向世界。比如，2008 年 2 月，香港私募基金博智资本（Primus Pacific Partner）出资 13.371 亿林吉特（约合 4.1 亿美元）收购马来西亚第七大银行国贸银行的母公司国贸资本（EON Capital）20.2%的股权，成为其第一大股东。②

第四阶段为 2010 年至今。2011—2020 年《金融业大蓝图》中规定的金融业智能计划大力促进了马来西亚国内伊斯兰银行金融业的发展。马来西亚政府允许国内伊斯兰银行业以最大的灵活性最大限度地扩大其股权，然后向国外扩展。根据马来西亚政府为伊斯兰银行金融业所提供的立法和监管框架，伊斯兰银行金融业囊括了以下四种主要类型：伊斯兰银行业、伊斯兰同业银行货币市场、伊斯兰保险与再保险（takaful and re-takaful）以及伊斯兰资本市场。截至 2014 年 12 月底，伊斯兰银行业的资产为 4180 亿林吉特，约占马来西亚银行业资产总额的 29.2%。马来西亚央行对外开放金融的举措也为外国伊斯兰银行的进入提供了便利，有利于马来西亚成为全球伊斯兰银行业的中心。

根据马来西亚中央银行（BNM）网站的最新资料，金融部门已经注册的金融机构的具体情况如下：③ ①商业银行：又被称为传统商业银行(Conventional Banks)，相对于其他金融机构而言，最具活力，资金也最为雄厚。迄今，马来西亚共有 26 家商业银行（不包括伊斯兰银行），其中有 18 家属于外资在马来西亚国内拥有的分支银行，另外 8 家是国有控股银行。②经认可及注册的金融中介：其中经政府认可的货币经纪商共 4 家；经认可的保险经纪商 1 家；经认可的保险与风险经纪商 27 家；经认可的风险经纪商 1 家；经认可的国际海运、航空和过境保险经纪商（MAT）2 家；注册理算师 20 家；核准财务顾问 32 家；经政府认可的伊斯兰财务顾问 1 家。③金融控股公司共 15 家。④开发性金融机构（DFIs）6 家。

---

①② 沈建鑫. 马来西亚商业银行风险管理研究 [D]. 厦门：厦门大学，2010：21.

③ 资料来源：https://www.bnm.gov.my/index.php? ch = fs&pg = fs_mfs_hold&ac = 422&lang = en（30/04/2020）。

为使读者对此有更为清晰的了解，表 4-1 列示了马来西亚金融机构概况，[①] 虽然统计数据截至 2014 年年底，可是此后情况没有太大变化，只是统计口径略有不同。可以发现，商业银行数量在 2020 年增加了 1 家，为外资商业银行。

表 4-1　马来西亚的金融机构（截至 2014 年年底）　　单位：家

金融机构类型	总数	国有机构	外资机构
商业银行	25	8	17
伊斯兰银行	17	100	7
国际伊斯兰银行	6	0	6
投资银行	17	15	2
伊斯兰保险	12	12	0
再保险	7	3	4
伊斯兰再保险	4	1	3
开发性金融机构	6	6	0
保险业	36	19	17
国际伊斯兰保险业	2	0	2

资料来源：Malaysian Investment and development（MID），March，2015。

与亚洲其他国家相类似，马来西亚的银行系统在整个金融体系中占据主导地位。银行系统总资产超过整个金融体系资产总额一半之多。通过对商业银行的一系列重大改革举措，马来西亚国内商业银行集团由以前的 22 个合并为 10 个，进而减为 9 个。到 2014 年，马来西亚的大型综合性金融集团共 8 个。在这 8 家金融集团中，联昌集团（CIMB Group）、兴业集团（RHB Group）、艾芬集团（Affinity Group）、万邦集团（Alliance Group）、丰隆集团（Hong Leong Group）和大马银行集团（AmBank Group）等六大集团以金融控股（FHC）的形式存在。马来西亚银行集团（Maybank Group）和大众银行集团（Public Bank Group）则以商业银行控股公司的形式存在，八大金融集团的总资产占整个银行体系资产总额的 70%。[②]

根据马来西亚央行的最新统计，经批准的外国银行机构驻马来西亚分支

① YAGOUB ELRYAH. On the competitiveness of Malaysian Islamic Banking under the context of financial liberalization［D］. 厦门：厦门大学，2015：79.

② 陈慧群 . 马来西亚影子银行体系研究［D］. 厦门：厦门大学，2013.

机构共有18家。表4-2显示了马来西亚央行网站上公布的15家外资银行的分支机构的名录。

表4-2 经批准的外国银行机构驻马来西亚代表处名单

国家/地区	分支机构
澳大利亚	1. 澳大利亚、新西兰银行集团有限公司（Australia and Newland Banking Group Limited）
法国	2. 兴业银行公司与投资银行（Societe Generale Corporate and Investment Banking）
德国	3. 德国商业银行（Commerzbank AG）
中国香港	4. 东亚银行有限公司（The Bank of East Asia，Limited）
印度	5. 印度工业信贷投资银行（ICICI Bank Limited）
韩国	6. 韩国友利银行（Woori Bank）
尼泊尔	7. 喜马拉雅银行有限公司（Himalayan Bank Limited） 8. NMB银行有限公司（NMB Bank Limited）
新加坡	9. 星展银行有限公司（DBS Bank Ltd）
瑞典	10. 瑞典商业银行（Svenska Handelsbanken AB）
瑞士	11. 瑞士信贷集团（Credit Suisse AG）
中国台湾	12. 华侨银行股份有限公司（CTBC Bank Co. Limited）
美国	13. 纽约梅隆银行（The Bank of New York Mellon） 14. 北美信托公司（The Northern Trust Company）
津巴布韦	15. 大都会银行有限公司（Metbank Limited）

资料来源：https：//www. bnm. gov. my/index. php？ ch = fs&pg = fs_ mfs_ hold&ac = 422&lang = en（30/04/2020）。

马来西亚的金融开发机构（Development Financial Institutions，DFIs）是根据马来西亚政府颁布并于2002年2月15日生效的《2002年发展金融机构法》（DFIA）设立的专门金融机构，具体任务是通过为该国总体社会经济发展目标具有战略重要性的关键部门提供一系列专业的金融产品和服务，以满足包括农业、中小企业、建筑业、海事、面向出口部门，以及资本密集型和高新技术产业部门的特殊需要，促进其发展。DFIA规定，DFIs是在马来西亚中央银行的监管范围内，以确保它们在强有力的公司治理和最佳做法的支持下，以审慎的方式履行其法定职责。根据DFIA建立的DFIs共6家，包括马来西亚开发银行（Bank Pembangunan Malaysia Berhad）、马来西亚中小企业发展银行（SME Bank）、马来西亚进出口银行（EXIM Bank）、马来西亚银行（Bank

Rakyat)、国民储蓄银行（Bank Simpanan Nasional)、马来西亚伯哈德银行(Agrobank)。

与亚洲其他国家相比，马来西亚的保险业发展比较滞后。长期以来，保险业的资产通常占金融资产的7%左右，保险业的增长主要依赖人寿保险的较快增长。马来西亚的保险公司多以金融控股公司子公司的形式存在，绝大多数的伊斯兰保险公司也为金融控股公司的子公司。

三、马来西亚的金融市场

马来西亚的金融市场包括货币外汇市场（货币市场与外汇市场)、资本市场（股票市场和债券市场)、衍生品市场（商品期货、KLSE CI 期货与 KLIBO 期货)、离岸市场（纳闽离岸国际金融中心)。因资料短缺等原因，这里简略介绍马来西亚的资本市场。

（一）马来西亚证券业发展简况

马来西亚资本市场的发展也有较为悠久的历史。早在19世纪末期英国殖民者入侵马来西亚大肆掠夺开采锡矿和种植树胶时便有了期货交易。1930年6月，新加坡股票经纪行协会（Singapore Stockbroker's Association）成立，可被视为马来西亚最早的证券业组织机构。随着二战日本的入侵，证券业受到了摧毁性打击，直至二战结束后才逐渐恢复。可是，股票只能进行内部交易。新加坡股票经纪行协会改名为马来西亚股票经纪行协会。为使股票能够公开上市，马来西亚于1960年3月设立股票交易所（Malayan Stock Exchange)，取代马来西亚股票经纪行协会。1963年马来西亚联邦成立，于1964年6月6日成立了马来西亚股票交易所。1965年8月，新加坡脱离马来西亚联邦，改名为马来西亚与新加坡股票交易所。1973年6月马来西亚国会通过《证券法》，之后于1973年7月成立吉隆坡股票交易有限公司。马来西亚政府在20世纪80年代之后施行“新经济政策”，采取了一系列促进证券业发展的举措，其中包括：施行单位信托（unit trust)，以鼓励土著居民参与挂牌上市公司的投资；推出电子报价交易系统；等等。进入20世纪90年代，马来西亚政府采取措施加快本国股市国际化的步伐。马来西亚财政部批准成立了创业板发行交易所（MESDAQ)，之后又设立了第二交易板。与此同时，政府允许外资证券经纪行在马来西亚开设分行，使外国基金投资迅速增长，也使得马来西亚股票市场与全球主要股市的连接越来越紧密。

1997 年东亚金融危机爆发之后，马来西亚股市急剧下挫，很多证券公司负债累累。在金融危机的冲击下，马来西亚政府对证券业进行了重大的整顿与重组，以图提高资本市场的实力和效率。具体措施包括：①建立由财政部、证券委员会和吉隆坡交易所组成的三方小组，对证券公司的合并与重组进行审议。②将马来西亚的证券公司从 63 家减少至 15 家，使其成为经营“全方位经纪业务”证券公司的精英。这些精英证券公司可以参与资本市场的所有业务，包括融资、管理私人债券和交易固定收益产品等，但是不得涉及银行、保险等行业。从 2002 年起，马来西亚证券委员会便批准“全方位经纪业务”的证券公司可以在全国开设分公司，打破了之前证券业不能跨区域开展业务的限制，使之在全国范围内有更为公平的竞争环境。③制定合并规则。合并后的证券公司的资本金必须达到 2.5 亿林吉特，资本充足率必须达到 150%。同时，还规定只有持有某家证券公司 50%股权的大股东才有资格收购另一家证券公司。此外，马来西亚政府仍然要求马来西亚人的股权必须占据 30%。④允许外资参股。马来西亚政府规定，外资可以参股马来西亚证券公司，但参股方式必须是收购新股，而且外资参股比重不超过 49%。

马来西亚证券业经过整顿和重组后迈上了更高的台阶，公司业务更为成熟，投资者对股票的投资信心也不断提高，2000 年后股票交易活跃，交易指数也一路飙升。2007 年年底，吉隆坡综合指数冲上 1445.03 点，为 13 年来最高。可是，2008 年之后的全球金融危机与经济衰退使马来西亚的证券业遭到了较为严重的冲击。

（二）马来西亚公司债券市场发展简况

马来西亚公司债券市场的发展在东盟国家中起步较早，1986 年成立国家抵押贷款公司。1988 年马来西亚中央银行颁布公司债券发行指导，规定了发行者的资格，包括最低资本金、债务比率的上限、最低发行额等。1990 年 11 月，马来西亚成立第一家本土评级机构——马来西亚评级有限公司（RAM），1995 年 10 月成立第二家评级机构。

1992 年 5 月之前，马来西亚要求公司发行的所有债券必须取得等级，[1] 1997 年东亚金融危机之后，出于对企业重组的需要，于 2000 年 7 月撤

① 1992 年 5 月规定，所有的公司债券必须取得等级，长期债券为 BBB 以上级别，短期债券为 B3 以上级别。

销了最低分等的限制。东亚危机爆发之前，马来西亚公司债券的发行约一半由银行担保。1998 年之后，银行不再为公司债券的发行提供担保。为刺激公司债券市场的发展，马来西亚证券委员会于 2000 年 7 月简化了发行公司债券的手续，并规定申请程序必须在两周内完成，大大刺激了公司债券市场的发展，引来了大量机构投资者，其中主要是共同基金、养老基金和人寿保险公司。

值得关注的是，马来西亚的伊斯兰债券市场在 1997 年东亚金融危机之后获得了快速发展。自 2001 年全球第一只伊斯兰公司债券发行后，无论是其知名度还是重要性均直逼传统债券。为确保市场的健康发展、实现伊斯兰金融市场的国际化，马来西亚政府在 2006 年设立了马来西亚国际伊斯兰金融中心，还引进了道琼斯 & 花旗伊斯兰债券指数，为国外公司到马来西亚伊斯兰资本市场融资提供便利，吸引了很多投资者进入伊斯兰债券市场。早在 2009 年，马来西亚的伊斯兰债券市场就是在世界上规模最大的债券市场。

（三）马来西亚基金市场发展简况

20 世纪 90 年代之后，马来西亚的基金市场也得到了较快的发展。1997 年东亚金融危机爆发之后曾一度低落，不过很快便得到了恢复。

马来西亚的基金市场可分为单位信托基金①和风险投资基金。单位信托基金在 20 世纪 90 年代获得了较快的发展。根据马来西亚单位信托基金经理联合会的统计，马来西亚 1991 年只有 11 家单位信托基金管理公司，到 2000 年年底已经拥有 34 家单位信托基金管理公司。与此同时，单位信托基金也从同期的 32 个增加到 119 个。2009 年一年中马来西亚便推出了 19 个新的信托基金。

马来西亚单位信托基金成长迅速的主要原因：首先是马来西亚政府放宽了对单位信托投资的限制，允许公积金会员从公积金账号里提取款项进行单位信托基金的投资。其次是政府的积极推动。通过在广大民众中开展“单位信托周”活动，使民众对这款投资理财有所认知。单位信托基金的促销队伍得到迅速扩大，促销人员从 1999 年 9 月底的不足 7500 人猛增至

① 所谓单位信托基金，是一种中长期的投资形式，客户通过认购一定数量单位的基金，从基金管理公司的投资活动中获取回报，并承担相应风险。

2009年年底的2万人。最后是单位信托基金的对外开放。从2003年起，马来西亚对外开放单位信托市场，允许外国单位信托投资公司持有马来西亚单位信托管理公司的大部分股权。自2009年5月起，马来西亚中央银行还允许境内外资银行以第三者分销商的身份促销马来西亚本国的基金管理公司的基金。

马来西亚的风险投资基金行业始于1995年。当马来西亚政府意识到该行业的发展对国家的高科技行业有着至关重要的促进作用时，于1995年专门成立风险资本发展委员会（MVCDC）和风险资本与私募股权协会（MVCA），使其得到了快速发展。2004年，马来西亚政府制定“摇篮投资计划”，并下拨1亿林吉特的专项资金为高科技企业“种子期”提供资金援助，帮助企业进行创新。在政府的大力推动下，风险基金业持续增长，推动了生命科学、IT和信息等新兴行业，以及教育、交通、电力、发电和运输库储等传统行业较为快速地发展。

第三节　泰国的金融业发展及其特点

一、泰国的金融体系结构概览

泰国金融体系自1940年建立之后，经历了20世纪60—70年代的政府严格保护时期和80年代末、90年代初的金融自由化时期。1997年亚洲金融危机之后，泰国以处理银行不良资产、增强金融机构实力为中心，重组了本国金融体系。

目前，泰国金融体系主要由商业银行、国营专业金融机构、非银行金融机构和资本市场四大部分组成。其中，居于金融体系主导地位的是商业银行等金融中介机构，其也是金融体系中推动泰国经济增长的主要动力。2013年年末，商业银行的资产规模达到16.7万亿泰铢，占GDP的141%，而股票市值和债券市值占GDP比例要低得多，分别为70%和17%。泰国金融中介机构的构成主要包括商业银行、国有专业金融机构以及非银行金融中介机构，如金融公司、信贷公司、寿险公司及其他非银行金融机构，如表4-3所示。

表 4-3　泰国金融体系结构　　单位：百万泰铢

项目	1996 年	金融资产占比	2006 年	金融资产占比	2007 年	金融资产占比
金融部门资产	10004		13965		14924	
占 GDP 比重	217.0%		178.7%		175.9%	
吸收存款的金融机构						
银行：	5537	55%	8653	62%	9006	60%
私营银行	3859	39%	5691	41%	5981	40%
三大私营银行	2343	23%	3407	24%	3680	25%
其他私营银行	1516	15%	2284	16%	2301	15%
国有银行	1206	12%	1835	13%	1823	12%
外资银行子行	0	0%	12	0%	12	0%
外资银行分支机构	472	5%	1115	8%	1190	8%
特殊金融机构（不含资产管理公司）	718	7%	2015	14%	2075	14%
占金融部门资产比重	7.2%	0%	14.4%			
吸收存款 SFIS（4+SME 银行）	683	7%	1947	14%	2075	14%
目前吸收存款	683	7%	1891	14%	1961	13%
非吸收存款	0	0%	56	0%	114	1%
金融公司	1767	18%	81	1%	47	0%
土地信贷银行	9	0%	2	0%	0	0%
非银行金融机构						
保险公司：	235	2%	833	6%	953	6%
人寿保险	146	1%	700	5%	816	5%
混合保险	0	0%	0	0%	0	0%
非人寿保险	89	1%	133	1%	137	1%
国有保险公司	0	0%	0	0%	0	0%
共同基金	247	2%	1050	8%	1437	10%
证券交易商（经纪人）	1491	15%	123	1%	142	1%
养老基金	—	—	667	5%	755	5%
国有养老基金	0	0%	276	2%	313	2%
风险资本公司	—	—	1	0%	—	—

续表

项目	1996 年	金融资产占比	2006 年	金融资产占比	2007 年	金融资产占比
资产管理公司	—	—	540	4%	509	3%
国有资产管理公司	—	—	461	3%	437	3%
私营资产管理公司	—	—	79	1%	72	0%
金融机构数量						
商业银行	29		34		34	
特殊金融机构	4		6		6	
吸收存款的特殊金融机构	4		4		4	
金融公司	91		6		5	
土地信贷银行	12		4		3	
保险公司	76		99		98	
共同基金	205		726		830	
证券交易商（经纪人）	83		41		43	
养老基金	—		526		514	
租赁公司	—		—	—	—	
风险资本公司	0		2		2	
资产管理公司	0		15		15	

资料来源：IMF. Thailand：Financial System Stability Assessment［R］. IMF Country Report No. 09/147，2009.

二、泰国的银行与非银行金融体系

（一）泰国商业银行系统

商业银行系统是泰国金融体系的支柱，实行混业经营（或称全能银行）体制。商业银行可提供现金管理、资金运营、投资、大中小企业业务、零售业务金融服务，还涵盖证券、保险、租赁、租购、保理、基金管理和私人财富管理金融产品等全能金融服务，由泰国中央银行（Bank of Thailand，BOT）负责监管。2013 年，泰国商业银行系统包括 14 家全能银行、2 家零售银行、13 家外国银行分行和 1 家外国银行子银行。全能银行中又以盘谷银行（BBL）、泰京银行（KTB）、开泰银行（KBANK）和泰商银行（SCB）规模最大，该四大银行占据了2/3的资产份额，而全部14家全能银行在泰国金融体系中占62%的资产份额（2009年年底统计数据）。此外，零售银行仅能向中小企业或零售客户提供有限的金融服务，不允许经营诸如衍生金融产品和风险管理产品等业务。对外资银行设立分行和国内融资等方面有较多的限制。外资银行子银行仅允许设立4家分行，其中1家可设在曼谷及邻近地区，其余需设在外府。如表4-4所示，截至2013年年底，泰国商业银行系统共有分支机构6620个，较上年增加200个。泰国四大全能银行合计拥有分支机构4275个，占比65%。从区域来看，泰国商业银行集中分布于曼谷及其中心区域，合计达到4199个，占比63%，其他地区分布较为均匀。

表4-4 泰国商业银行系统

单位：个

银行名称	曼谷	中心区	东北部	北部	南部	合计
盘谷银行（Bangkok Bank）	284	326	160	167	135	1072
泰京银行（Krung Thai Bank）	287	329	210	173	162	1161
开泰银行（Kasikornbank）	291	285	103	100	90	869
泰商银行（Siam Commercial Bank）	356	399	147	119	152	1173
大城银行（Bank of Ayudhya）	190	208	76	56	80	610
泰国军人银行（TMB Bank）	172	136	46	55	49	458
大华银行（United Overseas Bank）	85	43	10	8	10	156
渣打银行（Standard Chartered Bank）	21	5	0	1	0	27
联昌银行（CIMB Thai Bank）	79	46	11	9	20	165
泰纳昌银行（Thanachart Bank）	245	194	50	53	79	621
铁士古银行（TISCO Bank）	21	16	6	3	6	52
甲那金银行（Kiatnakin Bank）	26	25	16	12	8	87
中国工商银行（泰国）	9	3	4	1	3	20
土地和住房银行（Land and Houses Bank）	44	28	11	9	9	101
泰国信贷零售银行	11	12	2	0	0	25
兆丰国际商业银行（Mega International Commercial Bank）	2	2	0	0	0	4
其他外资银行的分支机构	17	2	0	0	0	19
合计	2140	2059	852	766	803	6620

资料来源：笔者根据泰国银行（BOT）数据库自行整理（http：//www.bot.or.th）。

（二）泰国国营专业金融机构

专业金融机构是支持政府落实经济政策、向特定群体提供金融支持的政策性金融机构，由财政部监管，包括政府储蓄银行、农业合作银行、政府房屋银行、泰国进出口银行、泰国中小企业发展银行、次级抵押公司、泰国伊斯兰银行、泰国资产管理公司和小型企业信贷担保公司等，其金融服务范围涵盖住宅信贷、中小型企业信贷、进出口信贷以及小额信贷等业务。专业金融机构能够为各类客户服务，特别是那些无法从商业银行获得信贷的低收入客户群体。2009 年年底，专业金融机构在泰国金融体系中占约 16%的资产份额。

（三）泰国非银行金融机构

非银行金融机构包括由泰国中央银行（BOT）监管的财务公司、房地产信贷公司，由保险业监管委员会和财政部监管的人寿保险公司，由农业部监管的农村信用合作社，以及消费信贷公司、金融租赁公司等。2009 年年底，非银行金融机构在泰国金融体系中占约 12%的资产份额，其中人寿保险业占绝大部分份额。

三、泰国银行业发展的特点

泰国作为 1997 年东亚金融危机的肇始国，在 IMF 贷款条件的制约下，其对银行业进行了艰难的改革。摆脱贷款条件之后，泰国政府严格遵守《巴塞尔协议Ⅰ》《巴塞尔协议Ⅱ》《巴塞尔协议Ⅲ》所规定的最低资本要求，对银行进行了评级和严格的监管并加强市场纪律，使得银行业进入了稳健的发展期。与此同时，其发展呈现出显著特点。

（一）泰国银行业由内资银行主导，经营趋于稳健

泰国银行业依然以内资银行为主导。在泰国 30 家商业银行中，内资银行占 16 家，其中全能银行 14 家、零售银行 2 家；外资银行 14 家。这些外资银行的资产总额和信贷总额分别为 20143 亿泰铢和 8104 亿泰铢，在全部银行中的占比分别为 12.4%和 7.5%。2013 年信贷资产在资产总额中占比仅为 40%，远低于泰国内资银行 71%的占比。

如表 4-5 所示，外资银行在 1998—2002 年减少 2 家，资产总额和信贷余额分别累计下降 52%和 57%，此后信贷扩张转向稳健。2003—2013 年，外资银行在减少 4 家的情况下，资产规模扩张 188%，信贷余额增长 96%。反观泰

国内资银行，1998—2002 年减少 2 家，资产总额和信贷余额分别下降 4%和 6%，降幅小得多。2003—2013 年，内资银行增加了 3 家，资产总额扩张 132%，信贷余额增长 131%。可以看出，泰国外资银行和内资银行在资产扩张的结构方面有所差异，前者非信贷类资产扩张较快，而后者主要是靠信贷类资产驱动。2010 年之后，外资银行和内资银行的信贷增长都明显加快，2010—2013 年的平均增速达到 13%，远远超过同期实际 GDP 4.3%的增速。

表 4-5　泰国内资银行和外资银行资产情况比较　　单位：亿泰铢

年份	内资银行			外资银行			外资银行在所有商业银行中占比（%）	
	资产总额	信贷	银行家数	资产总额	信贷	银行家数	资产总额	信贷
1997	59992	49240	15	14333	10433	20	19.3	17.5
1998	55882	46224	16	8950	6954	21	13.8	13.1
1999	54205	44055	13	7652	5467	21	12.4	11.0
2000	54970	36032	13	7669	5107	21	12.2	12.4
2001	56650	34194	13	7445	4795	18	11.6	12.3
2002	57799	41213	13	6863	4492	18	10.6	9.8
2003	61221	43343	13	6992	4142	18	10.3	8.7
2004	64246	46603	12	8471	4736	18	11.6	9.2
2005	70064	49734	16	9813	5273	18	12.3	9.6
2006	75379	52752	17	11093	5577	17	12.8	9.6
2007	78152	55702	18	11900	5362	16	13.2	8.8
2008	87739	62249	18	12735	5752	16	12.7	8.5
2009	89972	61789	17	13751	4990	15	13.3	7.5
2010	100356	69221	17	17103	5185	15	14.6	7.0
2011	112118	79370	16	17696	6247	15	13.6	7.3
2012	129005	90666	16	18735	6939	15	12.7	7.1
2013	141705	100235	16	20143	8104	14	12.4	7.5

资料来源：笔者根据泰国银行（BOT）数据库自行整理（http：//www.bot.or.th）。

从资金来源情况看，外资银行凭借优质服务和有吸引力的负债类产品设计，存款增长较快，2013 年存款余额较 2003 年增长 141%，高于同期信贷 96%的增幅，使得贷存比持续下降，从 1997 年危机前的 566%降至 2003 年的 147%，2007 年达到最低值 99%，此后在波动中上升，直到 2013 年的 120%。内资银行凭借网点和资源优势，吸收存款力度始终不减，但增速小于外资银行，2013 年存款余额较 2003 年增长 101%，低于同期信贷 132%的增幅，使得贷存比从 2001 年的最低值 71%持续上升，直至 2013 年达到 98%，低于外资银行 22 个百分点，如图 4-4 所示。

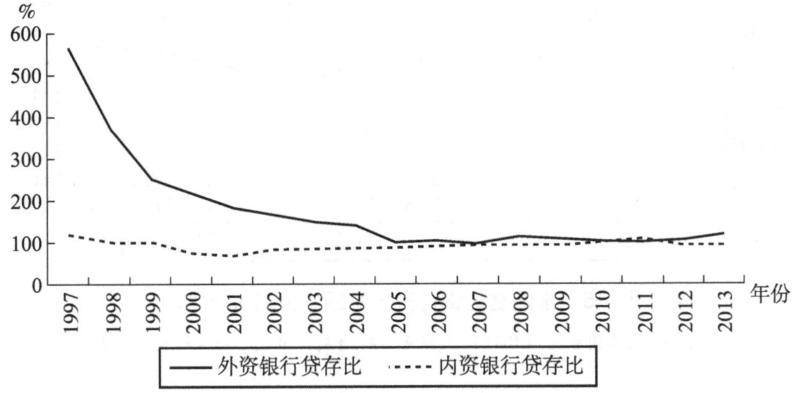

图 4-4　泰国内资银行和外资银行的贷存比情况

资料来源：根据泰国银行（BOT）数据库自行绘制（http：//www. bot. or. th）。

（二）泰国内资银行业集中度较高，杠杆率收敛趋同

截至 2013 年年底，泰国共有 14 家全能银行，其中大型银行 4 家、中型银行 3 家和小型银行 7 家，资产总额共计 14. 1 万亿泰铢，占泰国整个银行业资产总额的 87. 3%，处于集中度较高水平。从趋势上看，2004—2013 年，全能银行资产总额年均增长 8. 2%，低于同期所有商业银行资产增速 1. 1 个百分点，导致市场占比从 2004 年的 95. 4%下降至 2013 年的 87. 3%，9 年间累计下降了 8. 1 个百分点。特别是在 2004—2010 年，全能银行的市场占比下降最多，2010 年降至 84. 6%的历史最低值，2011 年之后小幅回升（见图 4-5）。后金融危机时代，经过改革重组后的其他银行（包括零售银行和外资银行）重新开始资产扩张，部分侵蚀了全能银行的市场份额，2011 年之后，全能银行开始发力，市场份额止跌回升。

从全能银行的自身结构来看，大中型银行的资产增长显著慢于小型银行，如表 4-6 所示。2004—2013 年，大型银行和中型银行的资产规模复合增速分别为 8%和 6%，而小型银行的资产复合增速高达 17%，由此导致前两者的资产占比分别下降 2. 1 个和 4. 4 个百分点，小型银行的资产占比则提升 6. 5 个百分点。由于泰国内资银行的资产扩张以信贷驱动为主，同期大型、中型和小型银行的信贷复合增长分别为 9. 3%、7. 7%和 19%。可以看出，小型银行的

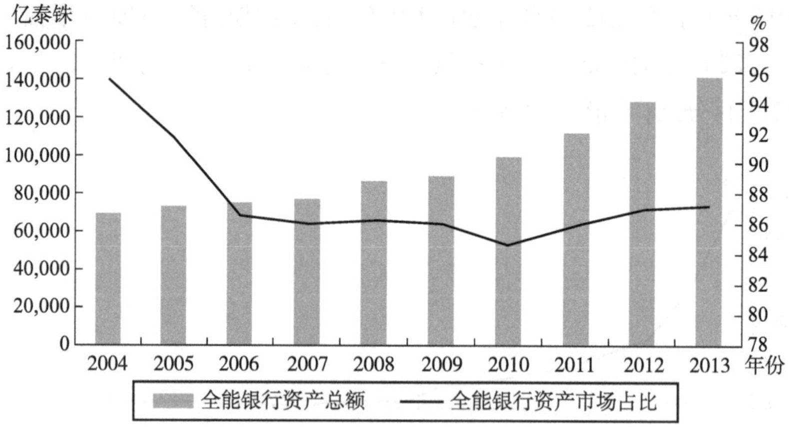

图 4-5 泰国全能银行资产总额和市场占比情况

资料来源：笔者根据泰国银行（BOT）数据库自行绘制（http：//www.bot.or.th）。

信贷增速比资产增速还快 2 个百分点。在存款方面，2004—2013 年大型、中型和小型银行的复合增速分别为 6.7%、4%和 14.7%，由此使得大型银行市场占比持平，中型银行下降 5.3 个百分点，小型银行提升 5.2 个百分点。

表 4-6 泰国内资全能银行市场集中度情况 单位：亿泰铢

	银行家数/家			资产总额平均值			存款总额平均值		
	大型银行	中型银行	小型银行	大型银行	中型银行	小型银行	大型银行	中型银行	小型银行
2004 年	5	4	5	9600	4240	882	8046	3651	667
2005 年	5	4	5	9830	4525	1190	8022	3874	845
2006 年	5	4	5	10724	3876	1151	8691	3291	680
2007 年	4	4	6	12228	4919	1480	9880	3780	916
2008 年	4	4	6	13798	5312	1713	10779	4076	1072
2009 年	4	4	6	14586	5330	1593	11338	3892	858
2010 年	4	4	6	16481	5752	1745	12157	3890	856
2011 年	4	3	7	18414	8277	1891	13244	5055	760
2012 年	4	3	7	21633	8831	2225	16393	6447	1458
2013 年	4	3	7	23702	9440	2592	18069	6904	1639
2004 年占比/%	36.0	29.0	36.0	69.2	24.4	6.4	69.2	25.1	5.7
2013 年占比/%	29.0	21.0	50.0	67.1	20.0	12.8	69.2	19.8	11.0
占比变化/%	-7.1	-7.1	14.3	-2.1	-4.4	6.5	0.0	-5.3	5.2

资料来源：笔者根据泰国银行（BOT）数据库自行整理（http：//www.bot.or.th）。

综合来看，全能银行信贷增长普遍快于存款增长，使得贷存比都有所提升，2013年年底，大型、中型和小型银行的贷存比分别为101%、106%和118%，较2004年分别提升了18个、29个和33个百分点（见图4-6）。贷存比的快速提升意味着银行波动性较小的存款增长乏力，从而对金融市场批发类融资的依赖度提升，从2008年全球金融危机教训来看，这意味着商业银行的流动性风险压力加大。

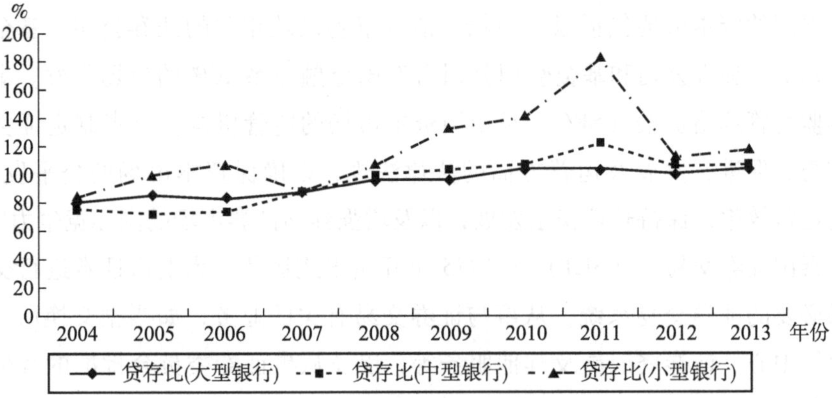

图4-6 泰国全能银行的贷存比情况

资料来源：笔者根据泰国银行（BOT）数据库自行编制（http：//www. bot. or. th）。

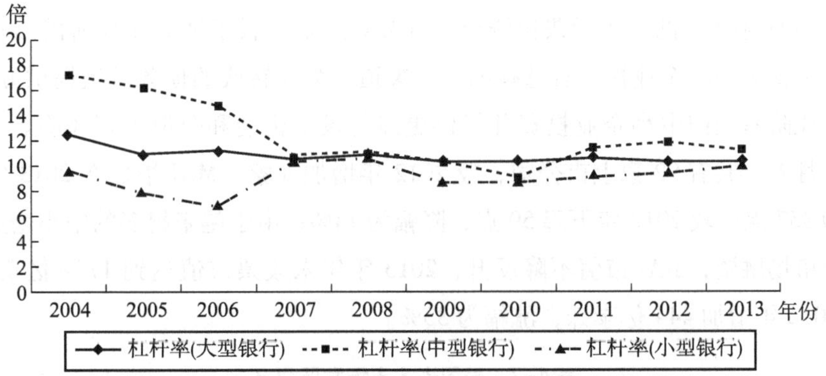

图4-7 泰国全能银行的杠杆率情况

资料来源：笔者根据泰国银行（BOT）数据库自行编制（http：//www. bot. or. th）。

从反映银行业经营风险的杠杆率（资产/权益）指标看，2004—2013年银行的杠杆率整体下降，且呈现出趋同态势，相对而言，中型银行杠杆率最高（见图4-7）。2013年，大型、中型和小型银行的杠杆率分别为10.2倍、11.3倍和10倍，大、中型银行的杠杆率分别较2004年下降2.3和6，只有小型银行由于信贷驱动资产扩张较快，杠杆率小幅增加0.3，这说明泰国的

14家全能银行经营相对稳健，没有出现高杠杆化的冒险经营现象。但值得注意的是，2010年以来，中型和小型银行的杠杆率增加较快，分别增加了2.3和1.5，这与前文所述信贷和资产扩张较快在逻辑上是一致的。

四、泰国的资本市场

泰国的资本市场包括股票市场、债券市场以及相关的证券公司、基金管理公司等。证券公司和基金管理公司占泰国金融体系10%的市场份额。泰国证券监督管理委员会（SEC）是泰国资本市场的监管机构，负责制定证券市场监督、促进、发展及运营方面的法律法规，以确保资本市场的公平发展，提高运营效率，保持长期稳定发展，以及增强泰国证券市场的国际竞争力等。

泰国证券交易所（SET）于1975年开始正式运营，为上市证券进行交易提供必要的证券交易系统，从事与证券交易有关的业务，如票据交换所、证券保管中心、证券登记员及其他服务等，以及从事证券委员会批准的其他业务。截至2013年9月，SET共有532家上市公司，较2012年增加13家。2013年年末，SET指数1299点，较2012年下降93点，降幅为7%；股票市值达到114968亿泰铢，较2012年缩水3346亿泰铢，降幅为3%（见表4-7）。

2003年成立的新兴股票投资市场（MAI）是从属于证券交易所的二板市场，主要为中小企业提供有选择的资金渠道，为债转股的债务重组提供方便，鼓励风险基金向中小企业投资并提供更多的投资机会和分散投资风险。2013年9月末，共有92家上市公司，较2012年增加8家。MAI指数在2013年年末为357点，较2012年下降59点，降幅为14%；由于越来越多的中小企业到二板市场融资，MAI市值不降反升，2013年年末股票市值达到1774亿泰铢，较2012年增加444亿泰铢，涨幅为33%。

表4-7　泰国资本市场发展情况

年份	上市公司家数/家			股票市值/亿泰铢			股票市场指数/点	
	SET	MAI	总计	SET	MAI	合计	SET	MAI
2004	444	24	468	45219	117	51194	668	188
2005	470	36	506	51051	143	51005	714	158
2006	489	43	532	50787	218	66743	680	193
2007	490	51	541	66361	383	35904	858	272
2008	495	51	546	35682	222	59122	450	163

续表

年份	上市公司家数/家			股票市值/亿泰铢			股票市场指数/点	
	SET	MAI	总计	SET	MAI	合计	SET	MAI
2009	501	60	561	58731	391	83898	735	215
2010	505	65	570	83347	551	84850	1033	273
2011	507	74	581	84077	773	119645	1025	264
2012	519	84	603	118314	1330	116741	1392	416
2013	532	92	624	114968	1774	45336	1299	357

注：2013 年上市公司家数为 9 月末数据。

资料来源：Wind 资讯经济数据终端。

泰国债券交易中心（Thai BDC）成立于 1998 年，由原来的从属证券商协会的债券交易系统吸收银行等机构加入而形成，是债券市场投资者的交易平台，是为投资者提供各种债券交易信息并促使其形成较强自律性的债券交易管理机构。近年来，泰国的债券市场取得长足发展，各档期限和品种的债券齐全，包括政府部门、国有企业、私有企业以及金融机构等发行人纷纷到债券市场融资。如图 4-8 所示，2013 年泰国债券市场流通额达到 2 万亿泰铢，占股票市场总市值的 17%。

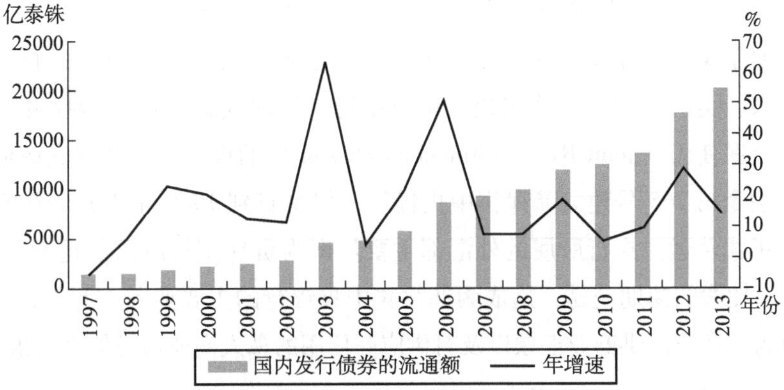

图 4-8　泰国债券市场情况

资料来源：Wind 资讯经济数据终端。

第四节　菲律宾的金融业发展历史与现状

菲律宾的金融部门包括银行与非银行金融机构、股票市场、债券市场和保险业市场。但是，银行尤其是综合性商业银行一直是菲律宾金融业的主体。

一、菲律宾金融机构的发展及特点

（一）独立后菲律宾的金融业发展

由于菲律宾独立前夕与美国签订了丧失国家主权的《美菲总关系条约》，以及不平等经济条约《贝尔贸易法》，菲律宾的金融部门独立后相当长时期的发展是遵循美国政府的意愿的。由于美国与菲律宾之间的不平等贸易导致菲律宾经常陷入严重的国际收支危机和债务危机之中，菲律宾只能向二战后新建立的国际经济组织——IMF 和世界银行借款，以缓解国际收支危机，而作为贷款条件，菲律宾的经济与金融政策必须服从 IMF 和世界银行的指导，因而菲律宾经济与金融也同时深受主流经济的影响。

从 1946 年独立至今，在美国政府以及 IMF 和世界银行的影响下，菲律宾的金融部门经历了从幼稚走向成熟的不同发展阶段。

第一阶段为 1946—1980 年，可称之为菲律宾金融业发展的幼稚期。以建立菲律宾中央银行、颁布各种立法、建立和规范各类银行、完善金融体制为标志。

1. 建立菲律宾中央银行（Central Bank of the Philippines）

为便于美国在菲律宾独立之后按照《贝尔贸易法》与菲律宾进行不平等贸易往来，美国希望在菲律宾建立中央银行，以取代银监局。1947 年，在联合非美金融使团（Joint RP-US Financial Mission）的推荐下，菲律宾政府颁布共和国法令第 265 号建立菲律宾中央银行，但是直到 1949 年 1 月菲律宾中央银行才正式营运。央行所属的外汇部主要从事为贸易交易所需的比索对美元，或美元对比索的掉期交易，这成为菲律宾中央银行的主要业务。此外，菲律宾央行也为向客户提供商业汇票以及对供应商信用的私人商业银行体系提供支持。

2. 颁布各种法令，完善金融体制

1948 年，菲律宾政府颁布了普通银行法（共和国法令第 337 号），批准商业银行、储蓄银行和抵押银行开业并规定了管理经营法规。同时规定，除已有的外资银行外，限制外资银行进入菲律宾银行业。

为适应农业部门的发展需要，农业银行于 1951 年授权开业。1952 年菲律宾政府颁布共和国法令第 821 号，成立了一家政府机构——农业信贷与合作金融管理。1954 年菲律宾政府采纳了社会保障制度的宪章，但直至 1957 年社会保障制度才开始运行。自1955年第一家金融公司在菲律宾马尼拉创建到1962年，菲律宾已经成立了260家金融公司。1958年菲律宾成立了开发银行之后，也开始允许私人开发银行在菲律宾营业。1960—1970年菲律宾私人银行和非银行金融公司如雨后春笋般出现，仅1960—1964年便开办了19家。菲律宾第一家投资公司——菲律宾私人开发公司（PDCP）是在世界银行、国际金融公司（世界银行的姐妹机构）、美国国际开发署和一家美国银行财团的支持下成立的。

根据1969年颁布的金融公司法（共和国法令第5980号），金融公司受证券交易委员会管辖。1971年4月，菲律宾政府颁布共和国法令第6426号，允许合格银行设立外汇存款单位（FCDUs）以接受美元存款和发放美元贷款，而之前只有中央银行可以从事该项业务。

3. 修订银行法，对外开放金融业

1972年11月，在IMF的建议下，菲律宾的金融体制经历了一些重大改革。菲律宾政府颁布了一系列总统法令，对现有的银行法进行修订，其中包括：提高银行最低资本的要求，导致现有银行之间合并，以及外资银行以股份投资者的身份进入当地银行；禁止银行业罢工；将全部非银行金融中介（投资企业、金融公司等）置于中央银行的监管与控制之下。1973—1976年，菲律宾政府签署了很多总统法令，允许外国人参与其他金融机构的经济活动，其中包括总统法令第113号、总统法令第114号，用于规范、指导、监管外资进入储蓄银行和当铺。总统法令第129号的颁布主要用于治理投资企业的建立、运行和规则。1976年菲律宾颁布了总统法令第1034号，允许离岸银行业务单位（OBUs）在菲律宾运行，同时，该法令还扩大了外币存款单位（FCDUs）的作用。

20世纪80年代至今为菲律宾金融业的成长期。经历了几度金融改革的洗礼，尤其是建立了新中央银行（Bangko Sentral ng Pilipinas，BSP），在推进金融业自由化的同时加强了金融监管，使得菲律宾的金融业逐渐走向成熟。

20世纪80年代初期，IMF和世界银行根据其对菲律宾提供的经济结构调整贷款项目在菲律宾掀起了新一轮金融体制重组的浪潮。此次金融改革完全改变了IMF于1972年所提出，的有关金融功能专业化等基本建议。根据1979年对菲律宾金融体制所做的研究，IMF与世界银行提出，应放宽不同类别的银行之间的区别，允许一种类型的银行承担其他类型的功能。于是，被称为全能银行（Universal Banks）的金融机构得到了迅速发展。全能银行的引入允许银行与产业资本合并，使得商业银行的资源与投资机构相结合，增强了菲律宾动员长期投资资本的能力。

菲律宾在1986年推翻了马科斯的独裁政权，但也爆发了二战后最为严重的经济金融危机。美国为继续控制菲律宾的金融体系，通过IMF对菲律宾提供了总额为26亿美元的银行救助贷款，与此同时，附加了菲律宾银行体系自由化方案的贷款条件。在全球金融自由化浪潮和IMF贷款条件压力的双重作用下，菲律宾金融业在20世纪90年代加快朝自由化和“去制度化”方向发展，其步伐迈得比东南亚其他邻国更快。

（二）菲律宾金融业的发展特点

从20世纪70年代开始的一系列金融改革，促使菲律宾的金融部门从分业经营走向混业经营。菲律宾的金融部门由银行和非银行金融机构组成，银行包括：全能银行（Universal Bank），又称综合性或通用商业银行；商业银行（Commercial Bank）、储蓄银行（Thrift Banks），包括储蓄和抵押贷款银行、股票储蓄和贷款协会，以及私人开发银行、农业银行（Rural Banks）；合作银行（Cooperative Banks）以及伊斯兰银行（Islamic Banks）。非银行金融机构主要包括准银行、非准银行、非股票储蓄与贷款协会、典当行和其他金融机构。准银行主要由住房投资和金融公司组成，非准银行主要为小企业，包括金融公司、当铺和借贷投资者等（见表4-8）。

表4-8　菲律宾各金融机构在金融体系总资产中占比情况（2015年9月）

金融部门	资产/ 10亿菲律宾比索	占比/%
总资产	14788.2	100
银行	11842.6	80.08
综合及商业银行	10672.8	72.16
储蓄银行	979.6	6.62
农村银行	192.3	1.3
非银行业金融机构	2945.6	19.92

注：数据更新至2015年9月末。

资料来源：Wind数据库。

一直以来，菲律宾金融体系主要以银行尤其是全能商业银行为主导，银行部门始终是金融部门政策、发展以及改革的焦点。截至 2015 年 9 月末，菲律宾银行体系在金融体系总资产中占比为 80.08%，其中全能商业银行占总资产的比重为 72.16%，储蓄银行占比为 6.62%，农村银行占比为 1.30%，而非银行金融机构占总资产比重为 19.92%（见图 4-9）。近 10 年来，这一占比基本没有变化，银行尤其是全能商业银行依然在菲律宾金融体系中占据重要地位。

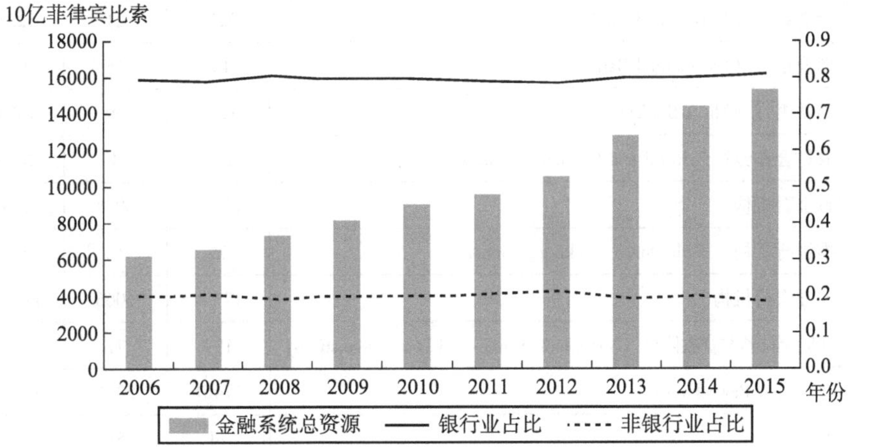

图 4-9　银行与非银行机构占金融系统资产比例

从金融机构数量上看，1997 年东亚金融危机后，菲律宾中央银行采取了一系列银行改革措施，促进了银行间的兼并、合作和集中，导致全能银行的数量从 1997 年的 1003 家降到 2014 年 9 月的 652 家（见表 4-9），但分支机构有所增加。从菲律宾银行体系的集中度来看，虽然赫芬达尔—赫希曼指数（Herfindahl-Hirschman Index）[①] 在 20 世纪 90 年代上半叶因外资银行的进入而有所下降，但在 1997 年亚洲金融危机后该指数又持续上升，至 2001 年后才缓慢下降。不过总的来说，菲律宾银行体系仍以少数大型全能银行为主导，以及大量小型银行并存，排名靠前的前十大银行与最后十大银行资产比重存

① 赫芬达尔—赫希曼指数是产业市场集中度测量指标中较好的一个，具有如下特点：①当独家企业垄断时，该指数等于 1，当所有企业规模相同时，该指数等于 1/n，故而这一指标在 1/n~1 之间变动，数值越大，表明企业规模分布的不均匀度越高。②兼有绝对集中度和相对集中度指标的优点，并避免了它们的缺点。因为该值对规模较大的上位企业的市场份额反应比较敏感，而对众多小企业的市场份额小幅度的变化反应很小。③可以不受企业数量和规模分布的影响，较好地测量产业的集中度变化情况。因此，只要厂商合并，该指数值就会增加；只要厂商分解，该指数值就会减少。

在巨大差距。截至 2012 年 6 月底，菲律宾共有外资银行 16 家，资产规模 897 亿比索，约占 13%的市场份额。从数量上看，外资银行参与菲律宾市场的程度居亚洲新兴市场国家前列，外资银行已成为菲律宾银行体系的重要组成部分。

表 4-9　菲律宾金融机构数量（2014 年 9 月）　　单位：家

机构类型	合计	总部	分支机构
银行	10207	652	9555
全能银行（Universal Banks）	5252	21	5231
商业银行（Commercial Banks）	486	15	471
储蓄银行（Thrift Banks）	1873	69	1804
农村合作银行（Rural and Cooperative Banks）	2596	547	2049
非银行金融机构	17809	6078	11731
准银行机构（With Quasi-Banking Functions）	75	12	63
非准银行机构	17734	6066	11668
非股票储蓄与贷款协会（Non-Stock Savings and Loan Associations）	199	71	128
典当行（Pawnshops）	17461	5936	11525
其他	74	59	15
离岸银行（Offshore Banking Units）	4	4	0
合计	28020	6734	21286

注：数据更新至 2014 年 9 月 14 日。

资料来源：笔者根据菲律宾央行数据整理。

尽管外部环境充满挑战，菲律宾银行体制依然较为稳定，资源、存款负债（deposit liabilities）和贷款在继续增长。2014 年，银行体系的整体资源增长了 11.8%，从 2013 年的 2332 亿美元增至 2014 年的 11 万亿比索，约合 2606 亿美元，这主要归功于贷款、金融资产和证券投资的增长。同期，银行的存款总额增至 8.52 万亿比索，环比增长 12%。截至 2014 年年底，银行机构总部从 2013 年的 673 家减少至 648 家，表明了金融部门银行的集聚与弱势银行的倒闭。随着银行系统不良总贷款（GNPL）从 2013 年年底的 2.8%降至 2014 年年底的 2.3%，资产质量的指标也得到了提升。同样，净不良贷款也减少了。资本充足率（CARs）保持在 2014 年 1 月 1 日生效的《巴塞尔协议Ⅲ》框架所规定的国际标准之上。截至 2014 年 9 月底，通用银行和商业银行的资本充足率均为16.3%，与此同时，全菲律宾各类银行的资本充足率都达到17%（见表4-10）。

表4-10　菲律宾银行的资源、存款和未偿还的贷款（2014年12月）

	全部	全能商业银行	储蓄银行	农业银行
银行总数/家	10361	6330	1920	2608
总部/家	648	51	69	543
分支/家	9713	6279	1651	2065
资源/10亿比索	11128.3	10398.4	916.2	208.9
存款负债/10亿比索	8522.3	7680.6	697.6	144.1
未偿还贷款/10亿比索	5531.6	4822.3	570.9	138.4
不良贷款占贷款总额比重/%	2.3	2.3	4.4	11.9
净不良贷款占贷款总额比重/%	0.6	0.6	1.95	5.9
资本充足率/%	16.7*	17.0**		

注：*代表截至2014年6月底；**代表截至2014年9月底。

资料来源：Bangko Sentral Pilipinas. 转引自Gilberto M. Llanto, Financial Inclusion, Education, and Regulation in the Philippines [Z]. ADBI Working Paper Series, No. 541, August 2015.

二、菲律宾的资本市场发展

菲律宾的金融市场分为货币市场和资本市场，其中资本市场又分为股票市场、债券市场、保险市场。

由于货币市场实际上就是短期资金市场，包括同业拆借、证券回购、票据贴现等各种短期资金融通工具。菲律宾的货币市场始建于1965年，主要是银行之间进行交易的市场，后来也成为中央银行进行利率调控的重要场所。菲律宾中央银行通过短期政府证券的买、卖及回购交易来控制市场流动性，尤其是隔夜的回购和逆回购利率更是代表了中央银行政策姿态的政策利率。菲律宾的货币市场发展较为滞缓，参与者及金融工具品种均较单一。

（一）菲律宾的股票市场

菲律宾的股票市场在东南亚出现得比较早，第一家股票交易市场为马尼拉股票交易所（MSE），始建于1927年，是亚洲最早的交易所之一。1963年，菲律宾又成立了第二家股票市场——马卡蒂股票交易所（MKSE）。二者于1994年合并，成立了现在的菲律宾证券交易所（PSE）。1995年菲律宾成立了中央信托公司，开启了证券无纸化运行。1998 年 6 月，菲律宾证券交易委员会（SEC）授予 PSE “自我监管组织”（SRO）的身份，这就意味着 PSE 对交易参与者和上市公司可以自己建立规则和奖惩措施；2003 年 PSE 引入上市保荐制度。

菲律宾证券交易所上市的证券主要有普通股股票、优先股股票、可转换债券和街头证券（street certificate），其中普通股股票分为 A 股和 B 股：A 股只出售给本国人；B 股既可以出售给本国人，也可以出售给外国人。当前菲律宾证券市场包括一类市场和二类市场，三类市场为中小板市场。目前有 2 个交易地点：巴西市证券交易中心（PSE Centre，Pasig City）和马卡蒂证券交易广场（PSE Plaza，Makati City）。截至 2015 年年底，菲律宾证券交易所共有 262 家上市公司。

（二）菲律宾的债券市场

菲律宾的债券市场在东南亚也算发展较早。① 由于 20 世纪 70 年代初严重的财政赤字问题，而国内落后的金融市场无法满足政府如此大量的融资需求，为填补政府的财政赤字，其外币债券市场率先得到了较快发展。菲律宾曾一度成为除日本和中国以外最大的外币债券发行国，但之后由于种种复杂的因素，发展速度逐渐减慢。尤其是在 1997 年亚洲金融危机之后，马来西亚等国家的债券市场后来居上，菲律宾因国内政治等问题，经济增长与发展遭受种种挫折，严重地阻碍了债券市场的发展。

菲律宾的债券市场基本上属于一级市场，在债券市场上流通的证券一直是以政府债券为主，包括短期国债、国库券、中央银行债券和国有公司发行的债券等。由于菲律宾中央银行将其公开市场操作作为最重要的政策手段，而公开市场操作又将短期国债作为主要操作对象，菲律宾债券市场中短期国债占据了很大的比重。从 Wind 数据库中提供的 2009 年开始的债券市场数据来看，仅阿亚拉集团、阿亚拉土地有限公司、马尼拉自来水公司、环球电信发行了几乎可以忽略的少量债券，以及菲律宾首都银行和信托有限公司发行了少量票据，其余均为短期国债、国库券，以及少量的零售政府债券、零息债券和特设国库券。菲律宾发行的短期国债以 3 个月内的居多，且多在月初

① 理论上债券市场是指一年期及以上的长期债务工具，我们这里将短期国债也纳入菲律宾债券市场的范围，是因为短期国债是菲律宾政府进行融资的重要手段，占据菲律宾固定收益市场的过半市场份额。

发行，表 4-11 反映了 2015 年 10 月 6 日菲律宾的债券市场存量情况，可一窥菲律宾债券市场结构。

表 4-11　2015 年 10 月 6 日菲律宾债券市场各债券存量及占比

	债券余额/百万比索	占比/%
合计	18728.48	100.00
短期国债	9394.72	50.16
固定利率国库券	9027.30	48.20
零售政府债券	49.83	0.27
阿亚拉集团债券	13.20	0.07
阿亚拉土地有限公司债券	18.10	0.10
环球电信债券	6.00	0.03

资料来源：Wind 数据库。

从债券的拥有者身份来区分，最大的拥有者是官方和私人银行组成的银行系统，其基本上拥有全部债券的一半以上，其次为官方的非银行系统，包括国有公司、官方金融组织和机构以及储蓄基金会等，而民间非银行系统在政府债券总量中只占很少一部分。另外，菲律宾是除印度尼西亚以外机构投资者规模最小的国家，这大大削弱了机构投资者在债券市场中的作用，也是其债券市场发展缓慢的原因之一。根据亚洲开发银行（ADB）2011 年的《债券观察》，菲律宾债券市场是东南亚最不发达的企业债券市场之一。

2014 年，为提振政府债券市场买卖，菲律宾政府容许国营机构及其他免税机构于 10 月可以开始参与第二市场买卖，此举使得债券市场增加 8000 亿比索（180 亿美元）流动性，增加了菲律宾债券市场的活跃度。

（三）菲律宾的保险市场

菲律宾的保险市场起步很早，1898 年，加拿大永明在菲律宾成立了第一家寿险公司；1906 年，菲律宾第一家本土财险公司 Yek Tong Lin 成立；1910 年，菲律宾第一家本土寿险公司海岛寿险（Insular Life）成立。

长期以来，菲律宾保险业发展缓慢。2008 年仅有 13.9%的菲律宾民众对私人人寿保险进行投保，使得私人保险公司的普及率或保费在菲律宾 2008 年的国内生产总值中所占比重仅为 1.1%。保险覆盖率低的主要原因是缺乏公民可选择的优先保险产品，以及包括在非正式部门就业的低收入家庭对保险行业缺乏了解。菲律宾保险业的总资产在 2009 年 12 月底为 5282 亿比索，共有 122 家市场参与者。非人寿保险在保险市场上占据大部分，达 79%的市场份额，人寿保险占 19%，专业再保险仅为 2%。

表 4-12　2014 年菲律宾保险机构数量

单位：家

		直接保险公司			再保公司	合计
		综合保险	人寿保险	非人寿保险		
保险公司	国内	3	21	60	1	85
	国外	1	6	7	0	14
	国内注册	1	6	4	0	11
	分支机构	0	0	3	0	3
	合计	4	27	67	1	99
互利社团（Mutual Benefit Associations）	小额保险 MBAs					
	普通保险 MBAs					
	合计					
预需求公司（Pre-Need Companies）						

资料来源：2014 年菲律宾保险市场年报［EB/OL］. http：//www. insurance. gov. ph/htm/_reports_annual. asp.

表 4-12 显示，菲律宾在 2014 年约有保险公司 99 家，其中人寿保险公司 27 家，非人寿保险公司约 67 家，再保险公司 1 家。菲律宾保险监管部门对此实行“维持总量”的政策。① 同年，菲律宾保费收入为 57. 88 亿美元，在东盟十国中排名第五位，位于新加坡、泰国、马来西亚和印度尼西亚之后，但具体情况与新加坡、泰国、马来西亚相去甚远。

第五节　越南的金融业改革与发展

越南的金融部门包括银行业、证券业和保险业。从 1951 年越南国家银行建立至 1988 年越南进行金融体制改革的 30 多年时间里，越南实行一元化银行体制，国家银行兼具中央银行和商业银行的职能，发行货币、管理国库、统一预算收入与支出管理、开展银行信贷业务。1988 年越南开始实行金融体制改革，以实现金融业的市场化。

① 数据来源：2014 年菲律宾保险市场年报［EB/OL］. http：//www. insurance. gov. ph/htm/_reports_annual. asp。

一、越南银行业改革历史与现状

1951 年 5 月 6 日，胡志明主席签署了越南共产党二大通过的《第 15/SL 号法案》，成立越南国家银行。1988 年，越南开始推行金融体制改革。根据改革重点来划分，越南银行业的改革大体可分为以下三个阶段：

第一阶段：设立专业银行，形成二元化银行体系（1988—1997 年）。

越南政府于 1988 年 3 月签发第 53 号决定，奠定了越南银行业的改革方向，亦即以市场经济为基础，打破越南银行业“大一统”的局面以形成二元化银行体系。1988 年成立越南农业农村发展银行和越南工商银行。

1990 年 5 月，越南国会通过两项银行改革条例，其中最为重要的举措便是区分中央银行和商业银行的职能。规定中央银行承担金融调控和监管职能，不得从事经营性业务。商业银行则严格按照商业化、企业化的模式进行自负盈亏的经营。各类专业银行逐渐从越南国家银行和财政部门分设出来，承担起商业银行的职能。1990 年 11 月，越南外贸银行从一个独立实行对外经济活动的专业银行转变为一个全能的商业银行。同时，越南投资发展银行更名为投资发展银行。

1997 年，越南相继颁布《国家银行法》和《信用机构法》，为银行业法律体系的建立奠定了基础。经过这一阶段的改革，越南初步形成了以国有商业银行为主，股份制商业银行、外国银行分支机构、合资银行并存的新型银行体系。越南在 1991 年仅有 4 家国有商业银行和 1 家合资银行，到 1996 年年末，越南的银行体系已有 4 家国有商业银行、52 家股份制银行、85 家外资银行分支及代表处、4 家合资银行和 68 家信用社。①

第二阶段：重组国有商业银行，提升银行系统的稳定性（1997—2004 年）。

1997 年东亚金融危机爆发使得越南经济增速放缓，外国直接投资大幅下降。由于大量企业亏损严重而无力偿还银行贷款，银行的不良贷款严重，加深了银行业运行的潜在风险。面对这些问题，越南政府采取了一系列措施，包括重组银行业、改革国有商业银行。重点放在充实国有银行资本金、提高银行资本充足率上。为此，越南政府采取了向外发行特别国债、划拨特种贷款、超额利润留存等措施。为处理不良贷款，越南国家银行陆续颁布一系列

① 资料来源：Soo-Nam Oh，Financial Deepening in the Banking Sector-Vietnam，Rising to the Challenge in Asia：A Study of Financial Markets：Volumes 12-Socialist Republic of Vietnam，Dec. 1999。

关于不良贷款处置的具体法律法规。①

2000 年 7 月，越南成立工商银行资产管理公司。紧随其后，其他各家国有商业银行也陆续设立资产管理公司，处理包括抵押贷款和无抵押贷款在内 2000 年年底之前的呆账问题。到 2003 年年底，4 家国有商业银行处理不良贷款总计 1.3 万亿越南盾，占 2000 年以前不良贷款总额的 62%。

第三阶段：推动银行体系股份制改革，扩大对外开放（2005 年至今）。

越南国有商业银行股份制改革从 2005 年开始启动。根据政府批准的改革方案，2005—2006 年越南外贸银行和越南九龙江三角洲房屋开发银行进行股份化改革试点。2007—2008 年越南投资与发展银行和越南工商银行进行股份制改革。2008 年越南的农业与农村发展银行进行了股份制改革，并在 2010 年完成全部国有商业银行的股份制改革。接着，进行 IPO 的上市。为履行“入世”承诺，越南政府采取了扩大银行业对外开放的措施。2004 年，越南国家银行颁布第 151 号文件，允许外资企业购买越南股份银行的股份，但外资所持股份不得超过该股份银行注册资本金的 30%。从 2007 年 4 月 1 日起，依据越南政府在“入世”时的承诺，允许在越南境内设立拥有 100%资本金的外资银行。同时颁布关于外资企业购买越南商业银行股份的第 69 号决议，明确规定了外国战略投资企业和普通投资企业在越南银行的持股份额。从 2007 年 1 月起，允许外资银行经营越南盾存款业务，存款数额逐年增加，至 2011 年 1 月完全享受国民待遇。

截至 2017 年 10 月，越南国内银行包括 5 家国有控股银行（外贸银行、农业与农村发展银行、工商银行、投资发展银行、九龙江房屋发展银行）、34 家城市股份商业银行、18 家农村股份商业银行、12 家金融租赁公司。在越南的外资银行包括 50 家外国银行分行、4 家合资银行、5 家外资全资子银行，以及 49 家外国银行代表处。其中国有控股银行主要由四大行组成，即越南投资发展银行（BIDV）、越南外贸股份商业银行（VIETCOMBANK）、越南工商银行（VIETBANK），以及越南农业农村发展银行（AGRIBANK）。这四大行占据了全国信贷规模的 50%左右，集中程度较高，而其他银行规模较小，业

① 1999 年 2 月颁布第 48/1999/QD-NHNN 号法令，规定就资产分类、准备金提取及使用做出明确说明。1999 年 4 月颁布第 140/1999/QD-NHNN 号法令：规范信用机构收购出售不良贷款。2002 年 1 月颁发关于商业银行成立资产管理公司处置 2000 年年底以前呆滞贷款的第 01/2002/CT-NHNN 号法令。

务通常以区域性为主。①

近年来越南银行业一直保持较快的信贷扩张步伐，存贷款业务发展强劲，均保持两位数增长。据越南国家银行数据，2011—2016 年存贷款的年均增长率分别达到 16.2%和 14.2%。2017 年上半年信贷的强劲增长来源于政府推动与消费需求共同刺激的双重结果。2017 年全年信贷同比增长 16.96%。2018 年信贷增速稍有回落，但仍保持在 13.3%的增速水平上。

二、越南证券市场的发展与特点

越南证券市场自 2000 年才真正起步，由于发展时间较短，目前可供交易的证券工具以股票和债券为主。可以说，越南证券市场发展史是股票和债券市场的发展史。

（一）越南股票市场的建立与发展

政府于 1996 年开始筹备建立股票市场，1997 年 8 月越南国家证券委员会成立。2000 年，胡志明市证券交易中心的正式运营标志着越南股票市场的启动。之后，越南政府采取了包括完善股票市场法律法规、加快国有企业股份制进程、增加上市股票和证券发行等在内的一系列措施，积极培育和发展股票市场，以吸引更多投资者参与。越南的股票市场经历了以下几个发展阶段：

第一阶段是 2000—2004 年：越南股市在跌跌撞撞中缓慢成长。

上市之初，胡志明市证券交易中心挂牌上市的股票仅有 2 只。可是，投资者对越南股市的狂热将越南股指由最初的 100 点推高到 2001 年 6 月 25 日的 571.04 点。在意识到股市存在泡沫后，越南政府采取了一系列行政措施限制股价继续上涨，包括限定投资者单个交易日对单只股票最大建仓规模，导致股指急转直下。在经历 2 年多的下跌之后，在 2003 年 10 月 29 日创下最低的 130.9 点，相比最高时的 571.04 点下跌了 77%。二级市场的不景气在挫败股市投机者的同时也重重打击了普通投资者的信心。股指虽然在创下低点之后有所反弹，但市场观望情绪浓厚，投资者在短期内很难恢复元气，这种局面直到 2004 年年底和 2005 年年初才逐步扭转。与股指大起大落的现象形成鲜明对比的是，同期上市股票数量未能得到突破。2004 年年底，胡志明市证券

① 李超，张浩．热土越南：迄今为止关于越南最系统最详细的调研报告［EB/OL］. https://www.sohu.com/a/303900326_117959.

交易中心挂牌交易的股票仅19只，年均仅增加4只。2004年年底股票市场总市值仅为3.91万亿越南盾，仅占GDP的0.55%。

第二阶段是2005—2007年：越南股市在多重利好刺激下迎来了春天。

在河内证券交易中心（HASTC）挂牌成立的刺激下，以及越南证券法于2006年8月23日在国会通过，越南股市开始了长达2年多的牛市。2005年年末越南股市指数收于307.50点，上市企业30家，市值达到9.69万亿越南盾，同比增长了约1.48倍，占GDP的比重提高至2%。2006年越南奶业（Vinamilk）上市进一步刺激了投资者的热情，蓝筹股的相继上市扩充了市场规模，提振了市场信心，使2006年的股票市场发展迅猛，两市新增上市企业124家，股指上涨至748点，股票市值突破221万亿越南盾，占GDP的比重为22.7%。2016年全年交易量为42万亿越南盾，超过2000—2005年交易总量。受以下诸多因素影响，越南股市在2007年高歌猛进：首先，越南证券市场继续朝着市场化、规范化方向发展。2007年1月1日，越南证券法正式生效，胡志明市证券交易中心升级为胡志明市证券交易所。越南国会于2007年11月20日通过了《个人所得税法》，其中包括对于证券投资利润税收额度的相关条款。其次，越南成功加入WTO、主办APEC会议等重大事件刺激了投资者对越南这个新兴股票市场的投资热情。2006年10月31日越南股指为511.54点，而到2007年5月13日，短短半年就上涨了130%之多，达到1179.67点。

第三阶段是2007年至今：股灾之后越南股市的发展。

越南股市在经历了2年多的疯涨后，2007年下半年进入震荡调整期，二次冲高未成。随后，在全球金融危机，以及其他多种不利因素的影响下大幅下泄，2008年越南股市成了全球跌幅最大的市场。在2008年的最后一个交易日，越南指数收于316点。面对股灾，越南证券监督管理委员会（SSC）出台了一系列措施以图挽救市场，包括鼓励上市公司购买库存股、调整每日股价波动上下限等，但均无济于事。2009年之后越南股市延续2008年的下跌势头，直到2016年，越南VN30指数①一直在550~650之间徘徊。VN30指数曾于2017年凭借48.03%的涨幅领涨全球市场。VN30指数在4月10日创下1211点的历史最高点，但之后遭遇了27%的急剧下跌，在10月30日达到888点。2018年越南股市依然呈跌势，但进入2019年后开始企稳并上升。截至

① 越南VN30指数由从越南全指（VNAllshare Index）中选择市值排名靠前且流动性较好的30只股票组成，覆盖了胡志明市证券交易所90%的成交量和80%的市值，代表了越南大盘股的表现。

2019 年 12 月 17 日，胡志明指数在 2019 年整年的涨幅为 7.81%。受新冠疫情影响，与东南亚邻国一样，越南股市也大幅下跌，VN30 指数在 2020 年 3 月跌至 2001 年以来的最低水平，4 月有所反弹。根据胡志明市证券交易所官网披露的最新数据，胡志明市证券交易所在 2020 年共有 474 只上市个股，其中股票 383 只、债券 44 只、基金 3 只、ETF2 只。①

（二）越南债券市场的建立与发展

越南政府于 2000 年签署第 01/2000/ND-CP 号法令，以法律的形式首次对国债种类、期限、利率结构和政府责任等方面做出详细说明，表明越南债券市场的正式建立。

按发行主体来划分，越南的债券市场可分为政府债券、政府担保证券、市政债券和公司债券。政府债券由财政部发行，采取投标（auction）或承销（underwriting）的方式发行，但投标为主要方式。② 发行政府债券所得的资金主要用于公共基础设施的建设，或者实施货币政策，政府债券发行占债券总额的 90%左右。政府担保证券是指到期期限高于 1 年，由政府授权机构为投资项目募集资金而发行的债券。其募集的资金主要用于特殊项目，其主要发行主体包括越南发展银行、越南社会政策银行和越南快递公司等。越南政府对市政债券的发行程序和后续的监督都非常严格，目前只允许胡志明市、河内市和东奈省发行市政债券。前三类债券统称为公共部门债券，利率比政府债券高出 0.2%~0.3%，且只能在河内证券交易所（HNX）挂牌交易，各类债券所有权的转移必须经由 HNX 电子交易系统记录，并由越南证券登记结算公司（VSD）清算后才能生效。公司债券是由股份制公司和国有企业发行，一般期限为 5 年以上的债券。按照越南债券市场法律法规的完善程度、交易活跃程度、交易工具的数量等数据指标，可将越南债券市场的发展划分为四个阶段。

1. 2000—2002 年债券市场起步阶段

2000—2002 年是越南债券市场的起步阶段。国债在这个时期是胡志明市证券交易中心的主要交易品种，通常被看作储蓄的取代工具。银行、证券公司等机构尚未广泛介入债券交易，并且受“买入并持有”交易政策的影响，债券交易并不活跃。2000 年挂牌交易债券的市值为 1.1 万亿越南盾，但交易

① 资料来源：https：//baijiahao. baidu. com/s？ id=1663926998288676342&wfr=spider&for=pc。

② 资料来源：No：141/2003/ND-CP：Decree by the Government on Issuance of Government Bonds Government Guaranteed Bonds and Municipal Bonds. 2003。

额仅为3912万越南盾，换手率不到0.004%。尽管在2001—2002年债券交易活跃度有所提高，但换手率仍低于3%。

2.2003年债券市场在政府的推动下取得重大突破阶段

越南政府于2003年发布资本市场发展路线图，将债券市场作为其重要发展领域，并在上市交易债券数量和改善市场流动性等方面加大了支持力度。2003年11月20日，越南政府发布第141号法令（141/2003/ND-CP），这是越南政府首次针对政府债券、政府担保债券、市政债券做出具体而翔实的规定。① 在政府的推动下，债券规模和市场流动性均取得了显著的成绩。2003年全年挂牌和上市债券数量同比增加了50只，挂牌交易债券数量提高到100只。越南政府还致力于改善债券的市场流动性，放开个人及机构投资者持有债券的数量限制，使得债券交易的规则更加市场化。政府的推动极大地激发了投资者参与市场交易的积极性，全年债券交易额达2.46万亿越南盾，换手率也比2002年增长了约20倍，从2.77%提高至21.43%。

3.2004—2006年债券市场机制发生深刻变化阶段

2004—2006年，国债交易量在国债回购协议顺利推出的带动下大幅增长。2004年的债券市场的交易量在2003年的基础上再上一个新台阶，达到17.55万亿越南盾，增长了6倍多，换手率也提高至81.51%。国债回购协议的推出在扩大交易量的同时也改变了二级市场的交易方式。比如，2005年越南债券交易以对盘（order matching）为主，而到2006年，所有债券交易均采用谈判交易。2006年，越南财政部颁布2276号决议（Decision No.2276/QD-BTC），将债券发行价格确定方式由原来的投标方式改为竞价方式。

4.2007年至今债券市场随着交易机制的完善持续放量阶段

2007年越南债券市场成交量比2006年增长近2倍，达到117万亿越南盾。2008年之后，受全球金融危机的负面影响，无论是债券市值还是成交量的增速都有所放缓。为提高证券交易所的专业化程度，越南证券监督委员会于2008年发布352号决议（No.352-QD-UBCK），决定将胡志明市交易所现

---

① 整个法令共六章。第一章为总则，对发行主体的范围、发行方式、承销及消费方式、政府债券种类、计价货币做出规定。第二章至第四章就各类政府债券的发行条款做出具体解释和说明。第五章对各类投资主体和监管机构的权利和职责做出规定，并罗列了各类违规行为的处罚措施。第六章对法令的生效日期和具体责任人作了说明。参见No：141/2003/ND-CP：Decree by the Government on Issuance of Government Bonds Government Guaranteed Bonds and Municipal Bonds. 2003。

有的债券逐步转移至河内证券交易所，使之成为越南政府债券唯一的交易平台。[①] 2017 年越南政府债券发行流动量占越南债券市场总值的 90%。根据 Wind、Bloomberg 数据，截至 2018 年年底，越南政府债券仅通过承销，在河内证券交易中心上市交易时形成投标价。2017 年越南政府债券市场总值占越南 GDP 的 14%。其中，政府担保债券均由越南发展银行发行。越南社会政策银行和其他一些国有的代理承销机构根据越南总理的指示调配投资项目资金，并且所持有的债券基本上不会流转至二级市场。

虽然越南公司债券市场发展迅速，但市场规模还非常小。主要原因：一是绝大多数公司债券以非公开的私募形式发行。由于相关制度或机制缺位，难以保证债券交易信息披露和透明。二是越南国内没有信用评级机构，因此，绝大多数没有信用等级的越南公司债券在二级市场上缺乏流动性。三是发行公司债券受宏观经济和货币政策的影响很大，越南经济发展的不确定性在一定程度上制约了公司债券市场的发展。为推动公司债券市场发展，越南政府于 2018 年 12 月颁布第 163/2018/ND-CP 号法令，取代了 2011 年 12 月 14 日的第 90/2011/ND-CP 号法令，为企业通过发行债券筹集资金建立新的法律框架，在达到规范发行公司债券目的的同时，为企业创造有利条件，通过发行债券筹集资金，以宣传、透明和保护私人投资者利益为目标，发展公司债券市场，进一步扩大公司债券市场的规模，减轻银行的信贷融资负担。

三、越南保险业的改革与发展

（一）越南保险业的改革与发展过程

1. 越南保险市场封闭阶段

越南保险业起步较晚，直到 1986 年越南保险市场只有 1 家保险公司，即保越（Bao Viet）公司，主要提供进出口保险、船舶保险、再保险等业务，之后又推出人寿保险和责任保险业务。这一时期越南保险市场的特点在于保越公司不仅经营保险业务，而且还承担政府的监管职责。可见，由于当时越南政府实行闭关锁国政策，越南保险公司完全处于封闭状态。[②]

---

① 资料来源：No. 352-QD-UBCK：decision on Transfer of Government Bonds listing from HO CHI MIHI Stock Exchange to HANOI Securities Trading Center. 2008。

② 1986 年年底，越南保越公司改组为越南保险集团，作为独家保险公司垄断各类保险经营，其保险市场监管职能则移交给了财政部。

2. 越南保险市场主动开放阶段

从1993年到2006年的10多年间，可被称作越南保险市场的主动开放阶段。1993年12月，越南政府通过第100/PC号决议，决定开放越南保险市场，开展包括寿险、非寿险、再保险等在内的多种保险服务，鼓励私人及国外投资者投资保险市场。该决议的颁布标志着越南的保险业开始从国家垄断向有各种积极成分参与、涵盖各种保险业务的较为完整的保险市场的转变。①

1996年10月，越南政府发布第3780/TC-TCNH通告，要求停止行政干预保险市场的发展。同年，越南财政部取消了国有保险公司向国资建设项目保险的优先销售权。1999年，越南政府允许外资保险公司在越设立全资子公司开展人寿保险业务。这些举措都在不同程度上动摇了国有保险公司的垄断地位，激发了保险市场的竞争活力。2000年12月通过并于2001年4月1日生效的《保险法》是越南保险业发展过程中的重要里程碑。该法共九章129条，旨在维护国内保险市场安全稳定运行、提升保险公司的经营能力，以及加强对投保人权益的保护力度。2003年9月，越南通过了关于《2003—2010年越南保险业发展规划》的第175/2003/QD-TTG号决议。针对越南保险业未来发展，该决议提出了明确目标，亦即优先开发偏远地区农业、林业、渔业保险品种；保险公司组织形式多元化发展；外资保险公司在投资领域享受国民待遇；等等。

3. 越南保险市场完全开放阶段

2007年以来，越南保险市场进入完全开放阶段。越南正式成为世贸组织成员后，保险业做出若干“入世”承诺：“入世”时可成立100%外资寿险（健康险除外）及产险公司，各项强制性保险自2008年1月1日起解除该限制。“入世”后5年，外商保险公司可设立非寿险业务活动分公司。外资可以通过以下四种途径进入越南保险市场：一是跨境服务。越南允许境外公司在满足七项要求后对在越外国人及外国公司提供财产险服务。② 二是在越南设立子公司。母公司除需满足上述跨境服务要求外，还需满足与越南内资公司要

① 中国驻越南大使馆商务参赞处．越南保险业和保险市场迅速发展［EB/OL］. http://vn.mofcom.gov.cn/article/ztdy/200506/20050600118750.html.

② 一是总部必须位于与越南签有保险产品跨境服务条款的国家，如WTO成员方。二是经营10年以上。三是近3年盈利未违反相关监管规定。四是具有投资级评级。五是通过越南合法的代理人或经纪人开展业务。六是资产超过20亿美元。离岸经纪人资产超过1亿美元。七是必须在越南的银行存有500万美元的保证金。

求相同的最低资本金要求。三是设立财产险分公司。根据越南的“入世”承诺，2012 年以后外国财产险公司可在越南设立分公司。但还需满足以下条件：①越南财政部与外国母公司所在国的保险监管部门就该公司监管问题签有协议。②分公司具有 1000 万美元的资本金。四是收购越南保险公司股份。个人投资者持有越南保险公司股份比例不得超过 10%，机构投资者不得超过 20%。外国机构战略投资者经越南财政部批准，可持有越南国有上市保险公司不得超过 25%的股份。

（二）越南保险市场发展现状

越南保险业主要包括财产险和寿险。越南政府规定的五类财产险险种为强制保险，分别为机动车第三者责任险、航空公司乘客责任险、法律服务职业责任险、保险经纪人职业责任险，以及火灾和爆炸保险。越南寿险市场共有七类寿险产品销售：定期寿险、终身寿险、两全寿险、生存寿险、年金保险、连投保险和养老金。连投保险于 2007 年由越南财政部批准销售，养老金产品是 2013 年增加的。经过 20 余年的发展，越南保险业迎来了高速增长期。2006—2013 年的年均复合增长率达 17.5%。截至 2014 年年底，越南保险市场共有 29 家财产险公司、16 家寿险公司和 2 家再保险公司。

越南保险协会（IAV）的统计数据表明，越南保险行业 2018 年总收入同比增长 24%，达 133 万亿越南盾。其中，非寿险保险公司总收入达 45 万亿越南盾，寿险保险公司总收入达 87 万亿越南盾。各保险企业的财政能力稳步提升。保险行业总资产预计达 384 万亿越南盾，同比增长 21%。其中，寿险保险公司总资产达 302 万亿越南盾，非寿险保险公司总资产达 81 万亿越南盾。保险公司的保险准备金约计 248 万亿越南盾，同比增长 31%。总股本约 76 万亿越南盾，同比增长 16%。在保险赔付方面，2018 年越南整个保险市场赔付约 36 万亿越南盾，其中非寿险公司赔付 17 万亿越南盾，寿险保险公司赔付 18 万亿越南盾。[①]

得益于越南经济的快速增长，2005—2011 年越南财产险市场经历了快速增长期，保费年均增速达 23%。但是由于越南在 2011 年后通胀高企，加上受到政府控制通胀和紧缩政策的影响，财产保险费增速逐年回落，2011—2013 年增速分别为 21%、10%和 7%。

---

① 资料来源：https：//www.sohu.com/a/285172484_ 713220。

截至2013年年末，越南共有6.9万名财产险代理人，同比增长4.5%，共有12家保险经纪公司，其中5家为外资经纪公司。2013年，经纪公司安排的保费为5.31万亿越南盾，同比增长0.4%，占财产险总保费的21.6%。银行代理正日益成为重要的财产险新渠道，部分保险集团如保越集团和BLDV集团利用旗下的银行交叉开展保险销售业务。

越南潜在的经济增长能力、日益扩大的中产阶级群体、人口的不断增长和逐步老龄化，以及较为开放的市场环境使得越南寿险市场对外资也具有较大的吸引力。2013年，越南寿险保费收入23.25万亿越南盾，同比增长26.4%，是2003年以来的最高增速。2013年销售额前三名的寿险产品分别是两全保险、投资型产品和附加险产品，其占比分别为58.5%、31.6%和6.2%。

截至2013年年底，越南保险市场共有16家寿险公司，其中15家为外资寿险公司，包括11家外商独资公司。市场份额前三名的寿险公司分别为保诚人寿、保越人寿和宏利人寿，2013年其份额分别为32.5%、27.2%和11.3%，合计市场份额达71%。截至2013年年末，越南共有24万余名寿险代理人，同比增长1.1%。保诚人寿的营销员数量占比最高，达47%。其次为保越人寿（18%）和日本第一生命（10%）。银行代理日益成为重要的销售渠道，越南允许银行与保险公司签订一对多销售协议，许多商业银行都与2家以上的保险公司签订了代销保险合同。①

第六节　老挝与柬埔寨金融业的改革与开放

老挝和柬埔寨在20世纪90年代之前经济发展较为滞后，被世界银行列入最不发达国家行列。随着金融全球化与区域经济一体化的发展，这两国也被不同程度地卷入经济对外开放和金融业改革的行列，其金融业发展与开放的程度不能与其他东盟国家同日而语，情况亦大相径庭。囿于资料的局限性，本节简述20世纪90年代之后老挝和柬埔寨在金融领域所采取的一些改革措施。

① 朱天乐．越南：保险市场发展潜力巨大［N/OL］．(2015-12-03)．中国保险报，http：//xw.sinoins.com/2015-12/03/content_176958.htm.

一、老挝金融业的改革与开放

1975 年 12 月 2 日，在万象召开的老挝全国人民代表大会宣布废除君主制，成立老挝人民民主共和国，并开始了社会主义计划经济的建设。国家设立统一的国家金融系统，实行“大一统”的银行体系。这种情况直到 20 世纪 90 年代之后才有所改变。自 1985 年老挝实施“革新开放”政策以来，老挝的金融发展整体呈现出健康、稳定的发展态势。迄今，老挝的金融框架体系基本构建完毕，中央人民银行、多家商业银行、非银行金融机构以及保险机构等多种类型共存的金融市场格局已经初步形成，金融机构日趋丰富；金融工具也逐渐趋于合理，已经由早期的以“信贷”为主体的金融工具阶段，发展成为信贷、债券、股票、基金、国债和保险等多种金融避险融资工具并存阶段。虽然与东盟老成员国相比其发展程度尚且无法相提并论，但确实为老挝近几年的经济发展提供了重要支持。

（一）老挝银行业的改革与开放

老挝人民民主共和国成立之后实行一元化银行体系。老挝国家银行的总部设在万象，有 18 个省级分行和 108 个市县级支行。从中央到地方都由国家银行执行全部银行职能，国家有权管理国家银行的资金使用情况。

然而，高度集中的计划经济体制不足以有效促进经济发展。“大一统”的银行体系无法有效调配社会资金，老挝政府决定开始银行体制改革。1988 年 3 月，老挝政府通过第 11/TTCP 号文件，规定国家银行承担央行职能，从省市级的国家银行分离出的信贷业务由国有商业银行承担，取消国家银行县级支行。1988—1991 年，老挝国家银行根据区域和具体业务范围将分行合并，或转制为国有商业银行。比如，将北方 6 家原国家银行分行集中合并为北方国有商业银行——澜沧银行；在中部地区，将波里砍赛银行、甘蒙银行和沙湾拿吉银行合并为新老挝银行；在南方地区，将原有 4 家国家银行分支机构合并为南方银行；首都万象设有 3 家国有商业银行，即老挝首都银行、塞塔提腊银行、外贸银行。

1990 年 6 月，老挝政府审议通过《老挝国家银行法》，赋予老挝国家银行金融调控和监管职责。到 1991 年，老挝共有 6 家国有商业银行、1 家与泰国合资的合资发展银行（老挝央行持股 30%）。

从 1992 年起，老挝政府逐步放开银行准入条件，鼓励设立民营银行，允许外国银行在老挝首都万象设立分行。1992 年 12 月暹罗商业银行在老挝设立首家分支机构。1993—1994 年泰国又有 5 家商业银行陆续入驻老挝。1993 年，老挝设立专业银行——农业发展银行，专门为农业发展提供必要资金，以便改善农业部门贷款途径。

由于“大一统”时期的信贷计划等遗留问题严重，银行系统监管力度薄弱，老挝银行不良贷款问题严重。到 1993 年 8 月，老挝国有商业银行不良贷款总额达 180 亿基普（约合 2560 万美元），占贷款总额的 35%。1994 年，老挝财政部首次对国有商业银行进行注资，并将银行系统内 140 亿基普的不良贷款转让给财政部资产处管理，① 这一举措在一定程度上缓解了坏账压力，但由于并未对非商业信贷风险源头出台控制措施，注资重组沦为治标不治本的做法。这次资产重组的效果被持续的政策性信贷活动不断侵蚀。

1997 年东亚金融危机又给老挝的银行业带来巨大冲击，使之面临崩溃与破产的境地。1999 年老挝银行系统的不良贷款率高达 60%，其中国有商业银行的不良贷款更是高达 80%。② 为此，老挝政府对银行体系进行了重大调整，将原来的 8 家国有商业银行整合为 4 家，即新老挝银行、澜沧银行、农业促进银行和老挝外贸银行。澜沧银行业务遍布全国，新老挝银行业务集中在中部和南部，老挝外贸银行是老挝的进出口银行。此外，老挝还有 2 家合资银行和 8 家外国银行代表机构，主要为万象商业银行、英国渣打银行代表处、盘谷银行支行和泰国农民银行支行等。在世界银行和亚洲开发银行的指导下，老挝银行业开始引入战略投资者，以借鉴信用风险管理方面的国际先进经验和寻求技术帮助。

2000 年以来，老挝银行系统开始了新一轮的改革。为从根源上治理商业银行不良贷款，老挝政府加快国有企业改革。同时，不断在完善监管制度方面推出新决议和新方法。2001 年 3 月，老挝政府发布第 90/BFSD 号通知，要求商业银行对逾期 90 天以内的贷款余额提取 5%~10%的拨备。同年 7 月发布第 158/AMD 号通知，对商业银行向基础设施项目、大米种植业等提供政策性贷款进行限制。2002 年 3 月发布第 02/BOL 号通知，要求不良贷款率超过 15%的商业银行不得继续扩大其风险资产组合；中央银行新设不良贷款处置委员会，协助商业银行与债务人之间进行债务重组。2003 年颁布第 05/BOL

① 资料来源：Bank of the Lao PDR. The Banking Sector and Financial Sector of Lao PDR. 2002：20。

② 资料来源：John Arnold. Logistics Development and Trade Facilitation in Lao PDR. 2003：29。

号规定，要求商业银行重视外汇风险敞口，持有的外汇头寸必须在合理限额内。2004 年，老挝修订商业银行法，降低准入门槛以吸引民营银行、合资及外资银行入驻老挝金融市场。2005 年 8 月，央行要求商业银行加强内控建设，重点监管可疑及违规操作。9 月，央行批准 2005—2008 年分 4 次向银行系统注资总计 6340 亿基普，首次向外贸银行及发展银行分别注资 1290 亿基普、710 亿基普。[①] 2007 年，老挝央行正式规定商业银行资本充足率必须满足《巴塞尔协议》8%的要求，并修订商业银行法，使设立银行的程序更为简洁、透明，允许外资银行在万象以外的其他地区设立分支机构。2009 年 2 月，老挝政府批准通过《2009—2020 年金融产业发展规划》，这是老挝首个金融部门发展战略。该规划以提高对金融部门监管能力为目标，涵盖银行、非银行金融机构、小额信贷机构、货币市场、资本市场及金融市场基础设施六大领域。2011 年 4 月，央行要求银行系统统一采用国际标准的贷款五级分类法，以取代现行的三级分类标准。截至 2018 年年底，老挝共有包括国有商业银行、政府合资银行、私营商业银行、海外分支银行等在内的银行机构 42 家。

（二）老挝的证券市场改革

随着国民经济的发展和企业规模的扩大，企业长期融资需求和银行短期贷款业务之间的矛盾日益凸显。2006 年，老挝政府在《2006—2010 年新经济社会发展计划》中提出将于 2010 年建立老挝证券市场的目标。2007 年 11 月，证券市场总指导委员会成立，主要负责促进国有企业股份制改革、研究证券市场的工作部署和修订有关证券市场监管的法律法规等工作。2008 年 1 月，老挝国家银行组建证券市场建设负责委员会，有关证券市场建设规划、宣传推广与国际合作等工作由总指导委员会负责。2008 年 11 月，老挝中央银行宣布实施《老挝证券市场企业准入条例》。2009 年 7 月，老挝设立证券及证券市场管理委员会（证委会），负责指导证券市场建设营运工作，以确保在 2010 年年底建成老挝证券市场。

老挝证券市场的建立获得了国外证券市场的支持和援助。2007 年 9 月，老挝国家银行与韩国证券交易所签订谅解备忘录。2009 年 7 月，老挝国家银行与韩国证券公司签署合资共建老挝证券市场协议。越南证券交易所和泰国证券交易所则为老挝证券交易所的顺利开业提供所需的人力资源和其他帮助。

---

① 2003 年 4 月，老挝将新老挝和澜沧 2 家国有商业银行合并为老挝发展银行。

2010 年 8 月，老挝外贸银行与泰国 KL Zmico 证券合资成立老挝首家证券公司——外贸银行恭泰证券。同年 12 月，发展银行与越南 SACOM 银行合资组建的澜沧证券获批成立。2010 年，有 30 家公司在证券市场备案。证券委员会最终将首批上市公司锁定为大众发电、老挝航空、外贸银行、老挝电信和老挝啤酒 5 家企业。2010 年 10 月 10 日，老挝证券市场在万象举行挂牌仪式，2011 年 1 月 11 日正式开盘，首轮上市仅有两只股票（外贸银行和大众发电）。①

老挝的债券市场虽然不够完备，但正在建设之中。债券种类主要包括国库券和债务清偿票据。老挝政府于 20 世纪 90 年代开始发行国库券以弥补财政赤字并将其作为货币工具以应对通胀。老挝央行在 1994 年 3 月 10 日首次举行国库券拍卖，到 1995 年 12 月共拍卖国库券 39 次，流通金额达 64 亿基普，② 国库券每次发行不超过 600 亿基普。老挝政府为清偿其对国有企业的债务，发行债务清偿票据，此种债券到期时间不高于 3 年，每次发行规模不超过 250 亿基普。2005 年 9 月，老挝央行发行 5 年期债券总计 2000 亿基普，用于注资外贸银行和发展银行。2009 年 2 月 9 日老挝证券市场筹集工作组召开“发展老挝企业债券市场”座谈会，会议认为老挝应该发行企业债券等金融产品，以解决企业融资成本高和融资难的问题。

老挝政府也开始向国外市场发行政府债券。最初主要在泰国发行债券，以资助政府投资发电项目。从 2018 年开始，老挝考虑在中国市场发行债券，为政府的建设项目融资。早在 2018 年 12 月至 2019 年 6 月，老挝财政部、Lanexang 证券上市公司、BCEL-KT 证券有限公司和老挝中国证券有限公司三方已经在老挝证券交易所（LSX）的交易屏幕上成功实现价值 1 万亿基普的债券交易。2019 年 8 月 23 日，三方召开新闻发布会，正式宣布第二次发行价值 1.7 万亿基普的额外债券。这些债券分为 3 年、5 年、7 年、10 年、15 年和 20 年 6 个期限。该产品每张面值为 100 万基普，其中 3 年期年利率 6.8%，5 年期年利率 6.95%，7 年期年利率 7.20%，10 年期年利率 7.50%，15 年期年利率 7.70%，20 年期年利率 8%。利息每年支付两次。③

---

① 老挝证券市场浅析［EB/OL］.（2011-04-11）［2022-12-12］. http：//la. mofcom. fov. cn/aarticle/ztdy/2011 04/20110407492297. html.

② 资料来源：Panom Lathouly，macroeconomic Policies and Institution in the Lao PDR，April 1997。

③ 资料来源：www. zgmh. net 2019/8/28 14：34。

（三）老挝的保险业发展

老挝保险业起步较晚。1990 年国内首家保险公司——老挝保险公司（AGL）成立。AGL 是老挝政府与法国保险公司于 1990 年 12 月建立的股份制公司，老挝政府持股 49%，法国保险公司持股 51%，股金共 200 万美元。同年，老挝政府颁布《保险法》，该法规定：在老挝境内的授权保险公司必须是经营保险业务的具有法人资格的公司制企业，包括国有企业、联营企业或私营企业（公开上市公司或有限责任公司），及外国保险公司的分支机构；授权保险公司在经营过程中必须遵守老挝的相关法律法规。多年来，老挝国内仅有 AGL 一家保险公司，直到 2008 年之后才有新的保险公司成立。当年，越南投资和发展银行、越南 BIC 保险公司、老挝外贸银行、老挝越南银行四方代表在老挝首都万象签署《老越联营保险公司协议》。根据协议，老越保险公司的注册资金为 300 万美元，经营期限为 50 年，主要从事人寿和非人寿保险业务，为老挝保险行业中第二大公司。近年来，日本、泰国、越南等国纷纷在老挝开设保险公司。截至 2018 年年底，老挝以 TOKO 保险公司、AGL 保险公司等为代表的保险机构数量超过 20 家，保险覆盖行业范围、区域范围以及领域都发生了很大变化。

二、柬埔寨金融业的改革与开放

早在法国殖民地时期，柬埔寨金融业就操纵在法国手中。1953 年摆脱法国殖民统治后，柬埔寨开始着手建立自己独立的金融体系。1955 年 1 月 1 日，柬埔寨国家银行宣告成立，并先后建立了国家发展银行、高棉商业银行和国家信贷银行。至 20 世纪 60 年代末期，柬埔寨已经基本建立了自己的金融系统。

然而，20 世纪 70 年代连绵的战事让柬埔寨金融体系再度陷入混乱，尤其是 1975—1979 年，柬埔寨物价飞涨，通货膨胀率高达 250%，银行系统几乎处于崩溃状态，国家银行被迫关闭。1979 年 10 月，柬埔寨政府通过第 1211 号法令，设立柬埔寨人民国家银行，由其履行承担央行职能，发行货币并代理国库。同时提供信贷、储蓄、结算等商业银行业务。至 1990 年年底，柬埔寨人民国家银行在全国开设 300 多家分行，开办储蓄和信贷业务。进入 20 世纪 90 年代，在经济全球化与区域化浪潮的推动下，柬埔寨开始了金融业改革和对外开放的步伐。2001 年，柬埔寨首次颁布实施《2001—2016 年金融业发展战略》，并且每5年更新一次。2017年6月15日，柬埔寨王国政府颁布实施《2016—2025年金融业发展战略》，以推动柬埔寨金融业持续稳定发展。该战略评估了柬埔寨金融业取得的成果和面临的挑战，提出了下一个十年各阶段的金融发展行动计划，为柬埔寨未来金融业发展提供指南及依据，有利于吸引国际投资、促进金融产品及服务的多元化、提升服务效率。①

2019年7月12日，内阁会议通过"2019—2025年金融包容性国家战略草案"，旨在拥有一个全面和清晰的、具有效率的行动计划，建立一个稳定、高效和具有包容性的多元化金融市场和金融系统。②

（一）柬埔寨银行业的改革与开放

在经济全球化和区域化的推动下，柬埔寨新政府在进入20世纪90年代之后实行经济改革计划，柬埔寨银行业开始从单一银行制向双层银行制转变。1990年，柬埔寨政府将人民国家银行20家下属分支机构改制为专业银行，并赋予其更多的经营自主权，同时决定开放银行业，允许私人资本进入。1991年，人民国家银行将代理国库职能移交给财政部，并与泰国暹罗商业银行共同出资设立柬埔寨首家私人商业银行。1992年，柬埔寨政府通过《国家银行法》，将人民国家银行更名为国家银行，其履行中央银行职能。柬埔寨国家银行虽然在法律上已经被确认中央银行的地位，但其在制定和执行货币政策过程中的自主性权利仍受到制约，主要表现在财政融资方面。

1993年，在联合国暂行机构的行政监督及国际机构的指导下，柬埔寨金融市场的自由化取得了快速进展，到1994年年底，柬埔寨商业银行数目达到24家。③ 但是，随着国内金融的快速市场化，中央银行的管理职能仍显不足，金融制度尚不完善，专业人才也十分紧张，一些私人银行陷入了经营危机。1999年，柬埔寨通过《银行金融机构法》，该法律根据经营范围及风险重新划定了三类金融机构的最低注册资本。商业银行、专门银行及小额信贷机构的最低注册资本分别为500亿瑞尔、100亿瑞尔和2.5亿瑞尔。在新的法律框架下，柬埔寨银行系统进行了重组。1999年年底，柬埔寨有31家银行，其中有2家国有银行、7家外国银行和22家私人银行。但对银行经营状态进行检

---

① 中国驻柬埔寨大使馆商务参赞处．柬埔寨颁布实施2016—2025金融业发展战略［EB/OL］.(2017-06-19). http://cb.mofcom.gov.cn/article/ddgk/zwjingji/201706/20170602595015.shtml.

② "2019—2025年金融包容性国家战略草案"是柬埔寨王国政府"2016—2025年金融包容性国家战略"的更新版本。

③ 资料来源：Melanie Beresford, The Macroeconomics of Poverty Redution in Cambodia, March 2004。

查、重新发放营业执照后，17 家银行被关闭，到 2002 年银行改革结束时，柬埔寨银行数目仅剩 18 家，其中 14 家为商业银行（1 家国有银行、4 家外国银行、9 家私人银行），4 家为专业银行。

2001 年年初，亚洲开发银行为推动柬埔寨建立以市场为导向的金融体系，协助柬埔寨政府制定了《2001—2010 年金融发展战略规划》。该规划的第一阶段是 2001—2004 年，柬埔寨政府通过构建货币政策框架、监管框架、重组银行系统等改革为银行业持续发展提供良好环境。第二阶段是 2005—2007 年，计划通过优化货币政策工具、提高金融监管水平、丰富银行服务种类等方式加强银行金融中介的职能。第三阶段是 2008—2010 年，通过加强央行独立性、建立在线银行间系统等手段提高商业银行的经营效率。2005 年 10 月，柬埔寨国家银行将其持有的外贸银行 20%的股份、财政部将其持有的 70%股份出售给加华银行和 ING 控股公司。经过这一阶段的重组改革，柬埔寨银行数量在 2008 年年末上升至 30 家，其中商业银行 24 家，为农业和开发部门提供服务的专业银行 6 家。2008 年，柬埔寨根据国内金融机构发展情况，提升银行系统准入门槛，将商业银行、专业银行的最低注册资本从 500 亿瑞尔和 100 亿瑞尔分别提升至 1500 亿瑞尔和 300 瑞尔，由此引发了柬埔寨新一轮的银行重组。2011 年，柬埔寨政府根据国内金融业发展情况制定了《2011—2020 年金融发展战略规划》，内容包括银行、小额金融、金融租赁、打击洗钱和恐怖资金、完善金融支付系统等，为柬埔寨的银行业改革与发展做出了战略指导。2012 年 12 月，柬埔寨财政部宣布对外贸银行进行私有化改革，规划的实施取得了一些成效。

在政策引导、经济持续高速增长、存款增长及大量外资涌入等综合因素的作用下，柬埔寨商业银行数量逐年增加，据柬埔寨国家银行发布的金融机构监管年度报告，2018 年柬埔寨共有 43 家商业银行，在全国各省市设立的总部和分行数目共有 876 家，雇员人数达 33174 人。与此同时，小额贷款机构（MFI）数量也持续增长，由 2017 年的 76 家增至 2018 年的 81 家。在柬埔寨 42 家商业银行中，本地银行有 7 家，外资银行有 6 家，外国银行子行有 17 家，外国银行分行有 12 家。柬埔寨的银行和小额贷款机构资产年增长率高达 22. 5%，达到 418. 25 亿美元，占国内生产总值（GDP）的 143. 6%；而贷款年增长率也高达 24. 4%，达到 259. 5 亿美元，占 GDP 的 83. 5%。2017 年的存款年增长率高达 28. 7%，使总存款增长达到 249. 75 亿；而投资机构资金增长率达 23. 6%，累计资金增至 79. 5 亿美元；外部借款增长率为 7. 4%，累计借款增至36.75亿美元。①

截至2019年1月，柬埔寨银行与金融机构流动资产已增至400亿美元，同比增长19.4%；贷款基金为41亿美元，同比增长23%；资本金为48亿美元，同比增长23.8%；存款额为221亿美元，同比增长15.3%；贷款额为245亿美元，同比增长18.8%，存款用户有620万个账户，贷款用户有260万个账户。银行坏账率2.8%，微型贷款机构坏账率1%。②

（二）柬埔寨证券市场的建立与现状

由于柬埔寨国内政治局势动荡，证券市场的建立起步较晚。1995年，在柬埔寨财政部的领导下建立了证券工作小组起草证券市场规章，准备建立证券交易所。可是，由于1997年7月柬埔寨国内发生政治动荡和武装冲突，筹备工作一度中断。

进入21世纪后，柬埔寨政府制定《2001—2010年金融发展战略规划》。2007年9月，柬埔寨政府通过了《国家证券法》，正式启动建立证券市场计划。接着，柬埔寨证券交易委员会（SECC）在2009年成立，先后完成《股票公开发行管理办法》《证券公司与证券公司操盘手牌照发行管理办法》《证券市场交易员、证券清算与交割系统操作员、证券存管员的认可管理办法》《证券市场、证券清算与交割系统、证券存管操作规则管理办法》等一系列法律法规，逐步完善证券市场的法制建设。2010年，柬埔寨证券交易委员会与韩国交易所确立合作关系，以合资方式建立柬埔寨首家证券交易所。

2011年7月11日，柬埔寨证券交易所在首都金边正式成立，这是柬埔寨历史上首家证交所。柬埔寨证券交易所由柬埔寨政府与韩国证券公司合作成立，其中柬方持股55%，韩方持股45%。2012年4月18日，柬埔寨证券交易所正式开业，金边水务局股票成为第一只上市交易的股票，首日涨幅达47.6%，换手率为6.76%。可是，柬埔寨的证券交易尚未受到国内外投资商或公司的青睐，截至2019年8月底仅有6家公司正式注册上市。③ 目前，柬埔寨证券交易系统可用的语言除柬埔寨语和英语外，还开通了中文版MTS。

柬埔寨债券市场发展非常落后，基本上由国家垄断。柬埔寨政府提出要创造有利环境促进债券市场发展。2003年4月，柬埔寨政府首次发行国库券，

---

① 资料来源：http：//www.sanyafz.com/news/13396.html。

② 资料来源：https：//www.sohu.com/a/327017675_766229。

③ 资料来源：https：//www.sohu.com/a/337550831_120043455。

到2004年年底，财经部发行国库券累计总额达到3315亿瑞尔。① 但是，由于制度性缺陷，柬埔寨国内机构对国库券的认购积极性不足。早期国库券认购机构仅有5家，其中2家为国有银行，3家为私人银行。除国库券外，柬埔寨财政部还发行注资债券（recapitalization bond），以帮助国内金融机构完成重组改革。2001年，财经部发行3年期总计500亿瑞尔的注资债券，用于外贸银行资本。柬埔寨于2007年颁布《国家证券法》《非政府债券发行和交易法》，为政府债券市场及非政府债券市场提供了法律依据。柬埔寨政府希望通过建立政府债券市场来推动非政府债券市场的产生与发展。

为支持经济增长，减少对外币的依赖，规避与货币汇率相关的风险，同时为投资者提供多元化投资产品，支持银行间市场和金融体系的发展，柬埔寨政府希望大力发展债券市场。当公共债务战略在2019—2023年准备就绪时，柬埔寨政府债券将进入市场。②

（三）柬埔寨保险业的发展与改革

柬埔寨保险业始于1956年。1964年柬埔寨国家社会保险局成立，由其垄断国内保险业务。可是，由于国内政治局势动荡，直到20世纪90年代柬埔寨保险业才得以重新发展。1990年柬埔寨国家保险公司（Caminco）成立，既提供商业保险业务，同时也是柬埔寨保险市场的监管机构。1996年3月，柬埔寨政府批准了3家保险公司作为国家保险公司的代理，经营保险业务。

柬埔寨保险业在2000年之后进入较快发展时期，这是政府出台了一系列政策措施，以及国内局势比较稳定等因素的综合作用结果。为推动保险市场健康有序发展，柬埔寨政府于2006年通过《2006—2015年金融产业发展规划》，该规划提出了柬埔寨保险市场短期、中期、长期发展战略，明确了保险业发展方向，即逐步健全保险市场法律体系；通过年金、强制存款等手段完善社会保障，提高保险市场的制度建设、能力建设、设备水平等。③

柬埔寨国家保险公司私有化改革是促进柬埔寨保险市场发展的重要举措：2001年1月，财经部设立保险公司，接替国家保险公司成为柬埔寨保险业的监管机构；2002年1月，柬埔寨再保险公司成立，接管从国家保险公司剥离

---

① 资料来源：Research Committee on Developing Bond market in Cambodia, Toward Development of Bond Market in Cambodia, March 2005。

② 资料来源：http://www.shitonghk.com/news/huaren/2018-10-29/6198.html。

③ 中国驻柬埔寨大使馆商务参赞处．日新月异的柬埔寨保险市场［EB/OL］. http://cb.mofcom.gov.cn/aarticle/zwrenkou/201108/20/20110807679860.html.

的再保险业务；2008 年 11 月，国家保险公司私有制改革走出关键一步，财经部保留国家保险公司 25%的股份，将其余部分全部出售给泰国 Viriyah 公司。2010 年，柬埔寨共有 6 家合法注册的保险公司，保险业务同比增长 20%，主要集中在火险、车险、建筑险。但投保范围依然仅限于金边、暹粒、马德望等少数省份和城市。险种也很有限，集中在灾难险、意外险和过程险等。由于没有相关的政策框架为引导，柬埔寨保险业尚未出台养老保险、教育保险等民众关心的险种。

由于柬埔寨政府加强了对发展金融业的重视，颁布实施《2016—2025 年金融业发展战略》，加上柬埔寨人民与商业机构对保险业认知的提高，保险业在接下来的年份里发展很快。据柬埔寨官方称，2018 年全国共有 57 家保险公司在运营，市值达 1.12 亿美元。其中普通保险 5440 万美元、人寿保险 4970 万美元、小型保险 730 万美元。有 11 家普通保险公司、7 家人寿保险公司、8 家小型保险公司、12 家相互保险公司、16 家保险经纪公司、1 家再保险公司和 2 家风险评估公司。保险业已经成为柬埔寨继银行与证券市场的另一金融支柱产业，这三大产业在金融业的发展上相辅相成。购买保险的人口从 2010 年占全国人口的 0.21%增至 2016 年的 0.62%，保费从 2010 年的每人 1.73 美元增至 2016 年的每人 7.58 美元。2018 年全国保险业毛保费达到 1.964 亿美元，较上年的 1.516 亿美元增长 30%，主要受人寿保险增长的推动。①

---

① 柬埔寨现有 57 家保险公司市值 1 亿美元［N/OL］.（2018-01-31）［2022-12-12］. 柬埔寨“高棉日报”，https：//www. sohu. com/a/220031651_ 99978839.

第五章

美国金融危机前后东南亚银行业改革与深化

1997 年东亚金融危机对东南亚金融业造成了巨大冲击，并促成了其银行业的重组与改革。通过不断的改革，东南亚银行规模实力增强，风险抵御能力提高，系统运行相对稳健。这些成效在一定程度上为抵御由 2007 年美国次贷危机引发的全球金融动荡提供了一道有效的“防火墙”。因此，在面对全球金融危机和经济动荡时，东南亚大部分国家银行体系能够积极应对，保持稳健运行。本章首先介绍美国金融危机跨国传染机制与评级体系，以新加坡、印度尼西亚、马来西亚、泰国四个国家为案例，从资本充足、资产质量、流动性和盈利能力等方面，对美国金融危机前后东盟四国银行业的运行进行了比较。这些国家对金融市场突变的敏感度，以及能够及时采取有效举措应对危机的经验，对我国乃至世界各国都有一定的启示和借鉴意义。

第一节　美国金融危机跨国传染机制与评级体系

美国金融危机使全球诸多银行陷入困境，在核心资本充足率下降、贷款损失准备金增加以及获利能力减弱的情况下，银行整体风险普遍加大。美国联邦储蓄保险公司（FDIC）的最新数据显示，金融危机以来至 2009 年年底，美国银行倒闭总数多达 160 家以上，在 FDIC 列表上，有约 500 家银行属于“问题银行”。[①] 由于与美国金融体系的相互关联度比较深，欧洲成为美国次贷危机首当其冲的波及对象。在美国新世纪金融公司提出破产申请以后，不少一向以经营稳健而著称的欧洲著名银行，如英国北岩银行、法国巴黎银行、兴业银行、德国工业银行以及瑞联银行等都宣布由于持有美国次级抵押贷款

① 资料来源：http：//trans. wenweipo. com/gb/news. wenweipo. com/2010/01/04/IN1001040066. htm。

的相关证券而遭受了巨大的财务损失。2008 年 9 月，雷曼兄弟申请破产后，又接连出现包括英国、荷兰、瑞士等国在内的多家大型金融机构也因资金困难需要政府注资的情况。在亚洲，次贷危机冲击直接导致日本银行业损失约 80 亿美元。一些外向型的新兴经济体也不可避免地受到影响，韩国银行业 2008 年净利润总额下滑 47%，香港银行业息差收窄，成本上升。①

在金融全球化的背景下，发达经济体无论是在国际货币体系还是国际金融市场中都居于绝对主导地位，其经济衰退或放缓势必通过全球资本流动、金融市场调整和金融资产重新估价等渠道对东南亚经济产生重大影响。就东南亚银行业本身而言，它也不可能独善其身，全球经济动荡已通过各种传导途径对其运行产生一定程度的影响。不过东南亚的银行业在经历了 1997 年东亚金融危机后，进行了较为全面的改革，在美国金融危机爆发时，其正处在转变和发展之中，所受影响与欧洲国家相比相对较轻。

一、金融危机对银行业的跨国传染机制

回顾国内外有关金融危机对银行业跨国传染机制的研究可以发现，金融危机国际传导理论及路径的相关研究主要包含在金融危机的传染理论、金融脆弱性理论、货币危机理论、银行危机传导理论和金融全球化的相关理论中，其中金融危机的传染理论对这一问题的研究较为深入。金融传染机制中的“季风效应”与“波及效应”、共同贷款人效应、间接贷款人效应以及金融机构的国际途径传导比较清晰地揭示了金融危机对银行业的跨国传染路径，即一国金融危机如何通过各种渠道传染给其他国家或地区的银行业，并使其银行业陷入危机。

（一）“季风效应”与“波及效应”

Masson（1999）在简单两国模型的多重均衡基础上讨论了金融危机的传染机理，证明了“季风效应”和“波及效应”的存在。该模型表明，一国金融危机会通过跨国传播与扩散，导致许多国家同时陷入金融危机。这不仅源于贸易金融关系密切的国家间所产生的接触性传导，还可能源于贸易金融关系并不密切的国家间的非接触性传导。这种非接触性传导可能是由于共同的

① 李志辉，王飞飞．美国次贷危机对国际银行业的影响与发展展望［J］．国际金融研究，2009（6）：40-47.

冲击产生的“季风效应”，也可能是由于投资者预期变化引起自我实现的多重均衡，即“波及效应”。总而言之，一个国家的金融危机会直接或间接地从贸易渠道来恶化与其贸易密切的国家经济基础，从而诱发该国潜在金融风险转化为现实危机，这种危机最终会通过多种渠道波及银行业。

（二）跨国金融机构传导效应

IMF（1998）认为大型全球性机构在许多不同市场和国家进行经营，会产生似乎不相关市场之间出现溢出效应的潜在可能性，这种溢出效应是金融危机传染的原因。金融机构途径传导正是通过大型国际金融机构间的复杂资金联系在国家间进行传导，联系的渠道主要包括相互持股、同业存款、跨国金融机构母子公司、全球范围内的银行间并购和广设分支机构，金融业的混业经营、衍生产品、同业拆借等。比如当 A 国发生金融危机，面临流动性不足问题时，A 国银行（总部或是母公司）会抽回其在 B 国（或地区）分支银行的部分资金，若出现大规模的资金外流，就容易引发 B 国金融市场上流动性不足，从而使 B 国的银行业陷入危机。

（三）共同贷款人效应

共同贷款人是指一个经济地区中处于资金主要供给者地位的国家或跨国银行，其效应包括两种情况：一是共同贷款者发生金融危机；二是被贷款国家或地区发生危机。对于第一种情况，假设一个地区的共同贷款者发生金融危机（如美国是拉美地区的共同贷款者，日本是亚洲地区的共同贷款者），共同贷款者的银行由于遭受本国金融危机的冲击，为恢复其资本充足率，满足利润和安全性的相关要求，往往需要通过调整在被贷款国家或地区的风险暴露。在这一过程中，将有可能引发金融危机在共同贷款者和一个经济地区的其他国家间的传导。目前，在美国金融危机的国际传导过程中，欧洲国家银行业受此效应传导比较明显。

对于第二种情况，假设被贷款国家分别为 i 和 j，跨国银行为 k。i 国发生金融危机后，其可能无力偿还贷款的本金或利息，导致贷款给 i 国的跨国银行 k 或其他金融机构在 i 国的利益受损。国际银行 k 为了达到其资本充足率和保证金要求，或出于调整资产负债的需要，往往会大幅收缩在与 i 国经济结构相似的 j 国的贷款，拒绝展期或延长任何已到期限的贷款，并撤回高风险项目的资金，金融危机便有可能从 i 国传到 j 国。① 对于发展中国家来说，大多数银行贷款都是短期的，这些贷款在几个月内被要求偿还的可能性很大。② 如果被贷款国缺乏足够的国际储备、金融管理水平不高，就很难应付国际资本大规模流动而造成的冲击。

（四）间接贷款人效应

间接贷款人效应的危机国际传导过程如下：即使 A、B 两国不存在共同贷款者，但当国际银行 a 由于 B 国发生金融危机而受到冲击时，为提高自身资产的流动性，将会提出其在银行 b 的存款，从而恶化银行 b 的财务状况，甚至使银行 b 发生支付危机，导致银行 b 被迫收缩其信贷规模。此时，尽管银行 b 在 A 国的贷款资产质量较高，也有可能迫使其将 A 国的贷款额减少。B 国的金融危机就通过这一国际银行链条传导至 A 国。这种情况在当前金融机构全球化的背景下也比较普遍。

（五）学术界的其他观点

Kaminsky 和 Reinhart（1996）认为大部分银行危机发生之前都会发生宏观经济环境的恶化。经济形势的恶化使银行的贷款和投资恶化，银行很少有新的可投资项目，原借款者及企业还款能力大大降低，贷款损失降低了银行的资本和储备水平，在银行经受压力时其抵御冲击的能力进一步减弱了，且所有银行都处于同一环境中，这就形成了系统性问题。在金融全球化的新条件下，宏观经济的“繁荣—萧条”（Boom-Bust）周期变化对银行的影响越来越不可忽视，银行甚至有放大这种周期的作用。Lukas Menkhoff 和 Nothert Tolksdorf（2001）的研究表明，在现代金融品种创新和金融工具衍生的推动下，金融市场大大超过了实体经济而迅速增长，金融越来越脱离实体经济而被虚拟化。③ 这种分离随着金融全球化趋势的深入，使得一国金融市场变得越来越不与本国实体经济发生本质联系，而与他国金融市场互相联系在一起，以致当该国金融市场受到周边国家甚至远方国家金融危机传染时，本国良好的宏观经济并不能成为金融市场稳健运行的强力支撑，使得金融危机在宏观

① CAROLINE VAN RIJCKEGHEM，BEATRICE WEDER. Sources of contagion：is it finance or trade? [J]. Journal of International Economics，2001（54）：293-308.

② ROBERT DUNN，JR. The routes to crisis contagion [J]. Challenge，2001，44（6）：45-58.

③ LUKAS MENKHOFF，NOTHERT TOLKSDORF. Financial market drift—deeoupling of the financial sector from the real e-economy? [M]. Springer publishing group，H. B.，2001.

经济体系外自我运行。

此外，Diamond 和 Dybvig（1983）的“恐慌效应”，Chari 和 Jagannathan（1988）的“羊群效应”，Chen（1999）的“信息传染”，Freixas、Parigi 和 Rochet（2000）的“信贷关系传染效应”，都经常伴随在金融危机对银行业的跨国传染机制中，使一国金融危机进一步蔓延至其他国家或地区的银行业。

二、CAMEL 评级体系

运用科学的评估体系来测度银行业体系运行的状况，有助于解释金融危机对银行业产生的冲击程度，同时从相应的指标中分析不同国家所受影响的不同程度以及获得进一步的原因分析。

CAMEL 评级体系，即“骆驼”评级体系（CAMEL Rating System），原是美国金融管理当局用来对商业银行及其他金融机构的业务经营、信用状况等进行的一整套规范化、制度化和指标化的综合等级评定制度。它主要通过对金融机构“资本充足性（capital adequacy）、资产质量（assets quality）、管理水平（management）、盈利状况（earning）和资产流动性（liquidity）”五项指标进行考核，来评价商业银行的经营及管理水平。该制度因在加强金融机构的科学监管，促进金融机构稳健、规范、持续发展方面的重要作用而被国际银行业广泛采用。

（一）资本充足性

银行的资本是银行赖以从事一切业务活动的基础，它决定了银行资产的总量、种类与特征。同时，如果银行在经营过程中出现亏损，也需要用资本予以抵补。此外，资本还是保护存款者利益的最后一道屏障。“骆驼评级”对于资本充足性主要考察 3 个比率：总资本对风险资产的比率（资本充足率）、一级资本对风险资产的比率（核心资本充足率）、一级资本对总平均资产的比率（杠杆比率）。如果一家银行的资本充足率、核心资本充足率分别达到《巴塞尔协议》规定的 8%或以上、4%或以上，同时杠杆比率在 4%或以上，则表明其资本非常充足。

（二）资产质量

银行的资产质量是衡量一家银行总体经营状况的最重要依据。银行资产质量不高，一方面会对银行造成较大的损失，另一方面会影响银行的其他经营活动，甚至会导致银行倒闭。判断一家银行资产质量的高低，主要通过考察该银行风险资产的数量、预期贷款的数量、呆账准备金的充足状况、贷款的集中程度以及贷款出现问题的可能性来衡量。“骆驼评级”对资产质量的主要评定指标是有问题贷款与基础资本的比率，一般要求该比率低于 15%。另外，不良贷款率、拨备覆盖率等指标也是常用指标。①

（三）管理水平

经营管理水平是衡量银行业务运营、控制风险能力的又一个重要指标，主要考核银行管理者的领导能力和处理突发问题的应变能力、员工素质、董事会的决策能力、内部技术控制系统的完善性和创新服务吸引顾客的能力。但同时它也是“骆驼”评级体系中最难评估的因素，在对银行管理水平进行评级时，没有比较客观的数据指标，而只能以一些非定量性因素作为参考，如银行业务政策、业务计划、管理者的经历与经验、职工培训情况、雇员是否充足等。因此对银行的管理水平、管理者素质的评估，实际上只是通过考察银行的实际经营并参考资本充足率、资产质量、流动性管理、盈利水平等其他因素来间接评定。一般情况下，如果一家银行的上述几个方面的评级都很高，实际上就证明了这家银行的经营管理很成功。

（四）盈利状况

利润最大化是银行经营最主要的追求目标。利润既是银行业务扩张的动力，也是银行抵补损失的第一道防线。但是，银行在追求利润最大化的同时，还需兼顾流动性和安全性的需要。影响银行盈利能力的主要因素有经济环境与市场供求变化、银行的管理水平、利率与手续费政策、资产负债结构等。盈利状况通常用资产收益率（ROA）指标来衡量，该比率在 1%以上，说明银行盈利能力非常强，达到了最好的级别；若该比率为负数，则表明其盈利能力最差。另外，在对盈利能力进行评级时，还要考虑银行过去 2 年的净盈利情况、资产收益质量、盈利来源是否有不正常因素、利润留存、分红倾向、收益变化趋势等。

（五）资产流动性

银行保持足够流动性的目的是应付存款者的提款和满足客户的贷款需求。

---

① 有问题贷款的计算方法：首先，将全部贷款按风险程度分为四类，即正常贷款、不合标准贷款、有疑问贷款以及难以收回贷款；其次，按如下公式计算：加权计算后的有问题贷款=不合标准贷款×20%+有问题贷款×50%+难以收回贷款×100%。

评估银行的流动性是否充足需考虑以下几个方面的因素：一是该银行存款的变动情况；二是银行对借入资金（如大额存款等）的依赖程度：三是可随时变现的流动资产数量；四是银行对自身资产的负债管理、控制能力；五是该行从外部借入资金的频率；六是该行在遇到流动性问题时迅速筹集资金的能力，比如该行是否已与其他银行签订了临时借款协议等。在考虑上述各因素之后，还要将该行的流动性比率与其他同类银行的流动性比率进行比较，然后确定该银行的流动性评级。如果银行能随时满足存款客户的取款需要和贷款客户的贷款要求，则视为拥有最强的流动性；如果流动性资金不足以在任何时候或明显不能在任何时候满足各方面的需要，则表明其流动性风险非常大。

三、本章引用的评估指标

鉴于东南亚银行业的基本情况以及数据的可得性，本章主要借鉴“骆驼”评级体系的思路，选取资本充足性、资产质量、盈利状况和资产流动性等方面，对东盟四国银行业的经营状况进行细致的评估。[①] 其中：①资本充足性主要用资本充足率（CAR）、一级资本充足率（Core CAR，Tier-1 CAR）等指标衡量；②资产质量用不良贷款率（NPL）、拨备覆盖率（LLR）等指标衡量；③盈利状况用净息差（NIM）、净利润、股东权益收益率［或称为净资产收益率（ROE）］、资产收益率（ROA）等指标衡量；④由于东南亚商业银行的资金来源主要是存款，资产流动性用贷存比（LDR）指标来衡量。

由于金融危机对各国银行业的冲击属于银行经营过程中面临的风险，因而考量银行业的风险控制能力非常重要。在上述指标中，本章特别关注三个指标：①一级资本充足率。这是衡量商业银行抵御风险的能力、反映商业银行经营管理稳健程度的一个重要尺度，也是国际银行业监管的重要指标。②不良贷款率。该指标反映银行的信贷质量，指标值越高，则银行资产质量越差，潜在风险越大。③拨备覆盖率。根据不同的资产质量级别提取相应的风险准备金，是商业银行进行风险控制的重要组成部分。

① 由于银行业的管理能力难以定量分析，一般用比较完善的定性分析，即使这样理论界也认为存在分析的困难，因此本章将侧重用对银行的监管措施等方面来替代管理能力的分析。

第二节 美国金融危机爆发前东盟四国银行业的改革与运营

1997 年的东亚金融危机使东盟四国的银行业受到不同程度的影响，其中泰国、马来西亚、印度尼西亚为危机重灾国，银行挤兑普遍发生，呆账率急剧上升，不良资产问题凸显，银行业面临崩溃的边缘。为此这三个国家均对金融自由化改革进行了反思，先后采取了一系列重大措施来整顿金融市场秩序，并进行以银行业改革为主要内容的金融重组。新加坡虽然受到危机的直接冲击有限，但作为本地区的金融中心，它深受区域经济萎缩的影响。为消除金融风暴造成的巨大冲击，新加坡政府以行政手段采取了一系列的金融改革措施，包括让外资银行从事广泛业务带动金融业的发展，以增强本国银行业的竞争实力。在经历一系列的重组改革之后，东盟四国的金融体系基本运转正常，银行业的稳健性得到很大程度的提高。

本节在阐述东盟四国银行业基本情况的基础上，运用 CAMEL 评级体系对其银行业在美国金融危机爆发前的运行状况进行评析，以显示东亚金融危机之后银行业改革所取得的成效，同时也为研究美国金融危机对东南亚银行业的影响提供了背景和铺垫。

一、美国金融危机爆发之前东盟四国银行业运营情况

（一）新加坡银行业

作为国际金融中心，新加坡的银行业十分发达。1997 年东亚金融危机之后，新加坡金融管理局通过以下三条途径推行对银行业的全面改革：一是放宽对外资银行的限制，加快银行业对外开放步伐；二是使银行业进一步集中，增强本土银行的竞争实力；三是加强对本地银行的监管和公司治理。改革后，银行业基本形成了本土银行与外资银行共同发展且相互竞争的格局。

2007 年，新加坡共有商业银行 110 家，其中本土银行 7 家，103 家外资银行。外资银行中，全能银行（Full Bank）24 家，批发银行 34 家，离岸银行 45 家。[①] 从数量上看，虽然外资银行占了绝对地位，但随着新加坡星展、华

---

① Monetary authority of Singapore [EB/OL]. http://www.mas.gov.sg/fi_directory/index.html.

侨、大华三大本土银行的发展壮大，本土银行不仅占有银行业总资产50%的比例，而且基本维持了国内市场一半以上的占有率，总体实力与外资银行相当。总体而言，新加坡银行业通过市场的开放，强化了市场竞争机制，在提升本国银行业经营管理能力的同时也促进了金融资源的有效利用。

在外部监管方面，新加坡是由1971年成立的金融管理局（MAS）来负责对银行业的监督。金融管理局主要通过《银行法》《金融管理局法》等金融法规来规范银行业的行为，其中《银行法》规定了银行在注册、最低资本金比率、贷款集中度、存贷利率、业务活动范围等方面应受到的限制。比如，金融管理局要求商业银行的资本充足率最低应达到12%，最低流动性资产比率要达到18%，所有银行要保持最低限度的现金金额（一般是银行负债总额的6%），以及任何单一股东（个人或机构）拥有超过5%的股权必须得到批准。金融管理局还依据《公司法》和《银行法》，制定了银行信息披露最低要求指南，在三大财务报表、表外项目及有关信息等方面提出了最低要求或信息框架。同时，金融管理局建立了内部风险评级、风险价值法（VaR）评级体系，以及在美国CAMEL评级基础上建立了CAMELORS和PLAROS体系，来实时监控银行业的风险。与其他金融开放的国家不同的是，新加坡把国内银行业务与海外业务分开进行管理，而且把监督外资银行的责任更多地转移到外资银行的母国总行和它们母国的监督机构。比如金融管理局规定，同一银行名下的亚洲货币单位与国内银行业务单位的账目必须严格分开记账。在内部监管方面，新加坡银行业普遍拥有比较完备的风险管理系统，特别是本土三大银行通过严格的风险管理程序以及建立独立的管理系统、评估系统，对信用风险、流动性风险、市场风险和操作风险等进行管理，并执行严格的审计制度，不断完善内部监控体系。

（二）印度尼西亚银行业

1997年东亚金融危机以后，印度尼西亚政府对银行业进行了重组与整合，经过十多年的努力，银行业体系在资产质量、规模实力、抗风险能力等方面都有显著的提高。截至2007年年底，印度尼西亚共有130家商业银行，其中包括5家国有银行、26家地方政府所有的银行、71家私营国民银行和28家外资银行。外资银行中有11家为独资外资银行，17家为合资银行①。

---

① Bank indonesia［EB/OL］. http：//ccn. mofcom. gov. cn/spbg/show. php？ id=9941&ids.

在印度尼西亚，国有银行一直在银行业中占据主导地位，随着政府逐步放宽金融管制，近年来私人银行、外资银行得到了迅速发展。2004 年 1 月，印度尼西亚中央银行（Bank Indonesia）推出印度尼西亚银行业结构改造计划（Arsitektur Perbankan Indonesia，简称 API 计划），希望通过 API 计划的实施，在未来 10~15 年内逐步建立稳定、具有强竞争力和抗风险能力的银行产业和金融体系。其中一项是在 10 年内将 130 家商业银行整顿成四大类：建立 2~3 家国际级银行，运营资本达到或超过 50 万亿印尼盾；建立 3~5 家国家级支柱银行，资本额在 10 万亿~50 万亿印尼盾；建立专业型银行 30~50 家，资本在 1000 亿~10 万亿印尼盾；建立农村或社区银行数千家，资本在 1000 亿印尼盾以内。[①]

在外部监管方面，印度尼西亚中央银行（Bank Indonesia）负责在国会稳定经济委员会的指导下履行政府国库和银行总管的职责，它制定、执行政府的金融政策，并通过《中央银行法》《商业银行法》监督本国的银行业。1997 年东亚金融危机后，印度尼西亚央行切实采取措施调整银行系统架构，完善银行法规，提高监管能力，强化银行发展基础和加强对客户信息的保护，促使银行经营管理更加透明、内部控制进一步强化。例如，在资本充足性上，将商业银行分为 A、B、C 三类，分别规定了严格的审查标准。同时，印度尼西亚央行不断促成其监督机制向国际标准转轨，2004 年后，央行开始实施《巴塞尔协议Ⅱ》，并规定各商业银行需在 2008 年前达到《巴塞尔协议Ⅱ》设置的所有目标。在资本标准上，央行规定新开办的商业银行最低资本额必须达到 3 万亿印尼盾，而现有商业银行必须在 7 年期限内通过注入新资本或与大型银行合并，使最低资本额在 2007 年以前达到 800 亿印尼盾，2010 年以前提升到 1000 亿印尼盾，否则将面临停业或降格为次等银行或农村银行。在内部监管方面，印度尼西亚商业银行尤其重视内部风险控制机制的建设，重点强化信用风险管理的职能。

（三）马来西亚银行业

1997 年东亚金融危机后，马来西亚政府一直致力于推行银行合并政策，先后实施了两次银行合并计划，将原有的 50 余家银行合并为 9 家银行集团，而其最终目标是只保留 3~4 家提供全方位金融产品和服务的大型银行集团。

---

① 吴崇伯．印度尼西亚银行业改革重组的最新进展与变化趋势分析［J］．东南亚研究，2009（2）：46-56.

同时，政府实施银行自由化，逐步放宽对外资银行的各方面限制，促使外资银行迅速扩张。

根据马来西亚中央银行（BNM）网站2006年资料，金融部门已经注册的金融机构的具体情况如下：①商业银行：又被称为传统商业银行（Conventional Banks）。相较于其他金融机构而言最具活力，资金也最为雄厚。马来西亚共有26家商业银行（不包括伊斯兰银行），其中有18家是外资在马来西亚国内拥有的分支银行，另外8家是国有控股银行。②经认可及注册的金融中介：其中经政府认可的货币经纪商共4家；经认可的保险经纪商1家；经认可的保险与风险经纪商27家；经认可的风险经纪商1家；经认可的国际海运、航空和过境保险经纪商（MAT）2家；注册理算师20家；核准财务顾问32家；经政府认可的伊斯兰财务顾问1家。③金融控股公司共15家。④开发性金融机构（DFIs）6家。①

2006年，外资银行控制了马来西亚银行业总资产的33%，竞争优势比较大的3家外资银行分别是新加坡大华银行、英国汇丰银行和渣打银行。根据马来西亚央行统计数据，截至2007年年底，马来西亚共有47家银行，其中商业银行22家（包括财务公司在内）、投资银行14家、伊斯兰银行11家。目前，拥有庞大分支机构的商业银行是马来西亚银行业的主体，而伊斯兰银行则得益于国家政策的推动正在蓬勃发展，目前伊斯兰零售银行业务已初具规模。

在外部监管方面，马来西亚实行的是多元化监管体制，对商业银行的监管是由包括财政部、马来西亚中央银行（Bank Negara Malaysia）、银行公会在内的多个部门共同完成的。财政部一般将全面监督银行的权力委托给马来西亚中央银行，因而事实上马来西亚中央银行成为最主要的监管机构。而监管部门主要依据《中央银行法》《银行与金融机构法》《岸外银行法令》《回教银行法》对商业银行实施监管，东亚金融危机后，为进一步加强银行业的稳健运行，马来西亚中央银行对相关法规条例进行修订和完善。例如，禁止国内银行集团拥有非金融领域的子公司和联号公司；禁止银行机构进行双重杠杆放贷，并规定了商业银行资本来源的途径；为防范贷款过分集中，不断调整对单一客户的贷款限额；为避免大量呆坏账的重现，出台了信贷风险管理

① 资料来源：https：//www. bnm. gov. my/index. php？ ch=fs&pg=fs_ mfs_ hold&ac=422&lang=en（30/04/2020）。

规定等。另外，中央银行还运用《巴塞尔协议》中关于银行监管的 CAMEL 框架，对银行机构的资本、资产、流动性、管理、盈利水平和能力进行测评，以加强对银行的全面监管。在内部监管方面，合并重组后的银行业在完善各种风险体系制度外，特别注重内部审计机制的建设，设置了独立的内部审计委员会，以协助董事会监督和管理银行的运作。

（四）泰国银行业

作为东亚金融危机的重灾国，泰国政府推出金融系统发展规划（Financial Sector Master Plan），对泰国的银行业以及整个金融系统进行了全面改革。通过采取注资、合并、国有化等措施对商业银行进行整顿，并将重点放在提高银行资本金、处理呆坏账、限制高风险贷款等方面，大大提升了泰国银行业的抗风险能力。在美国次贷危机爆发的 2007 年，泰国共有 16 家商业银行，分支机构有 5108 家，外资银行分行 17 家。其中，外资银行资产只占商业银行总资产的 5%，相比较之下，泰国本土银行在市场上占据绝对优势。①

2013 年，泰国商业银行系统包括 14 家全能银行、2 家零售银行、13 家外国银行分行和 1 家外国银行子银行。全能银行中又以盘谷银行（BBL）、泰京银行（KTB）、开泰银行（KBANK）和泰商银行（SCB）规模最大，该四大银行占据了 2/3 的资产份额，而全部 14 家全能银行在泰国金融体系中占有 62%的资产份额（2009 年年底统计数据）。此外，零售银行仅能向中小企业或零售客户提供有限的金融服务，不允许经营诸如衍生金融产品和风险管理产品等业务。外资银行分行在分行数量（最多可设立 3 家分行）、国内融资等方面有较多的限制。外资银行子银行仅允许设立 4 家分行，其中 1 家可设在曼谷及邻近地区，其余需设在外府。截至 2013 年年底，泰国商业银行系统共有分支机构 6620 个，同比增加 200 个。泰国四大全能银行合计拥有分支机构 4275 个，占比为 65%。从区域上看，泰国商业银行集中分布于曼谷及其中心区域，合计达到 4199 个，占比为 63%，其他地区分布较为均匀。

在外部监管方面，泰国央行（Bank of Thailand）是商业银行的主要监管者，其依据的法律法规主要是《商业银行法》（2003 年）、《金融机构法》以及相关的金融公司法，而这些法规随着金融市场的发展，在泰国政府的推动下一直处在不断完善过程中。比如在新金融监管框架下，泰国银行根据巴塞

---

① Bank of Thailand [EB/OL]. http://www.bot.or.th.

尔委员会“有效银行监管的核心原则”重新修订了监管指导政策，实施并表监管（consolidated supervision），其中规定商业银行资本充足率必须达到8.5%。[①] 央行对商业银行的监督和检查也不再停留在旧式的合规性稽核上，而是将市场准入、日常经营和退出机制作为监管的主要内容，同时更加突出银行公司治理、风险管理与内部控制机制的建设。由于受过危机重创，央行尤其重视对银行风险的监管，在资本充足性、贷款质量、股权结构、管理机制等方面规定尤为严格。如央行规定一般商业银行的一级资本金不得低于50亿泰铢，小银行的一级资本金最低为250万泰铢；对于按《巴塞尔协议》五类贷款划分的正常贷款，央行要求商业银行也要提取1%的贷款损失准备金。在内部监管方面，商业银行采取的措施是以信用风险管理为核心，同时涵盖资本风险、流动性风险、利率风险、外汇风险等风险管理体系。信用风险是整个风险架构的关键和重点，为此商业银行建立起一套贷前严格审批、贷中评估以及贷后跟踪的信贷授权管理程序，同时引进国际上先进的5C分析方法，即品行（Character）、能力（Capacity）、资本（Capital）、抵押（Collateral）与环境（Condition），从而使贷款决策更加科学化。

二、东盟四国银行业运营情况

（一）资本充足性

资本充足率是国际银行业监管的重要指标，也是衡量银行能否承受坏账风险和经营管理是否稳健的一个重要尺度。东亚金融危机期间，新加坡受影响较小，在危机重灾年的1998年，新加坡银行业资本充足率保持在18.1%的稳健水平，因此采取的举措比较少。而印度尼西亚、马来西亚、泰国三国由于银行业深受重创，银行业资产损失严重，许多银行尽管其风险加权资本仍然能满足最低资本金要求，但已经降到了监管的常规值之下。1998年印度尼西亚银行业的加权风险资产的资本比例甚至呈现出负水平，低至-13%，资本状况极其恶化。[②] 扩大资本金、夯实银行资本、获得持续经营的流动性成为印度尼西亚、马来西亚和泰国改革的重要环节。

1997年东亚金融危机后，各国在重组金融体系的过程中，主要采取了以

---

① 胡晓．全球金融危机对泰国银行业的影响及前瞻［J］．东南亚纵横，2009（7）：39-42.

② LEE J W，PARK C Y. Global financial turmoil：impact and challenges for Asia's financial systems［J］. ADB，Working paper series on regional economic integration.，2008（18）.

下几方面的举措来提高银行资本充足率：一是通过银行的重组并购，扩大银行的资产规模，以获得银行业的规模经济。二是各国政府向银行注入资本。印度尼西亚在危机期间先后向银行业注资431万亿印尼盾，马来西亚对10家问题银行注资75.9亿林吉特，泰国政府通过泰国金融机构发展基金（FIDF）向商业银行提供110亿美元的公共资金。三是各国央行通过提高最低资本限额的要求，促成银行尽快解决资本问题。印度尼西亚央行规定，国内所有商业银行的最低资本额在2003年必须达到3万亿印尼盾。马来西亚央行要求，到2000年，所有金融机构资本金的最低限额必须提高到6亿林吉特。泰国央行规定一般商业银行一级资本金不得低于50亿泰铢，小银行的一级资本金最低为250万泰铢，资本充足率必须达到8.5%。

这些举措给各国银行业带来了良好的效果，资本充足率较危机之前有了很大提高，而且持续保持在较高水平。按照美国联邦银行管理机构对资本充足的定义，银行控股公司的一级资本比率至少4%，混合一级和二级资本比率至少8%，资本较为充足的定义为，银行控股公司拥有一级资本比率6%，混合一级和二级资本比率至少10%，杠杆比率至少5%。如表5-1所示，2003—2007年，东盟四国银行加权风险资产的资本比率在12.4%～22.3%，远远超过了美国联邦银行管理机构所规定的资本较为充足的标准。

表5-1　东盟四国商业银行的资本充足率

（%）

国家	2003年	2004年	2005年	2006年	2007年
新加坡	17.9	16.2	15.8	15.4	13.5
印度尼西亚	22.3	19.4	19.3	21.3	19.3
马来西亚	13.8	14.4	13.7	13.5	13.2
泰国	13.4	12.4	13.2	13.8	14.8

资料来源：Global Financial Stability Review，Apr.，2009，IMF。

（二）资产质量

由于1997年东亚金融危机使各银行出现了大量的呆坏账，处理巨额呆账、坏账成为其重组银行体系的重要内容。印度尼西亚、马来西亚、泰国三国均成立专门的资产管理公司来清理银行的不良资产，恢复银行的信用等级，重建公众对银行的信心。印度尼西亚和泰国一开始面临的处境比其他国家更为严峻，1998年不良贷款率分别上升到49.2%与42.9%，已经威胁到银行业的生存，迫使这两个国家进行更大规模的坏账处置和资产盘活。印度尼西亚重组局（IBRA）及其下设的资产管理机构（AMU）在处理坏账方面取得了突出成效，银行部门的不良贷款率到其完全结束工作时的2004年已降至4.5%。泰国通过收购资不抵债的商业银行以及市场竞争拍卖不良资产等措施，成功地将不良贷款率降低到2004年的11.9%。虽然不良债权的购买工作以及资产管理公司所存在的问题使泰国银行业不良贷款率一度又有所上升，但近几年情况有所改善。马来西亚和新加坡银行业在东亚危机时不良贷款率相对较低，2003年、2004年有所上升，但总体趋势在下降，资产质量在不断提高。如表5-2所示，截至2007年年底，各国银行业不良贷款率处在1998年以来的最低水平，新加坡为1.5%、印度尼西亚为4.1%、马来西亚为6.5%、泰国为7.9%。

表5-2　东盟四国商业银行的不良贷款率　(%)

国家	1998年	2003年	2004年	2005年	2006年	2007年
新加坡	5.3	6.7	5.0	3.8	2.8	1.5
印度尼西亚	49.2	6.8	4.5	7.6	6.1	4.1
马来西亚	10.3	13.9	11.1	9.6	8.5	6.5
泰国	42.9	13.5	11.9	9.1	8.4	7.9

资料来源：同表5-1。

同时，随着风险意识的加强，各国不断提高风险准备金的比率，使拨备覆盖率在近几年也有所上升，如表5-3所示。特别在2007年3月美国次贷危机初现时，东盟四国十分警惕风险并及时做出反应，纷纷上调了拨备覆盖率，以应对危机传染带来的坏账问题。

表5-3　东盟四国拨备覆盖率　(%)

国家	2003年	2004年	2005年	2006年	2007年
新加坡	64.9	73.6	78.7	89.5	115.6
印度尼西亚	112.4	110.8	68.6	78.3	87.7
马来西亚	53.1	55.0	59.1	64.6	77.3
泰国	72.8	79.8	83.7	82.7	86.5

资料来源：同表5-1。

（三）流动性

大部分东南亚银行的盈利模式较为原始，即以存款为基础，资金来源比较稳定，因此在衡量商业银行业流动性指标中，贷存款的比率是非常重要的指标。该比率越高，表明银行的流动性越差，因为相对于稳定的资金来源而言，贷款越多，意味着银行可利用资金越少，在遭遇危机以及不能及时变现的情况下，面临的风险及成本就非常高。但营利性和流动性一般呈相反关系，这个指标也不能过低，因为超额的流动性将带来更高的机会成本。东亚金融危机期间，东盟四国由于过度放贷，贷存比均处在比较高的水平，新加坡为111%，印度尼西亚为105%，马来西亚为96%，泰国则达到136%。危机过后，各国银行非常注重银行系统的流动性，经过银行业的重组改革，贷存比逐年下降，并维持在较为合理的水平。2006—2007年，新加坡银行业的贷存比下降为74%，印度尼西亚为63%，马来西亚为71%，泰国为91%，[①] 相对于欧、美、日大部分商业银行高达100%以上的贷存比率，东盟四国的银行业均保持了较好的流动性。

（四）盈利能力

由于行业的特殊性，银行的资产收益率比较低，一般在3%以下。银行业改革之后，东盟四国的资产收益率均得到较大程度的提高，盈利能力逐渐改善。如表5-4所示，1998—2003年，印度尼西亚银行的资产盈益率从东亚金融危机时的-19.9%上升到2004年的3.5%，这主要得益于原四大国有银行资本整合之后综合实力的提高。2005—2007年，印度尼西亚银行业均以每年最高的资产收益率高居四国之首，平均水平为2.67%。泰国银行的资产盈益率则从1998年的-5.1%上升到2005的1.4%，而在2006年、2007年出现较大幅度的下降，2007年只有0.1%的水平，这主要是由于泰国银行业在2006年引入《国际会计准则第39号——金融工具：确认和计量》（IAS39），对商业银行资产减值和计提准备金规则进行了修改。由于准备金计提基础发生了变化，泰国商业银行2006年、2007年共额外计提1490亿泰铢准备金，导致了

① 笔者根据各国金融报告统计数据计算得出，参见：新加坡 Monetary Authority of Singapore. Financial Stability Review [R]. MAS, 2007；印度尼西亚 Bank Indonesia. Monetary Policy Review [R]. Bank Indonesia , 2007；马来西亚 Bank Negara Malaysia. Financial Stability Report: Risk Assessment of the Financial System [R]. BNM, 2007；泰国 Bank of Thailand. Press Release on Economic and Monetary Conditions for December [R]. Bank of Thailand, 2007。

利润的缩减。[①] 新加坡通过市场的开放，强化了市场竞争机制，加强了银行业集中度的需求，从而促进了金融资源的有效利用，同时通过兼并过程中的“干中学”，促进国内银行业在国际与国内的管理水平不断提高，使银行业资产收益率从1998年的0.4%上升到2004年的1.2%，并在后续的3年中保持相对稳定的水平。但是由于行业竞争激烈，收益回报率会相对较低，只是处于一般的水平。马来西亚银行的资产盈益率则一直保持在1.4%左右的水平，呈现出盈利稳定的趋势，与新加坡银行较为相似。

表5-4　东盟四国商业银行的资产盈益率　(%)

国家	1998年	2003年	2004年	2005年	2006年	2007年
新加坡	0.4	1.0	1.2	1.2	1.4	1.4
印度尼西亚	−19.9	2.6	3.5	2.6	2.6	2.8
马来西亚	1.1	1.3	1.4	1.3	1.3	1.5
泰国	−5.1	0.7	1.3	1.4	0.8	0.1

资料来源：CEIC，National sources and Global Financial Stability Report，2008，IMF.

从盈利能力的另一个指标股东权益收益率来看，如表5-5所示，东盟四国的股东权益收益率与资产收益率呈现出相似的走势。2003—2007年，印度尼西亚银行的股东权益收益率高达28.7%的平均水平，显示出较强的盈利能力。马来西亚和新加坡则比较稳健，泰国波动较大。2007年，除马来西亚外，其他三国开始出现盈利下滑的迹象，新加坡从2006年的13.7%下降至2007年的12.9%，印度尼西亚下降至2007年的25.7%，泰国下降至7.3%。

表5-5　东盟四国股东权益收益率　(%)

国家	2003年	2004年	2005年	2006年	2007年
新加坡	8.7	11.6	11.2	13.7	12.9
印度尼西亚	26.6	34.5	26.4	30.2	25.7
马来西亚	15.6	16.7	16.7	16.2	19.7
泰国	10.3	16.8	14.2	8.8	7.3

资料来源：Global Financial Stability Review，Apr.，2009，IMF.

① Bank of Thailand. Thailand's Banking System Performance in the Third Quarter of 2008 and Impact of the Global Financial Crisis on Thai banks [Z]. No.42，November，2008. 这一准则的引入只是暂时降低了泰国商业银行的利润，并不意味着泰国银行业的盈利能力发生实质性的改变，反而在引入IAS39后，泰国商业银行在更严格的监管下，其经营效率以及财务稳健性得到了较大程度的提高。

从以上四个方面分析可以看出，1997 年东亚金融危机之前，各国银行业体系改革各有特点，虽然存在不少问题，但在抵御风险方面确实取得了积极的效果：一是银行资本充足率提高并维持在较高水平；二是不良资产下降且保持在可控范围内；三是拨备覆盖率逐步上升，风险防控意识加强。这些成效与各国加强对商业银行的内部控制和外部监管分不开，一方面表明了东盟四国银行业改革的正面效应，另一方面也显示了 2007 年美国金融危机爆发之前各国商业银行经营状况处于比较良好与稳健的状态。然而，鉴于外部经济环境依然疲软乏力，再加上国内错综复杂的经济形势以及实体经济对银行部门传染存在一定的时滞性，东盟四国银行业仍存在某些潜在风险。

第三节　美国金融危机期间东盟四国的银行业

一、美国次贷危机的演变及全球“溢出”

美国次贷危机又称次级房贷危机，也译为次债危机，它是指一场发生在美国，因房地产次级抵押贷款市场违约率的异常上升而导致次级抵押贷款机构破产、投资基金被迫关闭、股市剧烈震荡引起的风暴。学术界普遍将次贷危机演变过程分为以下四个阶段：

第一阶段是次贷危机的爆发，标志事件是 2007 年 4 月作为美国第二大次级抵押贷款公司的新世纪金融（New Century Financial Corp）宣布申请破产保护。在这个阶段，美国房地产价格下降，导致次级抵押贷款违约率上升，使得基于次级抵押贷款的金融产品的市场价值缩水，持有次贷相关产品的金融公司遭受账面损失。

第二阶段是危机的扩散阶段，标志性事件是 2008 年 3 月美国第五大投行贝尔斯登申请破产保护。随着美国贝尔斯登公司旗下两只对冲基金出现巨额次级抵押贷款投资损失，以及法国、德国、日本等国金融机构开始披露次贷相关损失，次贷危机开始向全球金融体系扩散。一方面，商业银行由于自身持有的风险资产受到巨额损失，开始削减对其他银行及企业的贷款，引起信贷紧缩；另一方面，全球股市强烈动荡，各国股票指数纷纷下滑，市场投资者信心动摇，开始从货币市场和资本市场抽回资金，这两个方面导致市场面临严重的流动性短缺。由于担心金融体系流动性的枯竭以及引发更为严重的问题，美联储、欧洲央行、英格兰银行、日本银行开始向金融体系注入流动性。

第三阶段是危机的深化阶段，标志事件是 2008 年 9 月雷曼兄弟申请破产保护以及“两房”被接管。在这个阶段，被卷入危机的较大规模的金融机构越来越多。华尔街的前五大投行在次贷危机中消失了 3 家。其中，雷曼申请破产，美国保险巨头 AIG 陷入困境，美林证券被美国银行以 503 亿美元的价格收购，另外两家暂时幸存下来的投资银行高盛和摩根士丹利转变成了银行控股公司。商业银行受危机波及形势日益严峻，至 2008 年 7 月，美国已有 7 家银行破产，而 9 月美国历史上最大的一宗银行破产案——华盛顿互惠银行的破产，预示着美国金融危机开始走向深化。①

第四阶段是危机的全球性“溢出”。由于美国次贷危机的全球“溢出”效应的增强，全球股票市场因投资者的恐慌情绪而持续下跌，欧洲货币兑美元汇率大幅下挫，银行体系的流动性迅速紧张和恶化，除欧洲比较发达的国家外，金融危机还在不断地向新兴市场国家扩大。而危机不断恶化并迅速向全球蔓延的另一标志是其负面影响由虚拟经济向实体经济传递扩散。危机通过金融、贸易、投资等渠道对欧美国家经济产生综合的冲力，加剧其实体经济陷入衰退，并且这种衰退不断地蔓延至许多国家。为此，各国央行联合行动，采取协调一致的救市措施积极应对。

二、美国金融危机全球“溢出”对国际银行业的影响

由于全球流动性紧缩以及国际信用环境恶化，次贷危机从美国银行业迅速扩散到其他国家的银行业，特别是与之相关度比较深的欧洲及新兴市场国家。至 2009 年 6 月底，全球排名前 20 家银行市值从危机前的 2.7 万亿美元下跌到 1.5 万亿美元，剔除 3 家中国的大银行后，合计市值从 2.2 万亿美元下跌到 1.1 万亿美元，缩水逾 50%。大西洋两岸的银行资产减计超过 1 万亿美元，欧美银行的市值下降到只占其危机前水平的几分之一。② 可见，美国金融危机扰乱了国际金融秩序，冲击了国际银行体系的运作，使欧美、日本、其他国家和地区银行业抵御风险的能力下降，这些地区及国家最主要的大型商业银行经营指标的下降充分体现了此次危机的摧毁程度。

一是国际银行业的资本充足率普遍下降。美国银行业核心资本充足率由

---

① 资料来源：http：//finance. qq. com/a/20080728/001026. htm。

② 资料来源：Deutsche Bank Research：Global banking trends after the crisis，June，2009。

2007 年的 12.25%下降到 2008 年的 7.42%，资本充足率由 2007 年的 18.52%下降到 2008 年的 12.75%，为 2002 年以来最低。欧洲市值排名第六的瑞士银行集团核心资本充足率和总资本充足率在 2008 年第一季度也出现大幅下降，其中，核心资本充足率由 9.1%降至 6.9%，总资本充足率由 13.6%降至 10.7%。日本资本充足率则由 2006 年的 13.1%下降到 2008 年的 12.4%。① 次贷危机对银行业资本充足率的影响可以从分子与分母两方面来分析：一方面，全球流动性降低，银行的现金资产减少，导致核心资本减少，而所持长期债、可转债等资产价值大幅缩水，又导致附属资本减少，这就使计算资本充足率的分子值下降；另一方面，作为分母的加权风险资产头寸随着危机的深化不断上升。在分子与分母的共同作用下，资本充足率便下降了。

二是国际银行业资产质量出现整体下滑，这主要体现为银行机构不良贷款率及贷款损失准备金在 2008 年大幅上升。就不良贷款率来看，美国、英国、日本、韩国分别从 2007 年的 1.4%、0.9%、1.4%、0.7%上升到 3.0%、1.6%、1.7%、1.1%。② 而在贷款损失准备金方面，美国银行业损失准备金 2008 年全年达到 15.12 万亿美元，比 2007 年增加了 9.39 万亿美元；欧洲排名前 50 家商业银行则从 2007 年的 238 亿美元上升到 500 亿美元；日本排名前 20 家商业银行则从 2006 年的 62 亿美元增加到 102 亿美元。其中，英国在次贷危机中受损最为严重，亏损和资本减记总额高达 682 亿美元，名列欧洲之首，之后是德国损失 670 亿美元、瑞士损失 634 亿美元、法国损失 298 亿美元以及荷兰损失 253 亿美元。③ 分析其原因，主要是因为众多跨国经营的银行在危机发生后出现巨额投资损失，导致了流动性风险，在客户挤提、债务人催债、投资人撤回投资等多种因素的影响下，其负债结构中不良贷款随着次贷危机的深入而在不断地加大，不良贷款率上升，导致银行计提的贷款准备金大幅增加。

三是国际银行业流动性紧缩。欧洲排名前 50 家商业银行的流动资产下降了 58%，日本银行业资产流动性降至 2000 年以来最低，美国商业银行的流动性资产下降了 96.71%。一般来说，银行在面临流动性不足时通常会通过两条

---

① 美国、日本数据来自 IMF. Global Financial Stability Report [Z]. Oct., 2009；瑞士银行集团数据来自 Global View，2009。

② IMF. Global Financial Stability Report，Oct [Z]. 2009.

③ 李志辉，王飞飞．美国次贷危机对国际银行业的影响与发展展望 [J]. 国际金融研究，2009 (6)：40-47.

途径来满足其对流动性的需求：①将长期资产变现，但这种方式会使得长期资产的价值缩水，并导致银行整体价值降低；②提取其在其他银行的同业存款，或通过同业拆借来应对流动性危机。全球金融危机使得这两种银行满足自身流动性需求的方法变得极为困难：一方面，由于信用风险的增加，全球股指下跌，银行在金融市场上变现取得流动性资金的融资渠道受限；另一方面，受次贷危机影响，发达国家金融机构资金紧缩，使得其对外放贷更加谨慎。各大银行惜金如命，力求自保，同业拆借市场资金缺乏，利率高涨，使得全球行业内资金链紧张。

四是国际银行业获利能力整体下降。从平均资产收益率（ROA）来看，在2007—2008年次贷危机的影响下，美国、英国、瑞士、韩国银行业分别从0.8%、0.4%、0.7%、1.1%下降到0%、-0.5%、0.3%、0.5%。而从平均股本收益率（ROE）来看，下滑幅度更加明显，2007—2008年，美国、日本、英国、瑞士、法国银行业分别从7.8%、6.1%、6.2%、15.4%、9.8%下降到0.4%、-6.9%、-10.8%、5.4%、-1.0%，平均下降幅度达150%。① 其中，美国商业银行的净利润在2008年为2.43万亿美元，比2007年下降了75%，位于前50位的欧洲大银行税前利润和净利润分别比2007年下降了82.18%和84.2%，日本排名前20家大型商业银行净利润下降了18.63%。可见，欧洲国家银行业受金融危机传染相对比较严重，究其原因，除次贷衍生产品本身所导致的金融机构间日益紧密的资金联系外，近年来，欧元区金融机构对美国贷款的强劲增长，也增大了危机通过金融机构传导的概率。另外，欧洲地区的银行，无论是从规模还是从业务活动的国际化程度来看，都超过其他地区，这也是此地区金融机构受到美国金融危机巨大冲击的原因之一。

三、美国金融危机全球“溢出”对东盟四国银行业的影响

美国次贷危机爆发初期，东南亚的商业银行因持有次贷相关产品的头寸少且拨备足，损失较小，所以危机对银行业的影响不大。新加坡前三大银行星展、大华、华侨银行都仅持有微不足道的头寸，而且拨备充足。其中，大华银行在2007年第四季度为全年债务担保凭证（collateralized debt obligations）拨备1.28亿美元；华侨银行持有1.81亿美元风险暴露程度较大的CDO资产，但银行为这部分资产拨备1.53亿美元，并且把相关CDO的价值调低了85%。

① IMF. Global Financial Stability Report [Z]. Oct., 2009.

泰国商业银行在雷曼兄弟的投资额为 67 亿泰铢，仅占整个商业银行贷款总额的 0.09‰，其他 14 家商业银行共持有美国雷曼兄弟信贷与债券规模总计 43 亿泰铢，折合约 1.24 亿美元，但主要为信贷和债券。①

但随着次贷危机向其他国家和地区扩散，全球经济形势迅速恶化，欧美先后陷入衰退，东南亚实体经济所受的消极影响也日益加深，再加上全球流动性紧缩的合力作用，潜在信用风险和利率风险陡升，这些风险最终也不可避免地向银行部门传导。下文基于 CAMEL 评级体系，结合东盟四国最大 12 家本土银行的运行状况，分析美国金融危机对它们的影响。②

（一）资本充足性

总体来看，东盟四国银行业的资本充足率水平都达到了《巴塞尔协议》的要求，但是从历史比较来看，受金融危机影响，该指标数值有较小幅度的下降。印度尼西亚、马来西亚、泰国三国综合资本充足率从 2007 年年底的 15.8%下降到 14.2%，新加坡则从 2006 年的 15.4%下降到 2008 年的 13.5%。

如表 5-6 所示，从 12 家主要商业银行的指标来看，新加坡在次贷危机爆发初期的 2007 年资本充足率下降幅度比其他三个国家大。这是由于新加坡作为金融中心，开放程度远大于其他国家，国内金融市场与国际金融市场联系较为紧密，三大银行拥有众多的海外分支机构和国际投资业务，危机爆发使这些机构和业务首当其冲。盈余利润的减少以及风险资本暴露头寸的增加，使得资本充足率迅速下降。印度尼西亚银行业受到的影响也较大，在危机的 3 年中，三大银行的资本充足率呈持续下降趋势，平均降幅为 5.9%，这与印度尼西亚银行业本身实力较弱、竞争力不强、经营机制不健全导致的金融脆弱性有很大的关系。而在动荡的金融环境下，由于继续实施谨慎的监管体系，马来西亚和泰国银行的资本充足率没有出现显著的下降状态，而是保持在相对稳健的水平。

同时，从表 5-6 中可以看到，2009 年，除印度尼西亚外，其他东盟三国银行业的资本充足率明显回升，而且均达到金融危机前的水平。一方面，2009 年后半年经济开始复苏，市场信心有所恢复，银行运行状况也开始逐渐

---

① FACTBOX-Banks exposure to Leman in Asia，RETUTERS［EB/OL］.（2008-09-25）［2022-12-12］，http：//cn. reuters. com/article/companyNews/idUKMAN20091320080925.

② 越是大银行，特别是跨国银行，涉足金融衍生产品等多样化业务及业务国际化的程度就越高，受次贷危机的影响就越大，而小银行则多专注于传统的细分市场。因此，对大银行的分析，在一定程度上更能说明次贷危机对各国银行业的直接影响。

好转；另一方面，危机期间各银行也积极采取措施来维持资本充足率。另外，还应考虑到随着危机的深化，许多大银行减持风险资产，导致资产充足率上升。

表 5-6 东盟四国最大 12 家银行的资本充足率 （%）

银行名称	2006 年	2007 年	2008 年	2009 年
星展银行（新加坡）	14.50	13.40	14.00	16.70
大华银行（新加坡）	16.30	14.50	15.30	19.00
华侨银行（新加坡）	15.80	14.90	15.10	16.40
马来亚银行（马来西亚）	11.90	13.40	12.10	14.10
大众银行（马来西亚）	15.80	13.60	13.70	14.70
土著联昌银行（马来西亚）	9.72	10.16	11.41	12.64
盘谷银行（泰国）	14.50	14.60	14.90	16.40
泰京银行（泰国）	14.03	15.16	13.08	15.92
开泰银行（泰国）	14.70	14.60	15.10	15.20
曼迪利银行（印度尼西亚）	25.32	21.10	15.66	15.43
中亚银行（印度尼西亚）	22.09	19.22	15.80	15.30
印度尼西亚国家银行（印度尼西亚）	15.30	15.70	13.50	13.70

注：马来亚银行财务报告年度为每年 6 月 30 日至次年 6 月 30 日，因此表中数据不是指年底数据，而是指 2006 年 6 月 30 日、2007 年 6 月 30 日，以此类推。土著联昌银行采用的是核心资本充足率。

资料来源：笔者根据 12 家银行集团 2006—2009 年财务报表的数据统计而成。

（二）资产质量

在东南亚的金融结构中，银行体系仍起主导作用，银行仍然是企业和私人部门融资的主要渠道。美国金融危机导致东南亚经济放缓乃至衰退，引发的一系列问题致使银行资产质量进一步恶化，面临更高的坏账率和收账成本。然而，美国金融危机期间东盟四国银行业不良贷款率并没有随着信贷市场的萎缩而明显上升，而且根据新加坡金融管理局统计，印度尼西亚、马来西亚、泰国三国按季度计算的综合不良贷款率从 2007 年的 5%持续下降到 2009 年的 4%，只在危机最为严重的 2008 年第四季度到 2009 年第一季度这段时期内，从 38%上升到 4.1%。新加坡银行业资产质量相比其邻国所受影响较大，其不良贷款率从 2007 年的 1.5%上升到 2009 年第三季度的 2.3%。从表 5-7 中也可以发现，新加坡的星展银行与大华银行是 12 家银行中不良贷款率连续 2 年上升的银行，华侨银行在 2009 年也比上年同期上升了 0.2%。相较而言，除开泰银行和印度尼西亚中亚银行外，其他7家银行的不良贷款率均稳步下降。

究其不良贷款率变化不同的原因，主要在于金融危机压力下，不同国家的贷款企业表现出不同的偿付能力，印度尼西亚、马来西亚、泰国三国的企业部门保持了较好的流动性，而新加坡企业部门的偿债能力有所下降。马来西亚2008年企业不良贷款率降至6%，比2007年下降了2%，债务所有者权益比率基本保持在50%以下，处在比较安全的范围内。同时，企业的债务偿付能力较强，流动比率保持在1.7倍，利息保障倍数保持在3.4倍。[①] 而在新加坡，企业破产数量增加、盈利下降使企业的还款能力大大降低，引起不良贷款率上升。根据新加坡破产与公共信托局（Insolvency &Public Trustee's Office）的统计，2008年前11个月，被勒令破产盘整的公司达到123家，和上年同期相比增加了近17%。与此同时，企业的盈利能力遭遇巨大压力，2008年第四季度大部分企业的资产回报率和利息保障倍数开始出现巨幅下降。其中，制造业平均资产回报率从2007年下半年的8.0%下降到2009年的2.7%，利息偿付率从2007年的8.8%下降到2009年的4%。[②] 在新加坡的三大银行中，星展银行的不良贷款率可能会上升得比本地另外两家银行快，因为该行贷款增长一直都集中在发展滞后的制造业和普通商业，以致银行不良贷款飙升。

表5-7 东盟四国最大12家银行的不良贷款率 （%）

银行名称	2006年	2007年	2008年	2009年
星展银行（新加坡）	1.70	1.10	1.50	2.90
大华银行（新加坡）	4.00	1.80	2.00	2.20
华侨银行（新加坡）	3.00	1.70	1.50	1.70
马来亚银行（马来西亚）	3.80	3.10	1.90	1.70
大众银行（马来西亚）	1.60	1.20	0.90	0.80
土著联昌银行（马来西亚）	8.84	7.21	4.94	4.50
盘谷银行（泰国）	9.20	7.90	4.60	4.40
泰京银行（泰国）	9.22	8.53	7.63	6.49
开泰银行（泰国）	6.90	4.50	3.10	3.80
曼迪利银行（印度尼西亚）	16.30	7.23	4.69	2.62

① 资料来源：Financial Stability Report-risk assessment of the financial system，Bank Negara Malaysia，Mar.，2009。

② 资料来源：Financial Stability Review-macroeconomic surveillance department，MAS，Nov.，2008。

续表

银行名称	2006 年	2007 年	2008 年	2009 年
中亚银行（印度尼西亚）	1.30	0.81	0.60	0.70
印度尼西亚国家银行（印度尼西亚）	10.50	8.20	5.00	4.70

注：其中马来西亚大众银行使用的是净不良贷款率（net non-performing loan ratio），其他银行使用的是总不良贷款率（gross non-performing loan ratio）。

资料来源：同表 5-1。

（三）流动性

美国次贷危机爆发后，在极短的时间内，世界主要金融市场都出现了流动性短缺的局面，东南亚也不可幸免。虽然该地区没有发生类似欧美大量银行倒闭的现象，但银行业也出现了流动性紧缩。2009 年 4 月，印度尼西亚金融投资银行（IFI）由于资金周转困难无法支付运营费用，股东拒绝再注资而被清算，成为印度尼西亚首家倒闭的银行。

从资金流动性看（见图 5-1），东盟四国银行业的贷存比在次贷危机爆发之初的 2007 年出现小幅上升，这是由于国际市场动荡引起外资流出，导致流动性紧缩，但因为危机尚未明显传导至实体经济，而且银行业的存款与贷款仍然保持在比较稳定的增长水平，流动性并未出现大幅动荡。随着危机的扩散，东盟四国经济在 2008 年下半年开始下滑，同时受信贷市场和银行同业拆借的影响，银行业流动性趋紧，四国的贷存比同时在这个时间段走向高点，其中，印度尼西亚为 76.55%，同比上升 10.23%；新加坡为 79.9%，同比上升 4.5%；马来西亚为 73.77%，同比上升 2.74%；泰国为 98.1%，同比上升 7.8%。从 12 家银行的 2007 年至 2008 年年底的数据来看，有 10 家银行贷存率上升，其中印度尼西亚三家最大银行变化最大，平均增幅达到 7.79%，其次为泰国盘谷银行，上升 7.6%，新加坡的华侨银行则上升了 4.5%。但从 2009 年第一季度开始，各国贷存比开始呈下降趋势，但其数值仍高于危机爆发前的水平，而且 2009 年年底还存在回升的迹象，这表明对银行业的流动性问题还要保持一定的警惕性。

尽管贷存比出现波动，但相比发达国家波动幅度还是较小，流动性短缺基本在可控范围内。主要归因于以下三点：一是流动资产充足，本国货币均保持较好的流动性，如 2008 年年底马来西亚银行业的流动性资金额达到总存款的 16.6%，泰国商业银行的资金流动性水平达到 2.04 万亿泰铢，处于良好水平；二是银行融资渠道并没有完全遭到阻塞，极少数银行机构遇到筹资困难，如马来西亚银行同业隔夜拆借利率保持在3.24%~3.54%，在2009年第一季度后下降并一直维持在2%的水平；① 三是各国银行关注外币管理，特别是美元的流动性，采取各种措施防止了外汇的大量流出，保证了银行外汇资产负债的相对平衡。

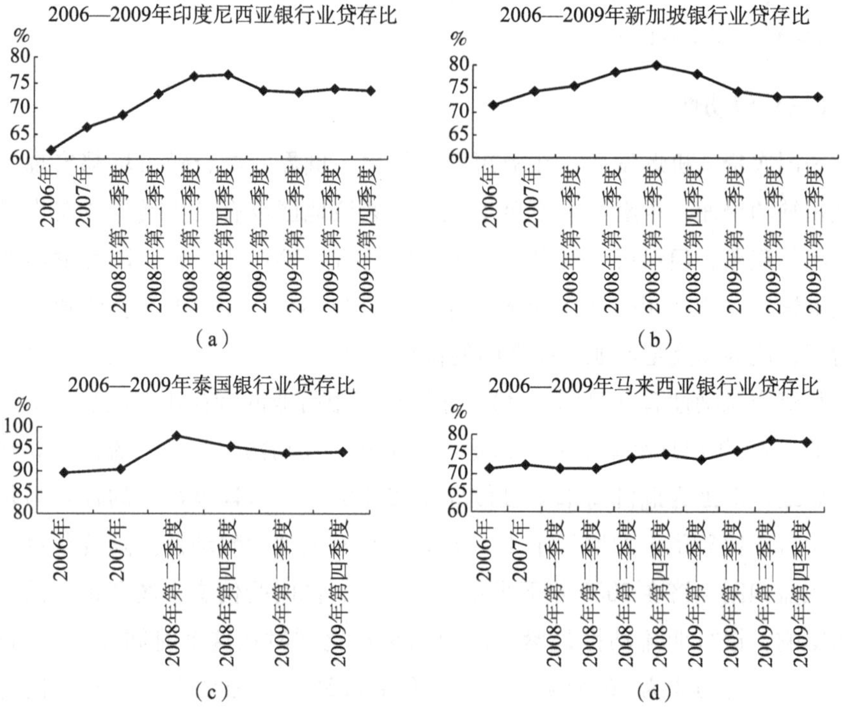

图5-1　东盟四国银行业的贷存比

资料来源：笔者根据东盟四国各国的中央银行季度报表数据统计而成，参见：印度尼西亚 Bank Indonesia. Mon etary Policy Review，2006-2009；新加坡 Monetary Authority of Singapore. Financial Stability Review Nov，2009；泰国 Bank of Thailand. Press Release on Economic and Monetary Conditions for December，2006-2009；马来西亚 Bank Negara Malaysia. Financial Stability Report：Risk Assessment of the Financial System，2009.

（四）盈利能力

受美国金融危机拖累，东南亚银行业虽然不至于像欧美银行一样亏损惨

① 资料来源：Financial Stability Report-risk assessment of the financial system，Bank Negara Malaysia，Mar.，2009。

烈，但依然难逃业务收入持续下滑、坏账亏损增加、银行净利润下滑的厄运。东盟四国银行业的净利润、资产收益率、股东权益收益率等在 2008 年都呈下降趋势，其中，新加坡、印度尼西亚、马来西亚、泰国银行业股东权益收益率分别从 2007 年的 12.9%、25.7%、19.7%、7.3%下滑到 2008 年的 10.7%、24.6%、18.5%、6.3%。

首先，净利润的下降很大部分来自净息差的降低。美国与欧洲经济的衰退导致进口需求的下降，使东南亚的出口部门产出下降、投资放缓，引起经济衰退、银行贷款萎缩。同时，为防止经济增长下滑，各国采取了下调贷款利率的货币政策。在贷款总额下降以及贷款利率下调的双重作用下，银行的净息差就下降了。新加坡贷款增速 2009 年前三季度比 2008 年同期下降 12%，泰国下降 1.8%（其中企业贷款下降 5%），印度尼西亚央行只能维持在 15%左右水平，比 2008 年下降了 15%。利率方面，泰国政府从 2008 年 12 月以来大幅将政策利率（policy interest rate）降低 225 个基点至 1.5%；马来西亚基准利率从 2008 年 1 月的 3.5%调至 2009 年的 2%，而印度尼西亚贷款利率则从 2007 年的 14.49%降到 2008 年上半年的 12.99%。[①] 因此，在贷款余额萎缩及利率下调的共同作用下，银行的净利润不可避免地下滑。2008—2009 年，新加坡、马来西亚、泰国的银行业净利息收入分别从 2.07%、10.8%、3.2%下降到 1.99%、8%、2.9%，印度尼西亚也出现了较大幅度的下降。其次，不良贷款率上升以及坏账损失准备金的提取，大大增加了银行的成本，影响了银行的盈利能力。最后，在资本市场和外部商业环境动荡的情况下，银行业的中间业务及佣金收入呈下降趋势，如融资安排、委托代理、经纪、保证、汇款、跨境服务等业务收入所受影响甚大。同时，全球和地区金融环境的不确定也给各国银行机构在海外的分支机构与投资带来了挑战，如新加坡大华银行的海外业务收入 2008 年比 2007 年下降了 5.3%。

美国金融危机对东盟四国的大型银行冲击最大，从表 5-8 中可以看出，除印度尼西亚 3 家银行仍然保持较稳健的股东权益收益率外，其他 9 家银行的股东权益收益率均出现不同程度的下降，特别是新加坡三大银行、马来亚银行、土著联昌银行以及开泰银行表现较为明显。2008 年，星展银行的盈利

① 第一，从各国统计局的数据看，私人部门的贷款增速基本维持不变，因此，大部分贷款余额的下降来自企业部门对信贷需求的减少。第二，从各国 M1、M2 增速来看，虽然各国采取下调基准利率的货币扩张政策，但由于银行惜贷严重以及货币需求下降，货币扩张仍然显得非常乏力，在危机深化阶段，出现利率下降和货币增速放缓同时存在的现象。

较2007年降至3.83亿新加坡元，减少了31%，华侨银行的净利润下滑至17.49亿新加坡元，减少了16%，马来亚银行则下降了7.78%。印度尼西亚的三大银行受益于2008年信贷规模的扩大，利息收入增长，使平均净利润比2007年上升了29%,① 另外，这3家银行将大量资金投资于收益相对稳定的国家公债和央行有价证券（SBI），使其盈利不但没有削弱，反而上升。

表5-8　东盟四国最大12家银行的股东权益收益率　（%）

银行名称	2006年	2007年	2008年	2009年
星展银行（新加坡）	12.30	12.70	10.12	8.44
大华银行（新加坡）	12.30	12.60	12.30	11.90
华侨银行（新加坡）	16.60	13.40	9.90	12.20
马来亚银行（马来西亚）	16.70	17.60	15.20	3.10
大众银行（马来西亚）	21.90	26.20	26.90	23.50
土著联昌银行（马来西亚）	13.98	20.05	12.30	15.00
盘谷银行（泰国）	11.73	11.94	11.82	11.30
泰京银行（泰国）	15.87	6.61	12.38	10.58
开泰银行（泰国）	16.40	15.90	14.40	12.60
曼迪利银行（印度尼西亚）	11.12	19.07	22.74	30.07
中亚银行（印度尼西亚）	29.07	28.74	30.20	31.80
印度尼西亚国家银行（印度尼西亚）	14.40	5.60	9.00	16.40

资料来源：同表5-1。

综上所述，在考察了美国金融危机期间东盟四国银行业的运行状况后，可以发现这些国家都不同程度地受到了危机的冲击与影响。其中，新加坡由于金融开放性最大，银行业在资产质量、盈利能力方面受到的影响较其他三个国家明显；印度尼西亚银行业则由于参与国际市场较不充分，流动性、盈利指标等基本不受影响，但要关注资本充足性的问题；马来西亚和泰国银行业虽然盈利水平有所下降，但其他方面尚好。

整体来看，东盟四国银行业虽然在2008年及2009年上半年净利润呈下滑态势，盈利能力受到较大的影响，坏账损失有所增加，但资产质量无明显恶化。其资本流动性比较充足，银行业基本面尚好，显然美国金融危机对东

① 相比2007年，2008年曼迪利银行净利润增长22%，至5.31万亿印尼盾（4.6亿美元）；印度尼西亚国家银行增长36%，至1.22万亿印尼盾（1亿美元）；中亚银行净利润增长29%，达5.8万亿印尼盾（5亿美元）。

盟四国银行业产生了一定的冲击，但并没有动摇其较为稳健的基本面。这与东南亚国家银行业相对独立于欧美银行体系有关，还与各国在危机爆发后继续执行较为审慎的宏观经济与金融政策以及采取有效的积极应对举措密切相关。

第四节　东盟四国银行业应对美国金融危机的举措

陷入金融危机的美国和西欧等国采取了一系列应对措施，在挽救银行业方面采取的措施主要有如下几个方面：一是直接向商业银行注资；二是将商业银行国有化；三是全球央行加强合作，以共同抵御金融危机。而东南亚国家采取的应对举措与欧美国家有所不同，在美国次贷危机爆发不久，凭着对金融危机的敏感性，各国首先注重流动性风险管理，以确保国内银行体系的稳定性。随着危机的深化，各国央行继续加强风险监管，防止银行业各项指标的恶化，保证银行业的稳健运行。同时，在实体经济下滑的背景下，各国继续保持银行在经济中融通资金的中介作用，确保国民经济向前发展。在这个过程中，这些国家充分运用了在东亚金融危机时积累的危机应对和风险监管方面的丰富经验。

一、采取有效措施确保流动性充足

美国金融危机引起全球金融市场流动性不足，极易引发银行挤兑危机，并通过市场恐慌和“羊群效应”传递，进而使整体金融系统陷入瘫痪。东南亚商业银行资金的主要来源仍然是存款，因此，在直面美国金融危机时，东盟四国首先采取的措施就是预防银行挤兑、增强存款者对本国金融机构的信心，同时维持银行系统内充足的流动性。

1. 实行存款担保，增强市场信心

2008 年 9 月当美国次贷危机开始向虚拟经济蔓延，并向全球“溢出”之后，新加坡金融管理局，马来西亚、泰国和印度尼西亚的中央银行都为商业银行与金融机构存款提供担保，以稳定存款者信心，保证银行充足的流动性。新加坡政府以 1500 亿新加坡元的储备为支撑，担保所有拥有金融管理局经营执照的银行、金融公司和商业银行的所有个人和非银行客户的新加坡元和外币存款，担保时间至 2010 年 12 月 31 日。为防止资金外流，泰国财政部延长对银行存款的全额担保至 2011 年 8 月。印度尼西亚政府则通过存款担保机构把存款担保额由1亿印尼盾提高20倍至20亿印尼盾（22万美元）。马来西亚除通过存款保险公司对存放在本国商业银行、伊斯兰银行、投资银行和其他金融机构中的本币和外币存款实行全额担保外，还将担保扩展到所有本国和在本地注册的外资银行。全面担保的措施稳定了存款者的信心，东南亚银行业没有出现银行挤兑问题。

2. 提高美元流动性，防止资金外流

美国金融危机对外汇市场产生了重大影响，鉴于东盟四国银行的外币资产大部分仍是以美元标价，保持美元流动性就显得尤为重要。美元流动性紧缩不仅导致了跨境贷款的减少和美元的流出，而且带来了东亚地区各国货币汇率的波动，美国金融危机以来，东盟四国货币兑美元汇率都有一定程度的贬值，2007—2008年，印尼盾、马来西亚林吉特、泰国泰铢分别贬值了15.5%、4.6%、14.2%，而且在2009年第一季度继续呈贬值态势，新加坡元在2009年前三个月贬值幅度为6.1%。币值突然大幅贬值带来的大规模资本外流，造成各国金融体系流动性下降进而对银行体系的稳定性形成冲击，这也是1997年东亚金融危机的经验教训之一。美国次贷危机转变为全球金融危机之后，为防止这种现象的出现，确保金融机构能继续取得充足的外汇，各国纷纷采取提高美元流动性的措施。

新加坡金融管理局采取了两项措施：一是通过市场操作和紧密跟踪美元市场动态来确保银行系统内有较高水平的美元流动性；二是和美联储达成有效期至2009年10月、金额为300亿美元的货币互换协议，用以减轻危机扩大时获得美元的难度。印度尼西亚公布了许多项新条例，其中包括：①要求国有企业将外汇转存至本国银行，并定期向政府申报外币需求；②将外汇套现时间从最多7天延长至1个月；③规定非基础交易的外币购买最多只能为10万美元；④传统银行和伊斯兰银行外汇转账比率从最低3%降为最低1%；⑤撤销有关银行向外国短期借款日结余额下限条例。马来西亚银行首先调整以美元标价的外币资产头寸，并通过直接贷款和外币互换缩小美元资产负债的不匹配度，从而降低了美元波动带来的损失；其次，马来西亚央行承诺提供充足的美元供给，对出口的贸易相关部门给予特别优先的便利；最后，央行也会在必要时候启动现存的双边和多边货币互换协定，保证国内市场的流动性。这些措施使这些国家及时地稳定了美元的流动性，减缓了外资出逃状况，同时也稳住了汇率，2009年第二季度各国货币兑美元的汇率便开始回升。

3. 各国央行为商业银行融资提供便利

为扩大银行融资的渠道，及时缓解流动性不足的压力，这些国家的中央银行普遍为商业银行短期融资提供便利。新加坡金融管理局采取多项措施：①2008年MAS允许所有银行加入常设基金（MAS Standing Facility），进入金融管理局电子支付系统，以债券作为抵押获得贷款资金。[①] ②MAS将接受除新加坡政府债券以外的，由超国家、主权和主权担保的AAA级新元债券作为抵押的公司进入常设基金，而且允许银行将这些债券作为二级流动资产，帮助银行补充流动资金。③MAS与其他央行签订跨境抵押协议，接受安全性级别较高的外国货币和政府债券作为抵押进入常设基金。④开设伊斯兰债券发行工具，并允许以伊斯兰债券作为申请央行流动性的合格抵押品。⑤在进行公开市场操作时秉持确保有足够的流动性满足银行系统用以提取准备金和清算需求的原则，将原来平均两周内最低现金余额比率必须保持在负债总额3%的规定，改成允许每天在2%~4%的范围内波动。

印度尼西亚央行也采取具体措施加强对商业银行的流动支持，其中包括：①将本币、外币的存款准备金率分别从9.08%、3%调低到7.5%、1%；②将商业银行在央行的隔夜存款利率从7.25%提高到8.75%，降低隔夜回购利率200个基点；③取消每日平衡头寸的限制，免除银行按市价入账的会计规定；④设立备用的紧急基金。另外，印度尼西亚央行还扩大银行可作抵押的资产种类，允许商业银行使用总价值为印尼盾存款总额2.5%的央行票据（SBIs）作为二级储备，以及将短期贷款作为抵押品获得央行短期融资。

泰国央行下调基准利率225个基本点，将14天债券回购利率降至2%，同时规定商业银行可以用债务证券、固定资产作为抵押融通资金，并宣布在必要时注入更多资金以增加市场流动性。马来西亚央行则连续调低法定准备金率，从2007年的6.74%下调到2008年的6.48%，2009年再降至5.53%。同时，央行允许商业银行将证券化市场作为银行融资的重要渠道，2008年商业银行通过国家抵押公司（Cagamas Berhad）的贷款证券化额度达到122亿林吉特。

---

① 常设基金的设立目的是平滑银行间隔夜拆借的波动，使银行在市场异常波动时可以保证足够的流动性，它原来只向持有新加坡政府债券的11家交易商开放，这些交易商可以用政府债券作为抵押取得资金。

二、积极提高风险抵御能力

（一）增加资本金

虽然东盟四国银行业的资本充足率远在规定的范围之上，但由于危机的深度和影响均具有不可测性，各国银行机构还是采取先发制人的措施，提高银行的资本水平。马来西亚通过对银行注入资本以及发行作为附属资本的次级债务来充实资本金。比如2009年6月，作为母公司的CIMB Group向其子公司土著联昌商业银行注资10亿林吉特。截至2009年年底，马来西亚整个银行系统资本增加了164亿林吉特，资本充足率比2008年上升了2.5%，核心资本充足率上升了2.1%。新加坡的一些银行在2009年资本市场有所好转的情况下，通过资本市场融资达到了补充资本金的目的。其中，星展银行于2009年1月发行7.6亿股普通股；华侨银行于2009年上半年采取以股代息的方式发行新股，以及发行两期次级债券来扩大银行的资本金。

（二）提高风险准备金

为应对将来可能继续恶化的贷款质量和受损资产，东盟四国银行纷纷调高坏账准备金和资产损失准备金，以提高风险抵御能力。新加坡整个银行业的拨备覆盖率从2006年的89.5%上调至2008年的119.9%，其中3家最大的本土银行增幅巨大。星展银行2008年资产减值准备金上升了82%，达7.84亿新加坡元；华侨银行2008年的资产减值准备金高达4.47亿新加坡元，而2007年则仅有3600万新加坡元。大华银行2008年全年的资产准备金猛涨169.1%，仅2008年第四季度，该行为贷款和其他资产的减损拨出的准备金就达3.81亿新加坡元。同时，金融管理局2008年颁布了关于贷款损失准备可以继续抵税的612号法案。为保证银行业提取足够的贷款损失准备，金融管理局与财政部允许将法案的适用期延长3年。印度尼西亚银行业的拨备覆盖率在东盟四国中是最高的，2008年达到153%，比2007年上调了65.3%，其中，印度尼西亚国家银行的资产损失准备金率从2007年的71.9%调至2009年的120.1%。泰国2008年坏账减值准备金达990亿泰铢，其中，盘谷银行2008年上调资产减值准备金率至109.4%（2007年为82%），马来西亚则从

2007 年的 77.3%上调至 2008 年的 89%。[①] 另外，这些国家也对其他非贷款资产，如外汇资产和次级抵押债务等保持高度警觉，对潜在风险较大的资产均提取风险准备金。

三、进一步巩固风险监控体系

在动荡的金融环境下，东盟四国在继续沿用危机之前所实行的谨慎原则的同时，加强并进一步巩固风险监管体系。

（一）加强银行信息披露，保护投资者利益

由于次贷危机传染源是复杂的衍生金融产品，各国央行为保护投资者利益，侧重于规范金融产品及服务的信息披露标准。美国次贷危机爆发后，新加坡金融管理局除公告因美国投资银行雷曼兄弟破产而受影响的金融结构产品总值 6.39 亿新加坡元之外，就金融机构如何处理有关雷曼兄弟的相关金融产品方面做出了规定。同时，还对金融产品的营销监管条例进行审查。马来西亚颁布了产品透明度和信息披露的条例，特别提高了零售金融产品的披露标准，其中包括一般规范性条款和针对具体金融部门（包括商业银行）的条款。这些措施提高了银行业的信息透明度，有助于保持金融稳定。[②]

另外，新加坡、印度尼西亚、马来西亚均强调要进一步保护投资者的利益，为此各国纷纷建立专门的机构来解决投资者和金融消费者的相关问题。其中，马来西亚建立了贷款指导和债务管理机构（CCDMA），并运用管理存款保险系统（PIDM）来保护存款者和提高银行运行的稳定性，同时建立了金融协调局（FMB）来解决存款者和金融机构之间的纠纷，加强对金融系统的风险管理。

（二）继续实施所承诺的《巴塞尔协议》中的有关条款

在全球金融市场动荡的环境下，各国继续实施《巴塞尔协议》中的有关规定。马来西亚的商业银行中有 43 家银行机构采用《巴塞尔协议Ⅱ》的标准化方法来监测资本，其余 13 家银行则在 2009 年年底前先采用《巴塞尔协议

---

① 东盟四国的国家数据来自 IMF. Global Financial Stability Report, Oct., 2009；具体银行的数据来自银行 2007—2008 年的财务报表。

② 当市场信心不足或面临较大外部压力时，如果银行信息披露较为充分，市场就具有一定的“甄别”功能，能把“好银行”和“坏银行”分开，阻断风险“传染”，减轻市场波动，有助于保持整个银行体系的稳定。

Ⅰ》中的内部评级法（IRB）来监测信用风险。[①] 新加坡也继续推进《巴塞尔协议Ⅱ》的实施，鼓励银行采用更先进的风险管理方法来监测信用、市场、操作等风险。2008 年 1 月 1 日《巴塞尔协议Ⅱ》的风险资本框架（Risk-Based Capital Framework）在新加坡全面生效，标志着金融管理局将对新加坡境内所有银行实施资本方面的监管。同时，新加坡和马来西亚央行均发布关于实施监督检查（支柱 2）和市场纪律（支柱 3）的有关规定和指引。其中，支柱 2 强调银行机构要加强对利率风险、贷款集中度风险、残差风险的监测，而且在评估内部资本充足时，必须考虑到要与运营规模、操作能力相匹配；支柱 3 则强调银行要通过加强对风险的披露来提高市场纪律的有效性。印度尼西亚央行于 2008 年推出了一系列有关《巴塞尔协议Ⅱ》的工作计划，其中最重要的一项是开始实施中短期方案（Short to Medium Term Programme Implementation）。2008 年第三季度，央行颁布了关于资本充足率计算的 PBI NO. 10/15 法案，之后又出台了关于实施支柱 2 的咨询文件（CP）。[②] 而由于支柱 3 中关于信息披露部分与印度尼西亚财务会计准则（IFAS）重合，央行决定与印度尼西亚会计协会（IAA）合作，将这些规定引进印度尼西亚银行会计准则。泰国于 2004 年开始实施《巴塞尔协议Ⅰ》，接着，实行《巴塞尔协议Ⅱ》中关于最低资本充足率 8.5%的规定，泰国央行表示继续鼓励商业银行全面实施《巴塞尔协议Ⅱ》的相关规定。

另外，在国际银行业遭受巨大损失且风险不断加大的局势下，巴塞尔委员会于 2008 年 9 月颁布了关于提高流动性风险管理和监管的指引，强调了《巴塞尔协议Ⅱ》中某些方面的监管，包括要加强对资产证券化业务的资本评估、对风险资产进行重新评级以及加大风险信息披露。这些相关指引都被纳入各国的风险监控体系中，并在对商业银行监督的过程中予以运用，马来西亚央行、新加坡金融管理局要求所有银行必须将这些条例加入流动性风险管理框架。

（三）完善本国银行业监管法律法规，提升银行业风险管理水平

马来西亚中央银行法（Central Bank of Malaysia Act 2009）于 2009 年 11

① 由于担心转化带来的实施成本过高，这 13 家商业银行被马来西亚央行建议在 2009 年年底之前先实施内部评级法，之后再适用《巴塞尔协议Ⅱ》。

② 该咨询文件重点描述了支柱 2 中的内部资本充足评估过程（ICAAP），监督检查过程与评估（SREP）、最低资本充足率以及早期干预等方面的相关规定。

月 25 日正式生效，不仅为监管机构加强宏观稳定监管和微观审慎监管提供了进一步指导，而且健全了银行监督法律体系。① 在银行业风险管理方面，新的央行法案将强化银行董事的风险管理能力，实行更为广泛的弹性执行架构，加强银行监管的相关措施，以达到减少银行业风险的目的。这些措施包括成立货币政策委员会负责监管、向银行推荐更为广泛的弹性执行架构以及监督银行的风险管理体系等。2009 年马来西亚央行还发布了数据管理和管理信息系统（MIS）的指导原则，强调金融机构风险管理部门的功能，以及董事会和高级管理人员对风险管理的带头作用，同时建议银行机构之间应通过对话和论坛的形式，彼此交流风险管理的经验和最新发展，以提高行业风险管理水平。另外，央行继续推动银行业审慎监管框架中的相关财务规定和国际财务报告准则相接轨（IFRS）。

新加坡金融管理局于 2008 年 2 月颁布最低流动资金法案（MAS Note 163），该法案修改的主要方向是扩大银行流动资金的基础来源，内容包括：用负债基础（liabilities base）替换限定负债（qualifying liabilities），扩大了银行流动性资产的可得性；赋予流动资产组合管理更大的灵活性，并且修改了计算公式和持有期限；精简获取法定储备金的流程，保证银行在紧急情况下可以及时缓解流动性；银行可以根据自身的流动性风险管理水平和能力决定使用一般方法还是市场敏感方法来决定流动性储备资金的规模。印度尼西亚则通过完善监管和基础设施建设来增强银行的调节功能，具体涉及修改法定准备金率、优化银行运营效率和简化外汇交易要求等相关规定。

① 2009 年 11 月 25 日生效的马来西亚新中央银行法，取代了 1958 年的中央银行法。该法案在银行管理架构、透明度、问责机制、外汇市场以及协调跨国界监管机构等方面有了更加明确的规定，有助于马来西亚央行更有效地管理未来金融业的潜在危机与风险。

第六章

东南亚金融监管体制的改革与变迁

东南亚的金融监管体制在1997年东亚金融危机爆发之后经历了剧烈的变革，金融监管目标也随着国际金融形势的发展而不断调整。东南亚国家具有不同的金融监管模式，其金融监管机制的改革肇始于1997年东亚金融危机并延续至今，既顺应了国际金融发展的潮流，有着强烈的外部约束性，又凸显出与欧美国家金融监管体制发展的不同特点。本章首先探索金融监管体制的定义、内涵及分类，在介绍发达国家四种金融监管体制之后，阐述1997年东亚金融危机之后东南亚金融监管体制改革以及金融监管模式的形成，比较东南亚金融监管模式的演进及其特点，借鉴东南亚金融监管模式改革与变迁中的经验与教训。

第一节　金融监管体制的定义、内涵及分类

20世纪90年代末以来爆发的两次重大金融危机原因错综复杂，但国际学术界普遍认为，1997年东亚金融危机爆发的重要原因是金融监管滞后于金融自由化。而2007—2009年起源于美国的次贷危机迅速演变为全球性金融危机则是与金融监管跟不上金融衍生产品的创新，以及与银行金融监管的缺失紧密相关。因此，加强金融监管目标并完善金融监管体制成为国际货币基金组织、世界银行、国际清算银行、巴塞尔委员会等重要国际机构积极推动的重要事项。

一、金融监管体制的定义与内涵

金融监管是一国金融监管当局为实现宏观经济和金融目标，依据法律法

规对全国银行和其他金融机构及其金融活动实施监督管理的总称。它作为政府提供的一种纠正市场失灵现象的金融制度安排，目的是最大限度地提高金融体系的效率和稳定性。一国的金融监管体制从根本上是由本国的政治经济体制和金融发展状况所决定的，判断一国金融监管体制有效与否，关键在于它能否保证该国金融体系的安全运行和能否适应该国金融业的发展水平。在经济全球化和金融自由化浪潮的推动下，东南亚的金融发展与金融监管也深受影响，金融监管体制的设定和演进已经不能完全由本国的客观实际决定，同时还必须迎合国际潮流，适应国际金融形势的发展。因此，金融监管体制定义与内涵不断有所变化和扩展。

迄今，国内外学术界对金融监管体制依然没有完全统一称谓和明确的定义。在相关中文文献中，金融监管体制（financialsupervisory system）有时被翻译为“金融监管体系”。而在外国文献中，金融监管体制亦被称为“金融监管模式”（financial supervisory models）。

Mayes 和 Wood（2007）认为，金融监管体制涵盖监管的目标、监管主体以及随着金融机构或监管文化的变化而变化的监管架构等内容。也有学者认为，金融监管体制主要包括金融监管法律、法规，以及金融监管组织架构两方面的内容，二者之间是内涵与外延、内容与形式之间的关系。[①] 李伟民在其编著的《金融大辞典》中指出：金融监管体制是金融监管的职责划分和权力分配的方式和组织制度。[②] 而外国文献中的“金融监管模式”同样意指一国关于金融监管机构和金融监管法规的体制安排。在百度百科的查询表明，金融监管体系（金融监管体制）的内涵包括：健全金融风险监控、预警和处置机制，实行市场退出制度，增强监管信息透明度，接受社会监督，处理好监管与支持金融创新的关系，建立监管协调机制（银行、证券、保险及与央行、财政部门）等。[③]

随着国际金融形势的发展，席卷全球的金融危机频发，尤其是 2008 年金融危机爆发之后，二十国集团（G20）取代七国集团（G7）成为国际经济金融治理的最重要平台，G20 领导人系列峰会明确了国际金融监管体制改革的

---

① 张晓朴，卢钊．金融监管体制选择：国际比较、良好原则与借鉴［J］．国际金融研究，2012（9）：79.

② 李伟民．金融大辞典［M］．哈尔滨：黑龙江人民出版社，2002.

③ 资料来源：https：//baike.baidu.com/item/%E9%87%91%E8%9E%8D%E4%BD%93%E7%B3%BB/2389250。

目标和时间表，定期审议国际金融监管改革进展，并确定国际金融改革的最终方案。为有效应对全球金融危机揭示出的金融体系脆弱性，2008 年之后的金融监管体制改革涵盖了微观、宏观和中观三个层面。所谓微观金融机构层面的监管改革之目的是提升单家金融机构的稳健性，强化金融体系稳定的微观基础。所谓中观金融市场层面的监管改革之目的是强化金融市场基础设施建设，修正金融市场失灵。所谓宏观金融系统层面的监管改革之目的是将系统性风险纳入金融监管框架，建立宏观审慎监管制度。①

为改变 1997 年东亚金融危机和 2008 年美国金融危机所带来的金融财富分配的极端不平衡，建立能有效、全方位地为社会所有阶层和群体提供服务的金融体系，普惠金融体系（inclusive financial system）在联合国的推动下，也获得了快速的发展。借助于互联网金融科技不断创新的动力，移动电话和云计算、人工智能（AI）、机器学习（ML）、大数据分析和区块链方面的进步使得创新的商业模式、产品和服务得以支持普惠金融的服务，从而使之在很多方面改变了金融行业，大幅度推动金融发展的规模，既带动了金融服务效率的提升，促进了数字金融普惠，又带来了如网络欺诈、洗钱等一系列金融安全问题。监管工具和技术追不上金融科技创新的快速步伐，给国际金融的稳定发展、发展中国家和新兴经济体的金融安全带来了严峻的挑战。

为防止监管的不确定性对金融科技发展可能带来的限制，必须转变传统的监管思维和方法。由英国金融市场行为监管局（Financial Conduct Authority，FCA）创造与推出的监管沙箱（sandbox），对于监管科技（Regulatory Technology，RegTech）的推广具有典型意义，从而使得金融监管体制的内涵有了进一步的扩展。

所谓沙箱（又译沙盒），喻指一种推演试验，因为在沙箱中的一切都可以推倒重来。其最初被应用于计算机和军事等领域，在计算机领域中是指一种用于计算机安全的虚拟技术，软件在沙箱中运行，如其中含有恶意行为，则会被禁止运行，保证系统的整体安全。英国最早将这一概念引入金融监管的领域，试行监管沙箱，为金融科技公司提供良好的测试创新产品的监管机制和政策环境。监管沙箱的存在使一些符合条件的公司可以在一段时间内对一定范围的消费品测试其创新产品，整个过程受到政府部门的监管，并需要遵

① 危机以来国际金融监管改革综述［EB/OL］. 中国银行业监管委员会网站，http：//www.cbrc.gov.cn/chinese/home/docView/20110212C7259072B5D8DE70FF32002EE4851000.html.

守保护消费者的有关规定。这样的测试使金融科技公司可以安心地进行金融科技的创新，同时也可以避免由这类创新造成的金融安全风险以及对消费者利益的不利影响。监管沙箱旨在为新兴的金融科技创新提供空间，并不断调整既有监管框架，探索新的监管边界。①

对于监管科技（RegTech），根据英国金融市场行为监管局（FCA）的定义，是指利用最新的科技手段来服务于监管和合规，是金融科技中重要的有机组成部分。可以理解为两个层面：一是监管机构针对监管对象应用新技术带来的金融创新行为制定监管标准，规避监管套利，并利用新技术提升监管能力和效率。二是银行等金融机构为满足监管和业务发展要求，利用新技术提升自身合规经营和风险管理的能力。②

2015 年，英国 FCA 正式创立监管沙箱，并于 2016 年 5 月敞开第一个监管沙箱，从 60 多家提出申请的金融科技公司和传统金融企业中最终按规则选择了 18 家进入监管沙箱。2017 年 3 月，FCA 又开放第二期监管沙箱。很多国家，包括东南亚的新加坡、马来西亚都转变了传统的监管思维，试水监管沙箱这种新的监管模式。国内外金融机构也纷纷加大了对监管科技（RegTech）的运用和探索，监管合规已成为众多金融机构的重要工作目标。金融技术的进步、新商业模式的出现，都需要监管技术和方式与时俱进。

二、金融监管体制的分类

目前，各国金融监管体制安排主要有机构监管（the institutional approach）、功能监管（the functional approach）、综合监管（the integrated approach）和双峰监管（the twins peaks approach）四大不同类型的模式。

机构监管模式亦称为分业监管模式，是指从金融机构的牌照类型及法律属性（如银行、证券公司、保险公司等）的角度对监管机构进行划分。各类监管机构对金融市场的监管从审慎监管与行为监管两个层面着手。

功能监管模式是指从金融业务类型的角度出发对监管机构进行划分，不同业务类型对应不同的监管机构，使得金融监管更具连续性和一致性。综合监管模式是指由一家统一的综合性监管机构对整个金融系统进行监管，在负

① 监管沙箱对我国金融科技的借鉴意义——从国别角度谈起［EB/OL］.（2017-06-23）［2022-12-12］. 雷盈金融科技，https：//www. sohu. com/a/151378200_ 785858.

② 王硕 . RegTech 是什么？它将成为金融科技创新的新蓝海！［EB/OL］.（2017-05-24）［2022-12-12］. 电子银行网，http：//www. cebnet. com. cn/20170524/102393534. html.

责金融市场风险监管的同时，还负责维护消费者的权益。双峰监管模式还被称为双头监管模式和目标监管模式，它包含两类监管机构：一是通过审慎监管来维护整个金融体系的安全稳健；二是通过行为监管来维护消费者的权益。

研究表明，各种金融监管模式均有其优缺点，世界上不存在最优的监管模式，也不存在放之四海而皆准的万能监管模式。金融监管模式选择的原则是必须适应国内经济与金融发展的需要，同时必须与时俱进。

根据2009年国际上对146个国家的监管体制所做的研究发现：实行分业监管的国家最多，有60多个，实行部分分业监管的国家有35个，实行综合监管的国家有49个，实行双峰监管的国家只有2个。因此，各国金融监管体制选择分业监管仍然是主流，采用综合性和双峰监管的国家有增多的趋势。①

第二节　主要发达国家金融监管体制的演进

从西方发达国家金融监管体制变迁的历史来看，一国金融监管体制的形成和发展与该国银行业及金融市场的发展密切相关，并随着其国内经济金融结构的变化和形势发展的需要不断进行着体制的变革，使其处在不间断的演绎之中。西方发达国家根据自己的国情选择不同的金融监管模式，各类金融监管模式均有着各自的优缺点，并有着相融和交叉的特点。

一、美国的“双层多头混合监管模式”及其演进

美国当前的金融监管模式是一种“双层多头混合监管模式”，是世界上最为复杂的金融监管体系。② 其复杂性来源于两方面：一方面，联邦政府和州政府的监管权力之争催生了美国独有的双层监管体系；另一方面，美国金融市场非常发达、金融产品丰富，同时美国在国家体制设计上强调分权竞争，因此监管机构众多。③ 美国的金融监管体系经历了以下几个嬗变过程并凸显出混

① 张晓朴，卢钊．金融监管体制选择：国际比较、良好原则与借鉴［J］．国际金融研究，2012（9）：83.

② “双层”是指联邦和州两个层面；“多层”是指每个层面有多家监管机构；“混合”是指美国监管模式既有功能监管特点，又有分业监管痕迹，还有综合监管的影子。

③ 黄梅波，范修礼．金融监管模式的国际比较：五国案例分析［J］．福建论坛（人文社会科学版），2010（12）：14.

合交融的特点：19 世纪与 20 世纪初，美国实行的主要是以中央银行为主的金融监管体制；20 世纪 30 年代至 90 年代末，美国的金融监管体制既有机构监管，又有功能监管的特点；2008 年美国次贷危机爆发之后，美国进入金融监管机构重建时期。

美国政府制定了金融监管制度改革蓝图：《金融监管改革：新基础》（*Financial Regulatory Reform：A New Foundation*）。从机构、市场、消费者保护和国际合作等多个角度对美国金融监管体制进行较为彻底的改革，启动了美国自 1932 年以来最大规模的金融监管体制改革，以弥补旧金融监管体制的漏洞，确保未来不再发生类似的金融危机，同时，设计出适应于新经济形势下的金融监管新规则，金融监管从功能监管向目标监管转变。在目标监管的模式下，美国有 3 个金融监管机构，分别是市场稳定监管机构、审慎金融监管机构和商业行为监管机构。①

二、英国的综合金融监管模式及其变革

英国当前的金融监管体系属于较为典型的综合金融监管模式。不过，在 20 世纪 80 年代之前，英国也是采用银行、证券和保险分业监管模式。之后随着混业经营的发展，分业监管已逐渐不能适应金融管理的需要，从 1997 年开始英国推出了一系列金融改革措施。为防止作为英国中央银行的英格兰银行（BoE）在政策执行过程中出现目标冲突而降低政策效果，英格兰银行主要负责货币政策实施和金融市场稳定，对银行机构的监管则转由证券和投资委员会（SIB）负责，并将 SIB 改名为金融服务管理局（FSA）。2000 年 FSA 从伦敦股票交易所接管了对上市公司的监管权，年底通过了《金融服务和市场法案》，2001 年年底，所有的监管权都转移到 FSA，从而建立了英国式综合监管体系，亦称“三方体系”，即英国央行负责货币政策，金融服务管理局负责金融监管，财政部负责确立监管框架与金融立法。由美国次贷危机引发的全球金融危机令英国金融业遭受重创，英国所实施的“三方体系”未能在信贷紧缩之后预见英国银行业几近崩溃的局面，经济陷入自 20 世纪 30 年代以来最为严重的衰退之中，也使其曾经引以为傲的综合型金融监管模式陷入信任危机，饱受质疑和批评。

---

① 董京波．次贷危机背景下国际金融监管制度的新发展及启示［J］．经济问题，2009（11）：117.

2009 年 7 月，英国财政部发布《改革金融市场》白皮书，将金融危机主要归因于银行不负责任的经营活动而非监管失败，因此，改革方案维持了“三方体系”监管体制，并将重点放在建立正式合作机制和扩大金融服务局的职权上。随着全球金融危机对英国经济负面影响的加深，英国对金融监管体系进行了彻底的改革。2010 年 7 月英国新政府发布题为《金融监管的新方法：判断、专注和稳定》的金融改革方案征求意见稿，废除三方监管机制，赋予英格兰银行维护金融稳定和对所有银行及其他金融机构进行审慎监管的职责，强化宏观审慎监管，撤销金融服务局（FSA），新设消费者保护与市场管理局，专司消费者保护工作。① 2011 年 6 月，英国政府正式发布包括立法草案在内的《金融监管新方法：改革蓝图》白皮书，对金融监管体系进行全面改革。保守党执政后，英国进一步推进了金融监管体制改革，2012 年颁布的《金融服务与市场法案》标志着英国三方监管体制的终结，其于 2013 年 4 月生效。

英国新金融监管体制框架是以英格兰银行为核心，下设金融政策委员会（FPC）和金融市场行为监管局（FCA）的“准双峰”模式。FPC 属于宏观审慎监管机构，具有两方面职责：一是协助 BoE 维护金融体系的稳定，包括监测、识别，采取措施降低或避免英国金融体系的系统性风险，并向市场参与者提示系统性风险，保护消费者。除每半年发布一次《金融稳定报告》之外，法律赋予了 FPC 建议权和指示权。二是支持政府的经济政策，包括促进增长与就业。FPC 负责系统性风险，属于宏观审慎监管机构；新设的审慎监管局，作为英格兰银行的子公司，负责各类金融机构的审慎监管；新设的金融市场行为管理局，负责各类金融机构的业务行为监管，促进金融市场竞争，FCA 负责对英国 2.7 万家公司进行行为监管。其中，仅接受 FCA 行为监管的金融机构包括商业银行、投资银行、信用合作社、人寿保险公司、财产保险公司、商业保险公司等；约 2.45 万家公司接受 FCA 行为监管和审慎监管，包括个人投资公司、抵押贷款中介、保险中介、非银行信贷机构。FCA 还担负着对电子货币机构和支付机构的监管职责。②

---

① 资料来源：Her Majesty. A New Approach to Financial Regulation：Judgment，Focus and Stability. 26 July 2010. http：//www. hm-trasury. gov. uk/d/consult_ financial_ regulation_ condoc. pdf。

② 王信，罗婧．确立中央银行在金融监管中的核心地位——危机后英国金融监管新架构及评价[J]．金融与经济，2015（10）．

三、澳大利亚的金融监管模式改革及其特点

澳大利亚现行的金融监管体制具有较为典型的“双峰模式”特点，是1997年金融改革的产物。

澳大利亚沃利斯咨询委员会（Wallis Committee of Inquiry）于1997年4月提出了建立双峰金融监管模式的建议，主张成立一个专门负责监管金融机构商业行为的监管机构和一个对所有金融机构商业行为进行审慎监管的机构。

1998年，澳大利亚颁布《澳大利亚审慎监管法案》，建立了审慎监管局（APRA），专门负责对银行和非银行金融机构的审慎监管和金融安全。

2001年澳大利亚颁布《保险改革法案》，将APRA的审慎监管边界扩展到保险业和养老金。同年通过的《金融部门数据收集法案》，赋予APRA对被监管的对象随时索取金融数据的权利。2001年通过另一重要法案《澳大利亚证券和投资委员会法》，成立了澳大利亚证券与投资委员会（ASIC），负责实施澳大利亚的各种关于金融服务和信息披露问题的法律，监管在其注册的所有金融机构的商业行为，保证各种金融产品在信息披露标准方面的一致性和可比性。根据2001年颁布的澳大利亚《金融服务改革法案》的规定，商业行为监管主要包括监管金融产品结构、市场操作、交易结算、信息披露等。由于澳大利亚监管模式中起主要监管作用的是APRA和ASIC，被称为“双峰”监管模式。

另外，在澳大利亚的金融监管体系中还有其他一些重要机构，比如，澳大利亚储备银行（Reserve Bank of Australia）是中央银行，负责货币政策和金融体系的整体安全。与英格兰银行一样，它也不再对个体银行进行审慎经营监管。澳大利亚竞争和消费委员会（Australia Competition and Consumer Commission）有权监管金融市场中的不正当竞争和消费者保护等问题。最后，澳大利亚联邦财政部负责金融体系和财务政策的制定和执行等。

四、日本的金融监管体制改革及其特点

日本现行金融监管体制是在二战后“护送舰队”式的金融监管体制的基础上，经过深入和大规模的改革逐步发展完善起来的。在20世纪70年代末之后30多年的改革过程中，日本的金融监管体制先是采取了渐进式改革方案。之后，又在进行日本式的“金融大爆炸”改革的同时，建立了以“金融

厅”为核心、监管权高度集中的金融监管体制。

1997 年 6 月 11 日，日本颁布修改后的《新日本银行法》（日本中央银行法），并定于 1998 年 4 月 1 日起实施。以此为起点，日本政府对金融监管机构进行了大规模的改革与调整，其间经历了三个阶段：第一阶段是设立专门的金融监督机构。1998 年 6 月 22 日，日本政府决定将金融监管权从大藏省分离出来，成立金融监督厅。1998 年 12 月，成立金融再生委员会，将金融监督厅归并到金融再生委员会之下，但这时的金融政策制定权仍然属于大藏省。第二阶段是实现金融监管和金融政策的统一。日本政府将对中小金融机构的监管权由地方政府交由金融监督厅负责。2000 年 7 月，在金融监督厅的基础上成立金融厅，金融厅同时拥有金融监管权和金融政策制定权，使得日本的金融监管更具权威性。第三阶段是建立独立的金融监管机构。2001 年 1 月，在全面推行政府机构改革时撤销金融再生委员会，将其对濒临破产的金融机构进行处理的职能也归到金融厅。至此，一个以金融厅为核心、独立的中央银行和存款保险机构共同参与、地方财务局等受托监管的新的金融监管体制框架正式形成。金融厅的设立，是日本金融监管由过去政府主导下的“事前指导”向重视市场的“事后监管”的一个重要转变。

日本金融厅与财务省、日本中央银行等部门之间的分工协作明晰。财务省的职能变为对存款保险机构的协同监管以及对受金融厅委托承担对地方中小金融机构的监管工作。日本中央银行虽然独立执行货币政策，但也可以通过现场检查和非现场检查督促和指导金融机构，对其在经营中存在的各种风险进行有效管理。三者虽各司其职，但在实际工作中则经常互换信息，形成相互配合的密切关系。此后，日本根据国际金融市场的变化，为应对全球金融危机而加快金融监管改革的步伐，以巩固其金融改革成果。2007 年美国金融危机爆发之后，与欧洲国家相比，日本更是反其道而行之，坚持鼓励金融创新，推行并实施了“改善金融监管制度行动”，增加了监管的专业性、透明度和国际性。

第三节　东南亚金融监管体制及其演进

一、东南亚金融监管体制改革的阶段性划分

继拉美国家在 20 世纪 70 年代开始金融自由化改革之后，东南亚在 20 世

纪 80 年代初也开始了金融自由化和“去制度化”（de-institution）改革，以促进本国的经济发展。随着金融全球化在 20 世纪 90 年代的迅猛发展，东南亚掀起了金融自由化的浪潮，改革与金融对外开放的力度不断加大。

然而，1997 年爆发的金融危机凸显出东南亚金融自由化过快、金融监管滞后和缺失等严重问题。按照 IMF 贷款条件以及《巴塞尔协议》的规定，东南亚展开了一轮金融体制改革，重点放在加强银行业的竞争和监管上。2007 年美国次贷危机爆发，其“溢出”效应也不同程度地冲击了东南亚国家的金融银行业。不过，由于东南亚在 20 世纪末经历了金融危机，之后都执行了较为审慎的宏观经济与金融政策，实行灵活的汇率制度，并注重双边与多边的区域贸易、投资与金融合作，能够在全球经济动荡和金融市场突变时处于相对良好的地区经济环境之中，使得东南亚大部分国家的金融体制依然康健，资本和外汇市场的动荡仍在可控范围内。可是，在二十国集团（G20）、世界银行、联合国、国际货币基金组织、《巴塞尔协议》，以及三大私人评级机构（标准普尔、穆迪投资者服务公司、惠誉国际信用评级公司）的推动下，与世界上其他发达国家雷同，东南亚也进行了新一轮金融监管体制的改革，使其金融监管的内涵不断扩大。概而言之，迄今东南亚的金融体制改革经历了两个阶段，围绕三个主题进行。

第一阶段为 1997 年东南亚爆发金融危机之后所进行的金融监管机制的改革，重点围绕如何加强银行业金融监管进行。其中包括严肃银行纪律、严格风险贷款、限制银行借贷款额度、增加银行经营的透明度等，并进一步加强场外检查制度。与此同时，根据《巴塞尔协议Ⅰ》和《巴塞尔协议Ⅱ》的要求，东南亚国家在原有银行体制改革的基础上推出了一系列更为重要的改革措施，其中包括提高银行的最低资本额、推行国家银行私有化、简化银行破产诉讼过程与方法、采取措施加强银行谨慎水平与监督机制。

2008 年金融危机爆发之后，东南亚的金融体制改革步入了第二阶段。各国遵循主要国际经济组织与国际评级机构积极推动的完善金融监管体制、加强金融监管目标和维护全球金融稳定，积极实施《巴塞尔协议Ⅱ》和《巴塞尔协议Ⅲ》，从各个方面落实以《巴塞尔协议》为核心要求的宏观审慎监管理念。[①] 与此同时，积极响应主要国际组织所提出的发展“普惠金融”倡议[②]，发展微型金融（microfinance），在保持金融机构稳健和可持续发展的同时，强调以公平为主的金融监管和普惠金融发展。互联网金融科技的不断创新，促进了数字普惠金融的大规模发展，对此进行有效监管实为紧迫。为此，东南亚也在进行监管创新，致力于监管科技（RegTech）的运用，使得金融监管体制的内涵及其改革更上一个新的层次。

二、东南亚金融监管体制的演进

东南亚在独立后相当长的时间里，在金融监管方面受到传统的经济理论的影响，也仿效或参鉴了西方的早期模式，亦即金融监管的职责通常主要由中央银行承担。因此，东南亚各国的中央银行长期以来一直承担着一国金融监管的重要职责。2008 年金融危机爆发之后，完善金融监管体制、加强金融监管目标和维护全球金融稳定成为主要国际经济组织与国际评级机构积极推动的重要事项，从而在东南亚引发了又一轮金融监管体制的改革。

东南亚的中央银行大多是在国家历史的关键时刻所成立，比如在国家取得独立时，政府形式的变化或政权变动时而成立。马来西亚中央银行（Bank Negara Malaysia）是在马来西亚联邦获得独立 2 年后的 1959 年成立的。越南国家银行（State Bank of Vietnam）的前身——国民银行（Vietnam National Bank）是在 1945 年反抗法国殖民主义统治获得独立之后的 1951 年成立的，扮演了中央银行的角色。

新加坡于 1970 年通过新加坡金融法（Monetary Authority of Singapore Act），新加坡金融管理局（MAS）于 1971 年 1 月 1 月正式成立并运作，归财政部所属。新加坡金融管理局的主要职责有：一是根据国家经济发展情况制定和实施金融货币政策。二是接受政府存款，代理政府发行国库券和其他政

① 宏观审慎监管是指通过对具有系统性、重要性的机构的监管来防范和化解系统性风险，避免金融系统遭受整体性损失的监管模式。在金融稳定理事会等国际金融监管机构发布的《宏观审慎政策工具和框架》报告中，宏观审慎监管指的是，以防范系统性金融风险为目标、以审慎工具为手段、以必要的风险管理和企业治理架构为基础的监管政策。

② “包容性金融”又称普惠金融，是 2005 年联合国在宣传小额信贷时采用和推广的一个概念，它的产生反映了金融体系乃至实体经济运行中的某些现实需求。2008 年金融危机全面爆发之后，“包容性金融”概念迅速流行开来，并得到二十国集团、国际货币基金组织、世界银行等组织的大力推广，成为一套牵涉金融结构调整和金融体制变革等重大问题的发展战略和操作理念。此概念强调家庭和企业以合理的成本获取较广泛的金融服务。

府债券，管理国库和国家外汇储备。三是依据有关法律，审批银行、金融公司和其他金融机构的设立和撤并，并进行管理、监督、稽核。四是管理和干预金融市场。五是为银行及其他金融机构开立账户和接受其存款，并以“最后贷款人”的身份向它们融通资金。六是依据《保险法》对保险公司的业务实行管理和监督。七是代理政府参加国际金融活动等。从 2002 年 10 月 1 日起，该局又并入货币委员会，负有货币发行职责，扮演了中央银行的角色。

被称为菲律宾新中央银行（Bangkok Sentral ng Pilipinas，BSP）的前身——菲律宾中央银行（Central Bank of the Philippines）的成立是为了适应汇率制度的变化，其本身是 1946 年独立之后菲美经济问题的产物。东南亚大部分国家的中央银行只对银行业部门实行监管，少数国家的中央银行还同时对保险和证券部门进行监管。

虽然东南亚中央银行成立已经有半个多世纪了，但是建立独立的监管机构却肇始于 1997 年东亚金融危机爆发之后，主要缘于 IMF 的贷款要求，以及《巴塞尔协议》所施加的压力。东南亚国家在进行中央银行独立性改革的同时，开始朝向建立新的金融监管体制而努力，以图改变金融监管滞后、监管目标缺失的状况。

在之后的约 20 年的改革进程中，东南亚的金融监管体制发生了一些变化。有的国家逐渐从以中央银行监管为主转为以中央银行为主的分业监管模式，有的推行综合金融监管模式，但有的依然以中央银行监管为主。与此同时，金融监管目标也主要对银行业、证券市场进行监管，在严格监管的同时注重金融稳定。之后，在国际潮流的推动下，东南亚的金融监管既包含了对银行坏账的严控、对股市动荡及诡异现象的管控，也涵盖了金融公平（见表 6-1）。

中央银行监管模式的特点是银行的监管在中央银行内部进行。新加坡、泰国和越南都属于中央银行模式。比如新加坡金融管理局对银行、保险和证券都进行监管。马来西亚中央银行除对银行进行监管外，还对保险公司进行监管。而分业监管模式则表现为中央银行不再专门行使监管银行的职责，而是将宏观经济调控及金融稳定置于重要的地位，保险业和金融业的调节与监管由不同的监管机构执行。2011 年印度尼西亚通过了一项有关在中央银行之外创立一个综合监管机构的法律，尽管向新监管体制转型的进展非常缓慢。

表 6-1 金融监管权力的分配（部分东南亚国家）

	银行	保险	证券
综合监管模式			
印度尼西亚	综合监管	综合监管	综合监管
分业监管模式			
菲律宾	中央银行	保险监管	证券监管
泰国	中央银行	保险监管	证券监管
越南	中央银行	保险监管	证券监管
中央银行模式			
马来西亚	中央银行	中央银行	证券监管
新加坡	中央银行	中央银行	中央银行

资料来源：笔者的研究，并参鉴 CHENG HOON LIM，RISHI RAMCHAND，HONG WANG AND XIAOYONG WU. Institutional arrangements for macroprudential policy in Asia. table 2，IMF Working paper，WP/13/165，2013：5.

国际学者的研究表明，经济规模与中央银行是否对银行实行监管有着一定的关系，但并不是决定性因素。一般而言，中央银行监管模式的经济体规模较小，贸易开放度较高，而分业监管模式的经济体规模一般较大。如果小型经济体国家实行综合审慎监管，会增加其监管成本。然而，新加坡却是个例外，其金融业的快速发展使其成为地区金融中心。除经济与金融的原因之外，东南亚金融监管的制度安排还受制于每个国家的政治、立法环境，以及历史事件的影响。东南亚的中央银行和监管机制的形成与变革一般都是在国家发生重大历史事件的关键时刻，尤其是爆发严重的银行金融危机之后。20世纪 90 年代末期爆发的东亚金融危机是促使印度尼西亚的金融监管体制与金融稳定框架发生变化的重要原因。

为适应国际潮流，以及在贷款条件的制约下，东南亚一些国家的金融监管体制在 1997 年东亚金融危机爆发之后逐渐朝分业的方向发展，中央银行的主要任务为宏观调控。可是 2007 年美国金融危机爆发之后，国际学术界开始重新思考中央银行的监管作用，亦即中央银行在扮演“最后贷款人”的角色并监督金融稳定的同时，必须及时获得有关银行业以及其他金融部门发展的信息。

IMF 2009 年的研究表明，几乎所有的银行监管机构都认为对风险进行监控并保持金融稳定是其任务的重要部分，而不太重视其他金融服务业，诸如保险和证券等系统的安全问题。至今，关于中央银行是否仍然是银行的监管者，依然存在着争议。可是，监管机构的治理安排对于提高效率至关重要。尽管有研究强调，监管机构的独立可以在促进银行的有效性的同时，加强银行体系的安全和稳健性，但 IMF 的研究却表明：在接受调查、在法律上对监管决策拥有独立运营权的 75%的监管机构中，仅有 58%在监管活动中拥有独立性。①

第四节 东南亚的金融监管体制

伴随着全球金融形势的发展变化，东南亚的金融监管体制也发生了较为明显的变化，凸显出其不同的特点。本节介绍新加坡、菲律宾、印度尼西亚、马来西亚和泰国的金融监管体制的转型和变迁特点以及监管理念。

一、新加坡的金融监管体制

长期以来，新加坡政府将金融业作为经济发展的重要支柱，致力于将新加坡发展成为世界级的金融中心。在积极鼓励推动金融自由化的同时，辅之以严格、灵活、有效的金融监管体系、制度，以及全新的金融监管理念。

（一）新加坡的金融监管机构

扮演中央银行角色的新加坡金融管理局（MAS）成立于 1971 年。《新加坡金融管理局法》规定金融监管的目的是在政府一般经济政策范围内促进货币稳定及信用，有助于经济成长。当金融管理局认为对公共利益有必要时可随时对金融机构提供咨询或对该金融机构提供建议，并要为确保该要求或建议的效力发出指示。由此可见，MSA 一身二任：一方面通过公开市场业务，运用外汇市场利率等工具调控国民经济，保持本币稳定，将通货膨胀控制在合理范围内；另一方面还担负着对银行、证券和保险业的监管责任。MAS 监管的总体目标是促进整个金融体系的稳定，并分别设定了稳健的金融机构、安全高效的金融基础设施，以保证消费者的权益。

① 资料来源：CHEE SUNG LEE AND CYN-YOUNG PARK. Beyond the crisis：financial regulatory reform in emerging Asia. No. 34. September 2009，ADB Working paper series on regional economic integration，Asian Development Bank。

在新加坡，由于允许金融机构混业经营，MAS监管部门分设银行署、保险署和证券署，由其分别负责本行业的监管。MAS依据有关法律，审批银行、金融公司和其他金融机构的设立和撤并，并进行管理、监督、稽核；为银行及其他金融机构开立账户和接受其存款，并以“最后贷款人”身份向它们融通资金；依据《保险法》对保险公司和资本市场中介机构的业务实行管理和监督。

新加坡对金融服务业的风险监管法规主要有MAS于2007年出台的《新加坡金融管理局金融机构影响及风险评估框架》，对所有的新加坡金融机构实施统一的评估和CRAFT风险评估制度及技术。对银行监管的法规有2001年由新加坡公司治理委员会制定的《公司治理守则》，规定了董事会的构成和操守、董事的薪酬、审计和薪酬委员会的构成以及股东问题。为进一步加强对金融机构的公司治理、强化董事会和高级管理层的职业操守，MAS发布了《在新加坡注册的银行、金融控股公司和直接保险人的公司治理指南》。为使金融市场更加透明和公平、避免内部交易，MAS在《公司治理守则》中规定了公司信息披露的要求，根据《公司法》《银行法》详细规定了对不同类型的银行必须对外进行信息披露的要求。《证券与期货法》与《理财顾问法》则对信息披露进行了强制性规定。

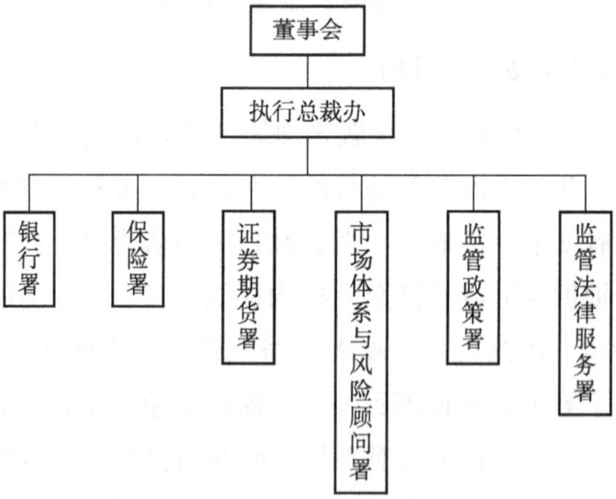

图6-1　金融机构监管组团

资料来源：董毅智．解读新加坡金融监管（三）：体制［EB/OL］．https：//www.sohu.com/a/225526984_118776.

MAS的具体金融监管职能由“金融机构监管组团”实施，成员为银行监管部（Banking Supervision Department）、复杂机构监管部（Complex Institutions Supervision Department）、保险监管部（Insurance Supervision Department）、谨慎政策部（Prudential Policy Department）和专业风险监管部（Specialist Risk Supervision Department），这5个监管部门对新加坡金融业实施谨慎性监管。另外，银行、保险、证券等行业都有行业协会等自律组织，能够对MAS的监管行为起到一定的配合作用，以适应新加坡金融自由化的不断深化、本地金融业的发展壮大，以及新加坡成为国际金融中心的需求（见图6-1）。

（二）新加坡的金融监管制度

（1）金融机构的准入和退出机制

MAS严格限制金融机构的市场准入，对于信誉不佳的金融机构一概不予受理。对各类银行的业务范围均有明确界定，不允许其超业务范围经营。金融机构的市场退出按市场原则进行，政府不干预机构的设立与撤并，金融公司要退出时，需先进行清算，偿还个人和公司债务后依法清盘，不存在中央银行救助和行政关闭的问题。正是由于MAS设定了严格的金融机构准入机制，MAS充分信任准入后的金融机构，让金融机构参与间接合规性管理。MAS认为，金融机构是资金进出的主渠道和外汇交易的“信息中心”，应该最了解客户的经营背景。货币可兑换后，大量的合规性监管交由金融机构直接处理，金融机构已成为实施有效监管的“中介机构”。这些金融机构既是很重要的管理对象，又成为监管政策的一线执行者。

（2）监管方式

MAS建立系统的监管程序和监管方法，采取现场审查与非现场审查相结合，以非现场审查为主的监管模式，实现了“非现场监管—现场检查—风险评级—非现场跟踪监管”的良性循环。现场审查主要依靠中介机构进行。对于现场审查的实施，新加坡金融管理局有着非常明确的规定，每年对哪些机构进行现场审查都有周密计划，可避免出现盲目和随意的情况。非现场审查是指监管机构定期和不定期地对被监管机构上报的各种统计资料、报表等，按一定的程序与标准进行审查分析。非现场审查采取全方位搜集信息、全程跟踪等方式完成非现场监管工作。监管者不仅定期向银行收集报表，而且还向监管当局的现场检查人员、银行的内部和外部审计者、国际资信评级机构和境外监管部门获取对银行的评价，从各类媒体和金融市场上获取与被监管者相关的资讯。MAS的非现场监管人员与商业银行高级管理层时刻保持联络，对其经营和管理情况进行广泛的征询和讨论，通过各种渠道取得银行的真实信息，并将这些信息输入信息处理系统，实现监管信息资源共享，提高了监管的效率。MAS 将根据非现场监管信息，确定对银行的现场检查力度和频率，实施专注风险的现场检查。MAS 通常不开展对银行业的统一检查，而是根据每一家银行对本地金融业的影响程度及非现场评级所揭示的风险状况，决定现场检查频率。

此外，MAS 还根据国际惯例，结合新加坡金融业的特点，制定了一套切实可行的业务风险评价办法，运用数理模型对金融机构的各项业务的风险临界范围和现实风险进行检验对比，调控风险大小，以此评价在一定风险程度下银行的承受能力。MAS 主要运用 VAR 模型和加压测试两种数理模型管理银行风险。VAR 模型（Value-At-Risk）是国际清算银行推荐的计量市场风险的数理模型，可以测量多种交易活动（如股票、债券、衍生工具）的市场风险，通过对大量历史交易数据按正态分布进行假设检验，推导现有资产承受未来市场风险的程度。加压测试（stress testing）主要通过专家对产生业务风险的因素进行深入细致的分析，以历史极端事件作为假设条件，对业务风险进行单因素或多因素的极端数据测试，测量银行在极端情况下可能造成的最大损失。

（3）人事制度与公司治理

在当地金融机构管理层人事安排上，新加坡政府采取相互制约的模式。同时，管理层的任命必须得到 MAS 的批准。以银行为例，政府明确规定所有本地银行必须设立“五人任命委员会”，以确保那些最能干、对银行最能做出贡献、能照顾股东利益的人担任要职。政府通过对委员会委员的直接任命，间接牵制了大股东对银行经营权的控制与操纵，将产权同经营权有效分离，以此形成相互制约的机制，可以防止内部人员的交易行为，进而形成有效的银行治理结构。此外，政府还要求随时监控本地银行股权的变动情况，要求任何单一股东（个人或机构）一旦拥有超过 5%的股权时，必须得到金融管理局的批准，以避免在银行中由大股东形成垄断局面推选管理层人选的情况。

公司治理方面，新加坡银行业在 1997 年以前过分追逐利润最大化，未采取相应的管理技术和控制手段规避金融风险，在东亚金融危机中遭受了一定的冲击。危机后，新加坡银行业大力推进公司内部治理改革，并设立了以下五个原则：一是管理层的有效性原则。主要评估董事会、管理层的领导能力、职责分工及相互独立性。二是内部职能部门相互制衡的原则。董事会向股东负责，管理层向董事会负责。董事会下设执行委员会、提名委员会、审计委员会、薪酬管理委员会。管理层下设多个职能部门，各部门相对独立。三是信息披露原则。董事任命、董事待遇等都相对透明。四是风险控制原则。注重风险控制，特别强调内、外部审计在风险控制中的作用。五是沟通原则。注重公司与雇员之间的信息沟通，鼓励大股东参与管理。

(4) 信息披露制度

充分的信息披露能够发挥市场对金融机构运行有效性的评价和约束作用。在新加坡，银行信息披露侧重于三方面：公司治理、经营状况以及风险管理。MAS 建立了强制的信息披露制度，以确保监管当局和公众能够及时了解相关金融机构的运作情况。此外，MAS 还在借鉴美联署资讯程序的基础上，自行开发了一套集非现场监测、现场检查、银行风险评级于一体的资讯系统。该系统不仅可以更好地让各种监管信息实现信息共享，还可以在相当大范围内实现对信息的核查。

(5) 法律保障

新加坡金融法律体系由银行法、保险法、证券法、期货交易法、基金管理法、外汇交易法、新加坡金融管理局发出的信函及其他相关法规组成。这些法律由 MAS 制定并经国会批准通过。监管权力与监管标准以法律的形式固定下来，从而保证了监管工作的严肃性和规范性。同时，相对完善的法律保障了新加坡金融监管的有效性，而严格执法则大大提高了 MAS 的监管力度。新加坡对法律的严格执行举世闻名，金融机构如果出现违规行为，必将受到法律的严厉处罚。

(三) 全新的金融监管理念

在实践的过程中，新加坡逐步形成了一套全新的金融监管理念，使其金融监管体制呈现出以下重要特点：①为适应国际金融中心发展的要求，新加坡施行了较为单一但灵活开放的金融监管机制；②注重风险的管理，建立适应本国国情的信用评级，进行风险甄别；③注重金融机构的公司治理和内部控制；④强调审慎会计原则和监督原则，并注重借鉴国际监管措施；⑤监管措施与时俱进，跟进时代最新金融科技发展的步伐。

MAS 建立了相当完善的风险分析系统，借鉴美联储的 CAMELS 评级法，结合新加坡行业的实际，对本地银行和外资银行分别建立了 CAMELOTS 评级系统以及 PLATOS 评级系统。[①] 与此同时，MAS 建立了较为完善的监管信息处理系统，实现了“非现场监管—现场检查—风险评级—非现场跟踪监管”的良性循环，并根据国际惯例，结合新加坡金融业的风险状况，制定了一套由授权、调控和评价三个环节组成的风险评价办法。[②]

新加坡以风险监管为核心来稳定金融，是亚洲乃至全球实施《巴塞尔协议Ⅱ》最积极的国家之一。作为世界上重要的金融中心之一，新加坡对银行业的监管处于世界领先水平。以资本充足率标准的设置为例，MAS 在 2000 年以前一直要求银行资本充足率不得低于 12%，其中核心资本充足率不得低于 10%，2000 年 9 月 19 日核心资本充足率调低至 8%，资本充足率仍然要求 12%，资本标准远高于《巴塞尔协议Ⅰ》规定的 8%。MAS 对《巴塞尔协议Ⅱ》持较积极的态度，支持其主要目标，相信《巴塞尔协议Ⅱ》将有助于促进银行风险管理的改善，并有助于 MAS 实现其监管目标。

自《巴塞尔协议Ⅱ》颁布以后，MAS 就积极着手拟定草案，从 2005 年 8 月发布《在新加坡实施巴塞尔Ⅱ的建议——阶段 1》（*Proposal for the Implementation of Basel* Ⅱ *in Singapore-Phase* 1）开始，不断广泛听取意见，到 2007 年 9 月，共发布六个阶段的实施建议。2007 年 12 月，MAS 正式颁布了新加坡版《巴塞尔协议Ⅱ》，并从 2008 年 1 月 1 日开始实施。美国金融危机爆发之后，巴塞尔委员会修订了《巴塞尔协议Ⅱ》的一系列文件，被称为《巴塞尔协议 2.5》。[③] MAS 积极跟进，也陆续颁布了新加坡版《巴塞尔协议 2.5》系列文件，并在国内实施。这一系列文件灵活地运用巴塞尔委员会赋予的自主权，对《巴塞尔协议》的一些条款进行调整，以适应新加坡银行业及其监管体系的实际情况，主要包括 7 个方面：计量信用风险的标准法、信用风险缓释技术、内部评级法的首次使用和其他要求、计量信用风险的内部评级法、证券化、操作风险和国家自主权的其他方面[④]。

---

① CAMELOTS 评级：C 为资本充足率；A 指资产质量及信贷风险；M 为经营管理；E 为盈利能力；L 为流动性风险；O 为操作风险；T 为信息技术风险；S 为对市场风险的敏感性。PLATOS 评级：P 为母国银行的支持；L 为流动性；A 为资产质量；T 为信息技术；O 为操作风险；S 为市场敏感度。

② 新加坡金融监管体制介绍 [EB/OL]. https://www.taodocs.com/p-67503419.html.

③ 巴塞尔委员会于 2009 年 7 月颁布了《增强巴塞尔资本框架》《交易账户新增风险资本计提指引》和《巴塞尔协议Ⅱ市场风险框架的修订稿》等一系列文件，被称为《巴塞尔协议 2.5》。

④ 详见 Monetary Authority of Singapore. Letter to CEOs of Singapore-Incorporated banks: Appendix 4-Summary of National Discretions [EB/OL]. Update on Basel Ⅱ Implementation in Singapore, March 2006. http://www.mas.gov.sg/fin_development/banking/Update_on_Basel_II_Implementation_in_Spore_Mar_06.html, 转引自吴源从. 巴塞尔协议Ⅱ在新加坡的实施 [D]. 厦门：厦门大学，2007.

2008 年金融危机发生后，巴塞尔委员会于 2010 年推出了加强银行业监管的《巴塞尔协议Ⅲ》。新加坡金融管理局实行比《巴塞尔协议Ⅲ》更加严苛的资本规定，要求当地银行的最高资本充足率高于巴塞尔银行监管当局所同意的水准，即银行所持有的普通股第一类资本的比例必须达到 6.5%，再加上缓冲资本 2.5%，总计资本占风险资产的比例需达到 9.0%。这比《巴塞尔协议Ⅲ》规定的 7.0%要高出 2 个百分点。[①] 巴塞尔委员会于 2017 年 12 月 7 日发布公报，表明旨在加强银行业监管的《巴塞尔协议Ⅲ》已经完成修订，从 2022 年 1 月 1 日起逐步实施。修订后的协议规定了《巴塞尔协议Ⅲ》框架下的一揽子监管改革内容，包括银行计算风险的方法、所需保持的资本充足率等指标。同时给银行根据自己内部模型计算得出的风险加权资产来制定的资本标准设定了最低要求，银行不能随意减少资本缓冲，以减少银行业监管的不确定性，使得银行业资本框架更为健全，以增强对银行业系统的信心。[②]

在科技金融领域，新加坡也一直走在世界前列。2015 年 8 月，MAS 设立了金融科技和创新团队，投入 2.25 亿新加坡元推动《金融领域科技和创新计划》，针对全球金融发展的新变化，新加坡政府鼓励外国投资者在当地设立创新和研发中心，支持金融科技项目的开发与应用。2016 年 5 月，新加坡专门成立金融科技署，管理金融科技相关业务，为企业提供“一站式”服务，推动金融服务业的发展。借鉴英国的沙盒监管模式，MAS 在 2016 年 11 月也提出了《金融科技监管沙盒指导》，开始了金融科技新时代的监管模式。2017 年 11 月，MAS 又推出了互联网探测数据分析（Internet Computed Observation，ICO）指南，以应对区域链、数字货币的风靡。MAS 指出，《新加坡关于 ICO 及加密指南》是以区块链技术为基础出售数字货币的 ICO 行为，在一些特定情况下被置于国家期货证券及金融顾问法案条款的制约之下。

二、菲律宾的金融监管体制

菲律宾由于长期以来背负着巨额外债，与其金融体系发展、金融政策的变化雷同，金融监管体制的变迁路径也一直处于 IMF 和世界银行的监管之下，必须遵循贷款条件。因此，菲律宾金融改革有着较强的外部约束性，具有强

---

① 新加坡银行将面临比《巴塞尔协议Ⅲ》更加严苛的资本规定［EB/OL］.（2011-06-29）［2022-12-12］. 路透中文网，http：//roll. sohu. com/20110629/n312015780. shtml.

② 《巴塞尔协议Ⅲ》完成修订，2022 年起实施［EB/OL］.（2017-12-08）. http：//www. sohu. com/a/209238332_ 114986.

制性制度变迁的特征。由于 IMF、世界银行引领着经济与金融全球化，20 世纪 90 年代之后，菲律宾金融体系、金融对外开放的力度和金融监管体制的建立较之其邻国（新加坡除外）均为超前。早在 1963 年菲律宾便建立了存款保险制度；1993 年建立了独立的新中央银行（BSP）；2004 年建立了金融部门论坛，以促进协调菲律宾分业金融监管体制的各项规章制度和政策，进行信息交换与共享。菲律宾认真兑现贷款协定的要求，按照《巴塞尔协议Ⅰ》《巴塞尔协议Ⅱ》《巴塞尔协议Ⅲ》不断进行着银行业的改革。

（一）菲律宾金融监管制度的特点

当前菲律宾的金融监管制度采取的是分业监管模式，即证券交易委员会（SEC）负责监管证券机构，保险委员会（IC）监管保险机构，而菲律宾中央银行（BSP）则负责监管银行部门和外汇市场。随着全能银行数量的增加，菲律宾监管当局也意识到了各金融监管机构之间相互协调的重要性，在对银行及其子公司和联营机构实行联合监管时更加注重风险分析的检测法（examination approach），而非传统的一览表法（checklist approach）。

根据 IMF 的要求，2004 年菲律宾新中央银行（BSP）、证券交易委员会（SEC）、保险委员会（IC）和菲律宾存款保险公司（PDIC）共同建立了金融部门论坛（Financial Sector Forum，FSF）以促进协调金融行业管理的各项规章制度和政策、进行信息交换与共享。

FSF 并非金融监管实体，它成立的目的在于为 4 个金融机构提供一个合作、协调、信息共享与和谐的机制，以解决对金融集团中不同的金融实体进行监管和调整的非一致性而导致的监管套利问题。FSF 试图解决以下一些金融监管问题：①对银行、证券交易商和保险公司的共性产品的规则进行协调；②比较资本充足的要求；③为评审信誉代理制定要求和程序，包括使外部审计更为一致问题[①]（详见图 6-2）。

FSF 的成立是对包括不同成分的全能银行进行较好的监管走出正确的一步。可是，正是因为 FSF 不是一个正式的组织，其具有致命的缺陷——是否参加该论坛完全出于自愿。从技术上而言，论坛所达成的协议在法律上不具有约束力，主要通过道德劝告。

根据《新中央银行法》第一章第一款第三条，BSP 的主要目标是维持价

① YUVIENCO, DOLORES. Financial conglomerates. Speech delivered at the Asian shadow financial regulation committee meeting, Manila, 3-5 February 2007.

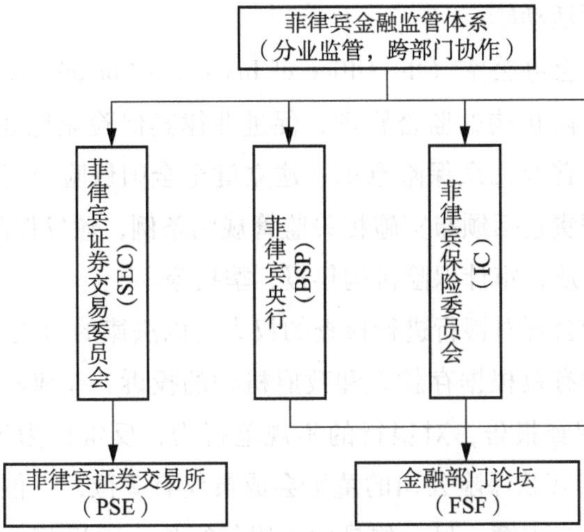

图 6-2 菲律宾金融监管体系

格稳定、促进经济平衡持续增长，推动并保持货币稳定和比索的可兑换性。同时，BSP 还担负着发行货币、监管银行和开展类似银行业务的非银行金融机构、管理外汇储备、制定汇率政策、充当最后贷款人和政府的银行等重要职能。自 1993 年成立以来，BSP 一直采用定期和不定期的检查方法对银行、准银行及其分行与附属机构的资金运作进行严格的监督与管理。监管的方式有两种：一是场内检查方式。所谓场内检查方式，是指对银行的有价证券贷款和其他风险资产进行独立性的评估检查，并对银行在允许范围内的潜在亏损规模进行确定，场内检查方式主要用于评价银行的风险管理政策，除此之外，BSP 还需要对银行的内部管理制度进行考评，并形成报告提交给货币委员会。二是场外检查方式。场外检查与场内检查互为补充，BSP 主要根据银行与准银行提供的银行日常工作报告、工作报表以及收支报表三种定期报告对银行及准银行开展场外检查工作，这能使 BSP 密切关注有潜在问题的金融机构并发出警告信息。BSP 的监管手段还包括对银行资本负债情况的监视，其将银行风险贷款分为需引起注意的贷款、低于标准的贷款、可疑贷款和亏损贷款四类，这与国内贷款五级分类相类似，然后根据不同性质的贷款进行监督。

菲律宾证券交易委员会的主要职责是对证券市场各项活动进行监督管理，其功能包括证券注册时分析每个注册证券、评级其财务状况、管理证券发行的申请、检查经纪人或经销商的许可证合理合法情况、监督股票和债券经纪人和证券交易所各项活动等。

菲律宾保险委员会办公室（the Office of Insurance Commission）的主要目标是通过对菲律宾保险机构的监督管理，促进菲律宾保险业稳健发展、推行专业化的保险服务、普及民众保险意识、建立健全全国保险市场以及维护保险人权益。其主要职责包括颁布实施相关监管规则条例，颁发保险机构牌照，审核保险从业人员资质，审计保险机构年报、季报等。

菲律宾存款保险公司对银行进行检查的权力是以法律的形式固定下来的，菲律宾存款保险公司有权根据存款人和政府机构的投诉、菲律宾存款保险公司或者中央银行的调查报告，对银行的不规范行为、反常行为等进行检查。1983 年以前，菲律宾存款保险公司的董事会成员仅有 2 位，一位是存款保险公司的总裁作为董事会主席，另一位是中央银行行长。1983 年菲律宾存款保险公司对董事会的构成进行了调整，中央银行行长为董事，存款保险公司总裁和财政部部长为董事会成员。1992 年对其组织架构作进一步调整，由财政部部长担任公司董事会主席，菲律宾存款保险公司总裁担任副主席，中央银行行长作为第三方成员。

（二）菲律宾贯彻《巴塞尔协议》的重大举措

在贷款条件的约束下，菲律宾必须严格贯彻执行巴塞尔委员会所制定的政策以使菲律宾银行更好地适应金融全球化的外部环境，应对不断变化的国内外经济形势。菲律宾新中央银行于 2001 年 3 月 29 日颁布了第 280 号法令，作为指导制定菲律宾资本充足率的基本方针，其要求内外资银行的最低资本充足率为 10%，均高于《巴塞尔协议Ⅰ》和《巴塞尔协议Ⅱ》中 8%的水平。2004 年 12 月，BSP 宣布实施《巴塞尔协议Ⅱ》计划，采用《巴塞尔协议Ⅱ》的三个主要内容，即最低资本要求、监督检查和市场纪律，借此使银行加强其风险管理体系。《巴塞尔协议》在菲律宾银行体系实施的具体措施和成效如下：

(1)《巴塞尔协议 1.5》在菲律宾的实施

菲律宾 BSP 对储蓄银行（TBS）、农业银行（RBS）和合作银行（Coop Banks）[①] 制定了一个单独的基于风险的资本充足率框架，即《巴塞尔协议 1.5》。《巴塞尔协议 1.5》实际上是一个简化版本的《巴塞尔协议Ⅱ》，其中

① 这里的储蓄银行、农业银行和合作银行不是通用和商业银行（U/KBS）的子公司。

的操作相对更为简便。2010 年 5 月 26 日公布的 688 号通令规定了《巴塞尔协议 1.5》的具体执行指南，并于 2012 年 1 月 1 日生效。《巴塞尔协议 1.5》表明，菲律宾 BSP 的监管重点是占银行系统绝大部分份额的通用和商业银行（U/KBS），对小银行的监管要求则比较宽松。

（2）《巴塞尔协议Ⅱ》在菲律宾的实施

菲律宾 BSP 针对通用和商业银行（U/KBS）及其附属银行和准银行，采用《巴塞尔协议Ⅱ》的框架。具体而言，对《巴塞尔协议Ⅱ》的三大支柱，即最低资本要求、监管检查程序以及市场纪律的操作情况是，第一和第三支柱系通过 2006 年 8 月 4 日发布的 538 号通令进行规定，该规定已于 2007 年 7 月 1 日生效。通令指出了用于计算信贷市场和操作风险的监管资本要求的方法，以及在第三支柱中需要向公众披露的附加监管信息的方法。

菲律宾 BSP 于 2009 年 1 月 15 日发出 639 号通令并于 2011 年 1 月 1 日生效，其适用于所有通用和商业银行。对第二支柱监督检查程序制定了具体的指导原则：①银行应按照其内部资本充足评估程序（ICAAP）进行安排与设计；②菲律宾 BSP 监督检查人员也应参与 ICAAP 对话，必要时提出审慎措施。紧接着，在 2011 年 7 月 28 日颁布的 731 号通令中，菲律宾 BSP 对外资银行在菲律宾的分支机构提出了 ICAAP 补充指南。菲律宾外国银行分行的 ICAAP 设计必须与其在菲律宾的性质、规模和业务复杂度相一致。

（3）《巴塞尔协议Ⅲ》在菲律宾的实施

针对 2010 年 12 月 16 日巴塞尔委员会（BCBS）发布的《巴塞尔协议Ⅲ》，菲律宾 BSP 行动迅速，《巴塞尔协议Ⅲ》宣布后不久，菲律宾 BSP 便宣布了实施《巴塞尔协议Ⅲ》的计划，并在 2012 年上半年公布了咨询草案。在此之前，菲律宾 BSP 已颁布一系列规定，以奠定《巴塞尔协议Ⅲ》的实施基础。2011 年 1 月 10 日，菲律宾央行签发 709 号通令，修正了现有的基于风险的资本充足率框架，采用排位式的非普通股资本监管工具所包含的最低资格标准。BSP 还宣布，从 2014 年 1 月 1 日开始，通用和商业银行（U/KBS）必须采用《巴塞尔协议Ⅲ》框架下的资本充足率标准。

2008 年美国次贷危机爆发之后，完善金融监管体制、加强金融监管目标和维护全球金融稳定成为主要国际经济组织与国际评级机构积极推动的重要事项。菲律宾政府一方面积极实施《巴塞尔协议Ⅰ》《巴塞尔协议Ⅱ》和《巴塞尔协议Ⅲ》，从各个方面落实以《巴塞尔协议》为核心要求的宏观审慎监管理念。另一方面积极响应主要国际组织所提出的发展“包容性金融”倡议，大力发展微型金融（microfinance），在保持金融机构稳健和可持续发展的同时，促使菲律宾金融体制更具“包容性”。菲律宾实施的《2011—2016 年的六年发展计划》中指出，金融包容性战略包括以下三个方面：提高公众对金融部门康健的信心；教育公众认识金融工具以及公众权利；鼓励提供各种金融产品以满足各种消费者的需求。①

菲律宾杜特尔特政府上台之后提出了“菲律宾雄心 2040”（Ambition Nation 2040）计划，试图到 2040 年时消除贫困，特别是实现就业本地化，减少民众外出务工，并让大多数民众进入中产阶级。菲律宾经济发展署批准通过了旨在实现“菲律宾雄心 2040”的第一个六年计划，即《2017—2022 年菲律宾发展计划》，将农业、制造业作为首要发展领域，将改善基础设施作为实现以上目标的第一要务。此外，发展措施还包括推动教育普及、加强减灾防御机制、使政府获得更高社会信任度、提高企业创新能力等方面，这些都需要建立一个良好的、规范的、有竞争力的金融体制，提供具有“包容性”的金融支持。②

三、印度尼西亚的金融监管体制

为使印度尼西亚国民经济得到持续稳定增长，金融部门的活动必须在有序、公平、透明的环境下进行，亟须建立良好的金融监管体制以保护消费者和人民大众的利益，印度尼西亚建立了综合金融监管体制。

（一）金融服务管理局（OJK）的创建

印度尼西亚是 1997 年东亚金融危机的重灾国，印度尼西亚政府在向 IMF 寻求援助的同时，接受了苛刻的贷款条件。在推行《巴塞尔协议》提出的银行金融改革方案的同时，印度尼西亚对原有的中央银行制度进行改革，使其摆脱印度尼西亚政府和外部各种势力的干预，成为一个独立的国家机构，主要负责宏观经济调控和金融稳定。不过，由于各种复杂的政治经济因素相互交织，印度尼西亚中央银行的独立性及金融监管体制建立虽然从 2003 年便已

---

① GILERTO M. Lianto. Financial inclusion, eduation, and regulation in the philippines [R]. ADBI Istitute: ADBI Working paper series, 541, 2015: 12.

② 中国驻菲律宾大使馆商务参赞处．菲律宾经济发展署批准通过《2017—2022 年菲律宾发展计划》[EB/OL]. (2017-02-23)[2022-12-12]. http://ph. mofcom. gov. cn/article/jmxw/201702/20170202521846. shtml.

启动，但进展非常缓慢。

美国金融危机爆发之后，保持印度尼西亚的宏观经济稳定以确保国民经济能够得到持续稳定的发展成为各项任务的重中之重，有关金融监管体制的改革才被真正提上议事日程。印度尼西亚首先完成了中央银行法（The BI Act）的修订，规定了中央银行职责及应让渡的职能，借以消除责任的重叠。然后制定金融系统安全网法（*The Financial System Safety Law*），使其与金融服务管理局（OJK）法和修订中的中央银行法相一致，以便于主要权力部门，包括财政部、中央银行、金融服务管理局和存款保险公司，在防范与管理系统风险和危机时进行有效协调。

2011 年，印度尼西亚政府颁布金融服务管理局法（*the Law on Financial Service Authority of* 2011），旨在创建一个独立于中央银行之外的金融监管机构——金融服务管理局（Otoritas Jasa Keuangan，OJK），对银行、资本市场、保险、退休金和其他金融机构进行规范和监督。根据既定的路线图，从 2012 年 12 月 31 日起，印度尼西亚财政部原资本市场金融机构监督局（Bapepam-LK）所行使的对资本市场、保险、退休金、金融机构和其他金融服务机构的作用、职责和权力转移到 OJK。从 2013 年 12 月 31 日起，印度尼西亚原中央银行（BI）对银行部门金融服务管理和监管的作用、职责和权力也全部转移给 OJK。OJK 还承担着属于微观管理和监督范畴的任务，包括对金融机构、健康、审慎原则和银行检查进行管理和监督的职责和权力。与此同时，央行拥有对宏观审慎管理和监管的职责和权力，但在行使宏观审慎管理和监管时，OJK 会与央行协调对银行业进行道义劝导。①

（二）印度尼西亚综合金融监管体制的建立

为实现国民经济持续稳定发展，政府要求金融服务业的活动必须得到有序组织，且公平、透明、负责任，方能促进金融体系持续稳定发展，达到保护消费者和一般公众利益的目的。因此，需要成立一个对金融服务业活动具有综合、独立和可计算的管理，且具有监督职能、职责和权限的金融服务机构。然而，印度尼西亚的综合金融监管体制的建立并非一蹴而就，它经历了一系列包括功能转移、合作与协调、组建在内，乃至最终建立的过程。

---

① 资料来源：Indonesian Banking Booklet 2014，Published by Bank Licensing and Banking Information Department，Indonesia Financial Service Authority. www. ojk. go. id。

（1）监管功能的转移与分工

2012 年 12 月 31 日，资本市场、保险、退休金、金融机构和其他金融服务机构的管理监管活动的作用、职责和权力从印度尼西亚财政部资本市场和金融机构监管局（Capital Market and Financial Institution Supervisory Agency-Ministry of Finance）转移到 OJK。2013 年 12 月 31 日，对银行部门金融服务活动管理和监管的作用、职责和权力从 BI 转移到 OJK。

制度、健康、审慎原则、银行检查等方面的管理和监督属于微观管理和监督的范畴，成为 OJK 的职责和权限。与此同时，宏观审慎管理和监管的范畴则成为印度尼西亚中央银行的职责和权力。在实施宏观审慎管理和监管的过程中，OJK 必须协助中央银行进行道义劝告。

由此可见，BI 和 OJK 的职责划分如下：BI 的战略目标是保持货币稳定、保持印度尼西亚银行的财务可持续性、加强货币管理的有效性、建立健全有效的银行体系和金融体系稳定、保持支付系统的安全性和有效性等。印度尼西亚央行微观审慎监管职能则从 2013 年 12 月 30 日转移至 OJK。此后，央行将通过货币和宏观审慎的工具和政策来维持印度尼西亚的金融体系和货币稳定。印度尼西亚 OJK 则负责管理和监督金融服务业，成为印度尼西亚政府的一个自由机构，有序、公正、透明和负责任，并不受任何干涉，具有规范、监督、检查和调查印度尼西亚整个金融服务业活动的职能、职责和权力，以使印度尼西亚整个金融服务业活动在有条不紊进行的同时，保护消费者和社会的利益并创造一个稳定持续增长的金融体系。

（2）监管职责的协调与合作

为确保金融体系稳定和持续发展，BI 和 OJK 于 2013 年 10 月 18 日签订了联合协议，以便使双方在行使双边职责的过程中能够很好地进行合作与协调。联合协议规定了协作属性、增强效率和有效性、避免重叠、完善金融部门的管理，以确保 BI 和 OJK 职责的顺利贯彻。为支持 BI 和 OJK 进行合作与协调，职责和权力的范围必须与 BI 和 OJK 的立法相一致。其中包括：①按照各自的权限在履行职责方面进行合作和协调；②通过 BI 和 OJK，互换金融服务机构的信息和管理银行财务报告制度；③OJK 使用的所有物和文件，属于 BI 拥有，其也可使用；④对从 BI 调到 OJK 的官员和雇员进行管理。

（3）组建过渡团队

OJK 监事会必须与财政部和央行行长一起组建一个过渡团队。该过渡团队支持 OJK 监事会平稳行使其职责，并有权对金融服务机构相关的资产、建筑物、信息、文件和其他事项进行识别和核对，以确保将使用权转移到 OJK。

（4）综合监管的建立

综合金融业的发展需要 OJK 贯彻综合监管，使用综合的方式在金融部门中进行金融子部门之间的整合，以达到增强对金融服务机构监管的有效性。综合金融监管的实施可以降低金融服务集团中潜在的系统性风险，减少潜在的道德风险，最大限度地保护金融服务消费者的利益，实现金融系统的稳定。为实现综合金融监管体制所设计的路线图是：首先建立对集团化监管的方法论，包括监管周期、资本计算法和集团化评级法。其次制定出 OJK 的内部规则以支持综合监管的执行。有关规则包括综合监管体制、交流论坛和综合监管协调，以及综合监管协调机制。再次便是准备组织和人力资源。最后便是准备信息系统和新闻报道。

作为管理和监督金融服务部门的权利机构，OJK 致力于贯彻其职责和作用，以使金融服务部门走有序、可信、可持续发展之路。为此，OJK 采取了八项战略举措：①对金融机构实行综合管理和监管；②增强管理和监管的能力；③加强金融体制的弹性和性能；④提高金融体制的稳定性；⑤完善金融机构的治理与风险管理文化；⑥建立全面的金融消费者综合保护，并实施大规模教育；⑦提高人力资源专业化水平；⑧改善内部治理和质量保证。

从 2014 年起，印度尼西亚 OJK 正式作为一个独立的金融监管机构，对银行、资本市场、保险、退休金和其他金融机构进行规范和综合监督，取代了 BI 原有的职责，完成了从 BI 向 OJK 的让渡。印度尼西亚 OJK 引入了宏观审慎政策框架，其核心部分为金融体制稳定协调论坛。该论坛由财政部领导，具有明确的指导、评价和稳定金融体系的作用。论坛的成员组成为印度尼西亚中央银行行长、OJK 主席和存款保险公司主席（LPS）。

（三）印度尼西亚综合金融监管体制所采取的重大举措

OJK 成立之后制定了“2014—2023 年印度尼西亚银行业总体规划”，以取代印度尼西亚在 2004 年制定并于 2013 年终结的印度尼西亚银行业结构蓝图（Indonesia Bank Architecture），尽管该蓝图仅完成了一半。[①] 该项总体规划旨在关注银行业在国内和全球范围内的动力，其中包括：全球经济形势的不确定对印度尼西亚银行体系的影响、国际标准和承诺的发展情况、自由贸易和

① 资料来源：Indonesian Banking Booklet，Published by Bank Licensing and Banking Information Department，Indonesia Financial Service Authority，2014：38. www. ojk. go. id。

地区国家金融部门一体化。OJK 对国内金融的关注集中在金融业持续增长、公平发展和金融稳定等方面。此外，其还关注非最优银行结构、银行间不平衡竞争、改善银行治理管理等方面。

印度尼西亚作为 G20 以及其他国际论坛包括金融稳定局（FSB）、银行监管巴塞尔委员会（BCBS）的成员，承诺兑现其诺言。与此相符，由于监管的作用已经从 BI 转移到 OJK，OJK 在执行其职责时不能与在各种论坛中的承诺相背离。不过，OJK 保留其根据国内银行业发展的情况进行调整的权利。OJK 根据《巴塞尔协议》金融改革框架的演变，不断调整其监管政策。从 2012 年 12 月起，印度尼西亚开始全面执行《巴塞尔协议Ⅱ》中的支柱 1、支柱 2 和支柱 3，颁布了一系列规则以满足《巴塞尔协议》中的最低资本要求、监督检查和市场纪律。根据有关规定，印度尼西亚银行的最低资本要求根据其风险情况而定。其中具有 1 级风险特征的银行，最低资本要求为 8%；具有 2 级风险特征的银行，最低资本要求为 9%至小于 10%；具有 3 级风险特征的银行，最低资本要求为 10%至小于 11%；具有 4 级或 5 级风险特征的银行，最低资本要求为 11%~14%。印度尼西亚政府贯彻执行《巴塞尔协议 2. 5》，将其作为印度尼西亚承诺兑现采纳国际标准的方式。所发布的《巴塞尔协议 2. 5》咨询文件涵盖了有关市场风险与安全、《巴塞尔协议 2. 5》中第 2 支柱与第 3 支柱等各种规则的评估。印度尼西亚密切关注《巴塞尔协议Ⅲ》的进展，并积极征求利益相关者对《巴塞尔协议Ⅲ》的看法，进行量化研究，采取各种有效措施并制定相应政策。2013 年 12 月 12 日，颁布 PBI No. 15/12/PBI/2013，将其作为印度尼西亚商业银行资本充足率计算标准方法使用指南（KPMM），其中规定：①根据《巴塞尔协议Ⅲ》，通过资本工具构成和要求的变化来提高资本质量。②资本充足率要求商业银行以风险加权资产（ATMR）计算的最低核心资本率达到 6%，最小核心资本比率达到 4. 5%。③根据风险状况参照资本充足率计算标准方法使用指南（KPMM）来新增资本，以作为缓冲。2014—2019 年印度尼西亚分阶段逐步推行《巴塞尔协议Ⅲ》，使其有足够的时间做好准备，以达到《巴塞尔协议Ⅲ》所规定的资本质量和数量。

四、马来西亚的金融监管体制

（一）独特的马来西亚金融监管体制

马来西亚的金融监管体制主要由担负中央银行职能的马来西亚国家银行

（Bank Negara Malaysia，BNM）和证券委员会（SC）负责。

2009年马来西亚中央银行法（the CBA）赋予马来西亚国家银行（BNM）正式维护金融稳定的任务，以及为完成任务所具有的总体权力。2013年2月8日，马来西亚政府颁布A1443/2013号法案，对中央银行法进行了新的修订。BNM依据《2013年金融服务法》以及央行货币政策委员会出台的各项法令，对银行部门（传统银行、伊斯兰银行和开发银行）、证券部门、货币和外汇市场和支付系统进行较为集中的单一式监管。[①] 通过每年一次的现场检查和多次专项非现场检查来保证商业银行的稳健运行，以维护商业银行的竞争秩序、保护金融交易者的合法权益。同时，通过相关机构的信息收集对不在其监管之列的非银行机构实行监控。

马来西亚证券委员会则对资本市场中介，包括基金管理公司、经纪交易商、证券和衍生品市场进行管理，并与BNM一起对投资银行行使监督责任。马来西亚证券委员会还监管新兴的私人养老金基金业，但两家主要的国有养老基金由财政部监督。

作为离岸银行的监管机构，纳闽金融服务管理局（LFSA）是根据《1996年纳闽金融服务管理局法》成立的。LFSA是一个法定机构，负责开发和管理纳闽岛（Labuan）[②] 的离岸国际商业和金融中心。其涉及的领域包括离岸银行业、保险、信托和基金管理。LFSA的主要职责是向企业颁发在纳闽国际商业和金融中心经营的许可，以及对获得许可的实体进行监管，并负责制定相关金融服务政策。

BNM内部设立的金融稳定委员会（FSC），是金融稳定问题的决策机构。金融稳定执行委员会（FSEC）延续了BNM的监督权力，对直接监管范围之

① 2013年6月30日生效的《2013年金融服务法》规定了对金融机构、支付系统和其他相关实体的监管和监督，以及对货币市场和外汇市场的监管，以促进金融稳定。同日生效的《伊斯兰金融服务法》规定了对伊斯兰金融机构、支付系统和其他相关实体的监管和监督，以及对伊斯兰货币市场和伊斯兰外汇市场的监督，以促进金融稳定和遵守伊斯兰教法，以及有关、相应或附带事宜。《1996年保险法》是于1996年制定、2005年修订的。2013年除了少数条款有修订外，依然继续生效。该法案为保险业务、保险经纪业务的许可和监管提供新法律的法案，并为调整业务和财务咨询业务以及其他相关事宜提供法律保障。《2002年开发金融机构法案》于2002年2月15日生效，并分别于2015年、2016年修订，重点是促进有效和高效金融机构的发展，以确保金融机构的作用、目标和活动与政府政策相一致，并确保被授权的作用得到有效和高效执行。此外，该法案还强调有效管理和有效的公司治理，通过审慎要求的规范，提供全面的监督机制体制来改善金融机构的财务状况。参见马来西亚国家银行网站资料，http：//www. bnm. gov. my/index. php？ ch=li&cat=banking&type=CB&fund=0&cu=0。

② 马来西亚的纳闽岛位于马来西亚沙巴州南部。

外的机构行使监管权力。金融稳定执行委员会的成员包括马来西亚国家银行总裁、一位副总裁、马来西亚保险存款公司（PIDM）的高级执行官、一位审计员、一位法律专家，每年至少开两次会。证券委员会和财政部不是正式成员，但可应邀参加金融稳定执行委员会的会议。BNM、证券委员会、保险存款公司、纳闽岛金融服务管理局等金融监管机构之间的合作通过 BNM 和其他监管机构之间所签订的谅解备忘录进行。这些谅解备忘录有利于信息共享和政策协商，但合作的规模依然有限。

马来西亚还通过建立存款保险公司等做法来转移国内商业银行的风险，维护国内银行业的稳定。2005 年 7 月 26 日，马来西亚国会通过《马来西亚存款保险公司法案》（*Malaysia Deposit Insurance Corporation Act*），为建立存款保险公司奠定了法律基础。2005 年 8 月 15 日，正式成立马来西亚存款保险公司（PIDM）。

（二）马来西亚承诺兑现《巴塞尔协议》

1997 年东亚金融危机后，马来西亚经济也遭受了严重冲击。尽管马来西亚并未向 IMF 借款求援，不必按照贷款条件进行强制性的改革，但是，马来西亚在之后的金融改革中也同样借鉴了《巴塞尔协议》的做法。同时，结合国内情况对商业银行信用风险、流动性风险、市场风险和操作风险等的管理提出了各种明细要求，BNM 发布了《资本充足框架》对国内银行业的资本做出规范，正式确定用资本充足率的要求来替换原来在风险管理的自由资本比率（free capital ratios）、杠杆比率（gearing ratios）和风险资产比率（risk assets ratios）。用文件的形式对总资本充足要求、资本的构成内容和风险资产的计量做出了规范。BNM 要求国内商业银行根据自身的条件分两步来执行《巴塞尔协议Ⅱ》，对于那些有能力按内部法来衡量信用风险的银行，允许其推迟到 2010 年开始用内部法实施《巴塞尔协议Ⅱ》。

NBM 承诺严格执行《巴塞尔协议Ⅲ》所规定的资本充足框架协议，并于 2012 年为本国银行和金融机构制定了与巴塞尔委员会银行监管相一致的资本充足框架指南（CAR Framework）。BNM 提供了如何操作资本保全缓冲和反周期资本缓冲要求的指导，以及确定跨境风险敞口和反周期资本缓冲所需要的加权平均值公式。具体而言，该公式考虑了银行账簿中私营部门信贷风险敞口的总风险加权资产与交易账簿中特定风险资本费用、增量风险费用（违约和迁移风险）和证券化的总风险加权资产之和，以及银行机构在其管辖范围内的证券化。[①] 马来西亚最新资本充足（CAR）框架的发布，使得 BNM 巩固了其遵守巴塞尔委员会制定的《巴塞尔协议Ⅲ》的承诺，并使马来西亚跟上银行业监管日益增强以及加强审慎框架的全球性趋势。作为国际三大评级机构的穆迪，在其 2016 年的投资报告中指出，马来西亚已经完全做好满足《巴塞尔协议》条件的准备，在家庭债务水平上升的情况下，贷款应保持紧缩和选择性，但预计不会出现进一步的严厉紧缩。[②]

五、泰国的金融监管体制

随着金融自由化浪潮席卷全球，为适应整个金融市场和金融机构发展态势，防范国内再度爆发金融动荡和金融灾难，泰国传统监管理念以及金融监管体制机制也发生了调整，其中最重要的变化就是从财政部“单核心”体制变成了财政部和中央银行组成的“双核心”多机构金融监管体制。

（一）泰国的“双核心”与多机构金融监管体制

在金融自由化之前，泰国金融监管体系长期奉行的是“分业经营、分业监管”体制。早在 1962 年泰国便通过《商业银行法》，部分赋予了中央银行在金融监管特别是银行监管方面的重要职责，1985 年的《商业银行法（修订案）》扩大了央行的监管权限，但泰国中央银行始终在财政部的监管之下，其金融监管独立性始终无法得到保证，财政部在金融监管方面处于绝对核心地位。

1997 年金融危机爆发后，泰国政府在 IMF 指导下于 2000 年向国会提交了两项修改法案：《新机构金融法》和《泰国中央银行（修订案）》，目的在于使中央银行在进行金融监管时，更具自主性和灵活性，不必事先征得财政部的同意。但由于政治格局动荡，这些新法案被搁置，直至 2008 年才得以正式通过。根据新的中央银行法，泰国央行的监管独立性和决策透明度大幅提高，“双核心”多机构金融监管体制逐渐形成（见图 6-3）。

---

① Capital Adequacy Framework (Capital Components) to bring Malaysia in line with Basel Ⅲ [EB/OL]. https://www.lexology.com/library/detail.aspx? g=7f91a91c-4d76-4fac-a8a5-5dfeef412a4a.

② 资料来源：https://www.centralbanking.com/central-banking/news/2179945/malaysia-releases-basel-iii-proposals。

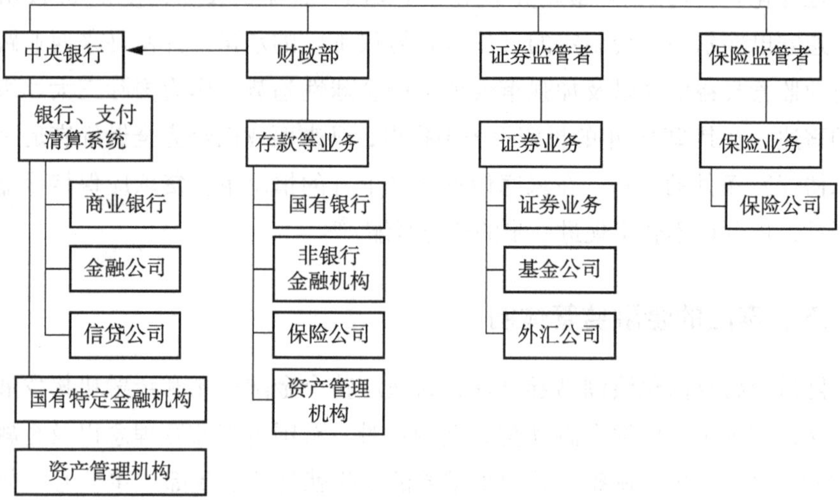

图 6-3 泰国“双核心”与多机构金融监管体制

资料来源：泰国银行（BOT），http：//www. bot. or. th.

在金融监管职责方面，泰国中央银行并非唯一的监管机构。《新金融机构业务法》规定金融监管职能分别隶属财政部、泰国中央银行和证券与外汇委员会等政府机构，也就是说，在混业经营下，泰国目前实行的是财政部和中央银行组成的“双核心”多机构金融监管体制。从国际经验来看，为应对金融业迅猛发展的形势，越来越多的国家不满足于多边分散的监管体制。自1997年英国成立独立于中央银行的统一金融监管机构——金融服务管理局（FSA）以来，各国纷纷效仿改革。随着泰国金融行业综合化和混业经营程度越来越高，统一监管模式也成为泰国金融体制演进的方向，尽管路程漫漫。

（二）《巴塞尔协议》在泰国的实施情况

泰国积极推进金融自由化进程，早在1993年便接受了国际银行业的普遍“游戏规则”，正式开始实施《巴塞尔协议Ⅰ》。泰国商业银行的核心资本充足率不低于6%，总资本充足率不低于8.5%，均高于《巴塞尔协议Ⅰ》的监管要求。[①] 尽管泰国银行业的资本充足率维持在较高水平，但金融对外自由化步伐太快，反而成为1997年7月东亚金融危机爆发的发源地。危机后泰国银行业不良资产大量暴露，用于吸收非预期损失的监管资本消耗较快，2000年核心资本和总资本分别较1997年大幅降低30%和15%。经过危机后强有力的

① 《巴塞尔协议Ⅰ》的监管要求分别为核心资本充足率不低于5.5%，总资本充足率不低于8%。

金融重组和注入资本等措施，2001年泰国银行业的资本方才恢复了正增长。

作为危机重灾国，泰国必须严格按照IMF的贷款条件，并遵照《巴塞尔协议》对商业银行的资本进行监管。其实施可划分为两个阶段：第一阶段（1997—2001年）是对银行重组改革，并实施资本支持计划。1997年，泰国央行明确要求商业银行资本充足率不得低于8.5%，且所有银行在资本金冲销损失后，提出详尽的资本补充计划。第二阶段为资本审慎管理。2002年之后，泰国经济和金融体系逐步企稳，外部环境趋于改善，泰国商业银行的不良贷款率降至可接受水平，泰国央行开始酝酿监管模式转型，提出了金融监管层面的三个重要战略转变：建立一个明细的监管政策框架；从传统监管模式转向风险导向型监管；重构监管流程，提高监管效率和效果。泰国央行的监管理念和监管方式的转变与《巴塞尔协议Ⅰ》的不断修订和补充保持了同步。

泰国央行和财政部积极推动《巴塞尔协议Ⅱ》的实施，努力与国际监管标准保持一致。明确要求金融机构于2006年6月完成《巴塞尔协议Ⅱ》初步实施方案，于2007年9月完成最终实施方案，2007年12月《巴塞尔协议Ⅰ》和《巴塞尔协议Ⅱ》并行，2008年12月正式实施《巴塞尔协议Ⅱ》的第1支柱和第2支柱，2009年6月正式实施第3支柱，2012年实施完整的《巴塞尔协议Ⅱ》框架。

由美国次贷危机引发的2008年全球金融危机迫使巴塞尔委员会重新审视《巴塞尔协议Ⅱ》的三大支柱。2009年7月，巴塞尔委员会先后发布了《新资本协议的修改建议》《市场风险资本计提修改建议》《交易账户新增风险资本计提指引》，统称《巴塞尔协议2.5》。2010年12月巴塞尔委员会发布了对全球银行业产生影响的最新监管要求——《巴塞尔协议Ⅲ》。泰国监管机构积极响应，泰国央行明确了跟进落实的时间表和路线图，并根据《巴塞尔协议Ⅲ》确定的银行资本和流动性监管等新标准，提高了资本充足率、杠杆率、流动性和贷款损失准备的监管标准，建立更具前瞻性且有机统一的审慎监管制度安排，以增强银行业金融机构抵御风险的能力以及金融体系稳定性。

第五节　东南亚金融监管体制特点比较

本章所涉及的东南亚的金融监管有三种模式，即中央银行监管模式、分业监管模式和综合监管模式。

中央银行监管模式的特点在于，银行的监管是在中央银行内部进行，中央银行还对保险与证券行业进行监管。新加坡和马来西亚的金融监管模式便属于中央银行监管模式。菲律宾、泰国和越南则实行分业监管模式，表现为中央银行不再专门行使监管银行的职责，而将宏观经济调控及金融稳定置于重要的地位，保险业和证券业的调节与监管则分别由不同的监管机构执行。综合监管模式则表现为通过立法等程序，在中央银行之外创立一个监管机构，印度尼西亚便是在 IMF 贷款条件下致力于将其金融监管模式由中央银行监管模式改变为综合监管模式。

虽然新加坡和马来西亚的监管体制都属于中央银行监管模式，但因国情不同，两国的中央银行监管模式还是有着很大区别的。

扮演中央银行角色的新加坡金融管理局（MAS）在维护金融稳定的同时，担负起包括银行、保险与证券业监管的职责。MAS 的具体金融监管职能由其银行监管部（BSD）、复杂机构监管部（CISD）、保险监管部（ISD）、谨慎政策部（PPD）和专业风险监管部（SRSD）5 个“金融机构监管组团”实施。另外，银行、保险、证券等行业都有行业协会等自律组织，能够对 MAS 的监管行为起到一定的配合作用，以适应新加坡深化金融自由化、发展本地金融业和成为国际金融中心的需求。新加坡在金融科技、金融服务业发展与监管领域方面一直走在世界前列。2015 年 8 月，MAS 设立了金融科技和创新团队，投入 2.25 亿新加坡元推动《金融领域科技和创新计划》，针对全球金融发展的新变化，新加坡政府鼓励外国投资者在当地设立创新和研发中心，支持金融科技项目的开发与应用。2016 年 5 月，新加坡专门成立金融科技署，管理金融科技相关业务，为企业提供“一站式”服务，推动金融服务业的发展。借鉴英国的沙盒监管模式，MAS 于 2016 年 11 月提出了《金融科技监管沙盒指导》，开启了金融科技新时代的监管模式。2017 年 11 月，MAS 又推出了互联网探测数据分析（ICO）指南，以应对区域链、数字货币的风靡。MAS 指出，《新加坡关于 ICO 及加密指南》是以区块链技术为基础出售数字货币的 ICO 行为，在一些特定情况下被置于国家期货证券及金融顾问法案条款的制约之下。

马来西亚的金融监管则主要由扮演中央银行职能的马来西亚国家银行（BNM）和证券委员会（SC）负责。2009 年马来西亚中央银行法（the CBA）赋予 BNM 维护金融稳定的任务和权力。2013 年 2 月 8 日，马来西亚颁布了 A1443/2013 号法案，对中央银行法进行了新的修订。BNM 依据《2013 年金融服务法》以及央行货币政策委员会出台的各项法令，对银行部门（包括传统银行、伊斯兰银行和开发银行）、证券部门、货币和外汇市场及支付系统进行较为集中的单一式监管。马来西亚证券委员会则对资本市场中介，包括基金管理公司、经纪交易商、证券和衍生品市场进行管理，并与 BNM 一起对投资银行行使监督责任。马来西亚证券委员会还监管新兴的私人养老金基金业，但两家主要的国有养老基金则由财政部监督。马来西亚还通过建立存款保险公司等做法来转移国内商业银行的风险，以维护国内银行业的稳定。2005 年 7 月 26 日，马来西亚国会通过《马来西亚存款保险公司法案》（MDIC Act），为建立存款保险公司奠定了法律基础。2005 年 8 月 15 日，马来西亚存款保险公司（PIDM）正式成立，其保险覆盖的业务有储蓄存款、定期存款、活期存款、银行支票业务和其他支付工具。

纳闽金融服务管理局（LFSA）作为离岸银行的监管机构，专门负责管理位于马来西亚沙巴洲纳闽岛（Labuan）的离岸国际商业和金融中心，主要职责是向企业颁发在纳闽国际商业和金融中心经营的许可，以及对获得许可的实体进行监管，并负责制定相关金融服务政策。

菲律宾与泰国的金融监管体制属于分业监管模式类型，但也各具特色。

菲律宾由于长期以来背负 IMF 的巨额外债，其金融监管体制的变迁路径必须遵循贷款条件，有着较强的外部约束性。早在 1993 年菲律宾便建立了独立的新中央银行（BSP），以取代原来负债累累的旧中央银行（CBP）。菲律宾的分业监管模式表现为：证券交易委员会（SEC）负责监管证券机构，保险委员会（IC）监管保险机构，而菲律宾中央银行（BSP）则负责监管银行部门和外汇市场。根据 IMF 的要求，2004 年菲律宾中央银行、证券交易委员会、保险委员会和菲律宾存款保险公司共同建立了金融部门论坛（FSF），以促进协调上述 4 个金融监管部门的各项规章制度和政策，进行信息交换与共享，并解决对金融集团中不同的金融实体进行监管和调整的非一致性而导致的监管套利。由于 FSF 不是一个正式的组织，是否参加该论坛完全出于自愿，论坛所达成的协议在法律上不具有约束力，主要通过道德劝告进行。由于菲律宾金融集聚的表现实质上是在银行业，菲律宾 BSP 自然而然便是主要的监管机构。可是，BSP 在对整个银行集团的运行进行监督时，必须确保与其他监管机构的协调一致，并关注是否侵犯到其他监管机构的权利。

泰国长期以来实行的是“分业经营、分业监管”的金融监管体系。早在 1962 年泰国便通过了《商业银行法》，赋予扮演中央银行角色的泰国银行（BOT）在金融监管（特别是银行监管）方面的部分职责。1985 年《商业银行法（修订案）》扩大了BOT的监管权限，但泰国中央银行始终是在财政部的监管之下，其金融监管独立性始终无法得到保证，财政部在金融监管方面处于绝对核心地位。1997年金融危机爆发后，在IMF贷款条件的制约下，泰国政府被迫加强中央银行的独立性，使之脱离财政部，进而加强金融监管，并于2000年向国会提交了两项修改法案：《新机构金融法》和《泰国中央银行（修订案）》，目的在于使中央银行在进行金融监管时更具自主性和灵活性，不必事先征得财政部的同意。但由于泰国政治动荡，这些新法案被搁置，直至2008年经修订后才正式通过，而此时外部金融环境已经发生了很大变化。金融稳定因美国金融危机的爆发成为关注点，之前IMF的贷款条件，包括要求建立独立于财政部的金融监管体制等，已不再具有约束力了。泰国新的中央银行法，在金融监管职责方面虽然规定了泰国中央银行并非唯一的监管机构，但《新金融机构法》规定金融监管职能分别隶属财政部、泰国中央银行以及证券委员会和保险委员会，形成了泰国特有的在混业经营下，财政部和中央银行组成“双核心”多机构分业金融监管体制。

印度尼西亚金融监管体制改革虽然起始于2003年，但在美国金融危机爆发之后相关改革才真正提上议事日程。2011年，印度尼西亚政府颁布金融服务管理局法，旨在创建一个独立于中央银行之外的金融监管机构——金融服务管理局（OJK），对银行、资本市场、保险、退休金和其他金融机构进行规范和监督。根据既定的路线图，从2012年12月31日起，印度尼西亚财政部原资本市场金融机构监督局（Bapepam-LK）所行使的对资本市场、保险、退休金、金融机构和其他金融服务机构的作用、职责和权力转移到OJK。从2013年12月31日起，印度尼西亚原中央银行（BI/Bank Indonesia）对银行部门金融服务管理和监管的作用、职责和权力也全部转移给OJK。OJK还承担着对属于微观管理和监督范畴，包括对金融机构、健康、审慎原则和银行检查进行管理和监督的职责和权力。

从2014年起，印度尼西亚OJK正式作为一个独立的金融监管机构，对银行、资本市场、保险、退休金和其他金融机构进行规范和综合监督，取代了印度尼西亚中央银行（BI）原有的职责，完成了从BI向OJK的让渡。OJK成立之后制定了“2014—2023年印度尼西亚银行业总体规划”，以取代印度尼西亚于2004年制定、2013年终结的银行业结构蓝图。不过，由于世界金融市场变幻莫测，印度尼西亚在经济尚且落后、信息不灵条件下所建立的权力如此集中的金融监管体制是否符合本国国情，依然有待实践检验。

第六节　经验与启示

从制度经济学的角度来看，制度变迁与创新是打破原有的制度均衡、形成新的制度均衡的过程。西方发达国家的金融监管模式的变迁大多属于需求诱致型的制度变迁，是一种制度自然变迁、自我修复演化的过程，内嵌于相应的经济法律环境之中。国内金融市场发达、创新能力突出，能够为金融监管的演化完善提供充分的外部刺激和内生技术条件。东南亚的发展中国家则不尽然，它们的金融监管模式的设计并不完全是一种自然的制度变迁过程，而是受外部条件的约束，不完全符合国情，必然会对本国金融与经济发展造成不同的影响，也有可能形成制约。

一、强制性金融监管机制的变迁不符合东南亚国家的切身利益

东南亚国情差异甚大、经济发展水平不同，其金融监管的制度安排受每个国家的政治、立法环境以及历史事件的影响。遭受 1997 年东亚金融危机蹂躏的一些重灾国因向 IMF 寻求援助而被迫接受贷款条件，其金融监管体制的改变具有较强的外部约束性，属于强制性制度变迁，经历了痛苦的历程，付出了代价，然而却并不符合本国国情。唯有当这些国家的经济摆脱 IMF 的贷款条件后，方能进行既能跟上世界潮流又符合本国国情的金融监管体制改革。在这些方面，东南亚有着深刻的经验与教训。

二、应该采取灵活的措施应对来自外部的变革压力

作为东亚金融危机的发源地，泰国依据其长期以来在外交方面所积累的被称为“随波漂流”的“椰壳政策”和灵活应变的经验，在国际经济形势发生剧烈变化后的 2008 年才开始进行金融监管体制的改革，并将其金融监管模式成功地保留着“双核心”（财政部和中央银行）分业金融监管特点。印度尼西亚的情况却截然不同，印度尼西亚政府根据贷款条件的要求，在实行中央银行独立性的同时，在中央银行之外设立一个综合金融监管体制。这项改革于 2003 年启动，经历了约 11 年的努力，方于 2014 年正式运行。可是，面对变幻莫测的全球金融市场，印度尼西亚所施行的独立的综合监管模式能否胜任职责已经引起印度尼西亚政府的担忧。对于早在 1993 年便实施独立的中

央银行及分业金融监管体制改革的菲律宾而言，这样的模式也同样不能与其生产力和经济发展水平相适应，也是贷款的附加条件。已有不少知名学者对菲律宾的分业监管体制提出了以下批评：一种观点认为，考虑到菲律宾金融控股企业的数量和规模的不断增加，原有的分业监管体制已经不能适应菲律宾的金融发展现状，有必要采取改革措施，建立统一监管模式。另一种观点则认为，菲律宾大型金融集团的跨行业属性已经日益明显，各种相互交叉持股使得金融机构的行业归属和监管归属变得异常复杂，原有的监管模式已经难以发现并限制新型金融风险隐患的爆发，因而必须建立统一金融监管模式以应对上述问题。

三、中央银行监管模式并未过时，依然符合某些国家的实际情况

1997 年在东亚金融危机的影响下，国际经济组织包括 IMF 都在千方百计地利用贷款条件加快东亚重灾国的金融自由化和“去制度化”，推动进行中央银行独立性改革与建立金融分业监管模式。2007 年美国次贷危机引发全球金融动荡之后，金融稳定被视为中央银行最为重要的目标，金融分业监管成为时尚，而中央银行金融监管模式则被斥之为“过时”的模式。然而，新加坡和马来西亚即便在这种时刻也不为之所动，依然根据国内的实际情况坚定地实行中央银行金融监管模式。事实证明，新加坡和马来西亚两国的金融与经济发展在本区域中表现优异。这与两国并未沦为债务国而被迫接受有损于经济主权独立的改革不无关系，从而引发国际学术界对中央银行监管作用的再思考，亦即中央银行在扮演“最后贷款人”的角色并监督金融稳定的同时，必须及时获得有关银行业以及其他金融部门发展的信息，关注保险和证券等系统的安全问题。

第七章

东南亚的金融稳定与地区金融安全合作

1997 年与 2008 年的金融危机给东南亚的金融稳定与安全敲响了警钟。从东南亚的教训来看，国际游资等外在因素的冲击并不是关键所在，一国本身是否拥有一个健康和富有竞争力的金融体系，才是决定能否避免重大金融危机或市场波动的关键。因此，在金融全球化的背景下，金融稳定与安全尤为重要。金融稳定重在调控和监管，金融安全则重在进行区域金融合作。

第一节　全球化下金融稳定的内涵与外延

金融稳定（financial stability）内涵丰富，至今尚未形成统一的定义，根据有关学者的归纳，学术界至少存在 10 种以上的定义，大体上可以分为两类：一类是依据金融稳定的具体特征来直接描述其内涵；另一类则是以反证归纳的方法定义金融稳定。

一、对金融稳定的正面阐释

从正面阐释金融稳定的定义可归纳为四种解说，即抵御冲击说、要素描述说、金融功能说和管理系统性风险说（见表 7-1）。这四种观点可概括为金融稳定是指金融体系处于能够有效发挥其关键功能的状态。在该状态下，宏观经济健康运行，货币和财政政策稳健有效，金融生态环境不断改善，金融机构、金融市场和金融基础设施能够发挥资源配置、风险管理、支付结算等关键功能，在受到内外部因素冲击时，金融体系整体上仍然能够平稳运行。

表 7-1 金融稳定的不同定义

定义	代表观点
抵御冲击说	Padoa-Schioppa（2002）认为，金融稳定是指金融机构、金融市场和金融设施运行良好，在遭到各种冲击时仍能维持储蓄向投资有效转化，并对经济运行进行支付的状态
要素描述说	Croekett（1996）认为，金融稳定包括：①关键性的金融机构保持稳定，公众有充分信心认为该机构能履行合同义务而无须干预或外部支持；②关键性的市场保持稳定，经济主体能以反映市场基本因素的价格进行交易，且价格在基本面未变化时短期内不会大幅波动。Foot（2003）认为，金融稳定是一个广义的概念，至少应该包含以下条件：一是货币稳定；二是充分就业；三是经济对金融系统应具有良好预期；四是金融资产价格的变动对价格稳定以及充分就业的威胁被有效阻断
金融功能说	德意志央行（2003）认为，金融稳定是金融体系能够稳定、高效率运行的状态，并且在面临外部压力、内外冲击以及结构变动时，能够继续履行资源配置、风险分散、清算支付的能力。Honbens 等（2004）认为，金融稳定是金融体系能够跨行业、跨时间地有效配置资源，评估和管理金融风险，吸收风险的一种状态。它在一个统一体内持续发生，随时间而变化，并与它的构成要素的多重组合相一致
管理系统性风险说	Kaufmann（1995）认为，维护金融稳定要着力关注系统性风险，避免金融危机的爆发。理解系统性风险的定义，是设计金融稳定政策和鼓励市场首创性的重要工具。系统性金融风险是指一事件引发的金融体系的经济价值损失或信心丧失及其不确定性的提高，可能足以对实体经济产生巨大的负面影响。Schinasi（2004）则直接运用金融风险来进行定义，即金融稳定是金融风险的定价、配置和管理机制运行良好并改进经济绩效的一种状态

二、以反证归纳的方法定义金融稳定

从反面角度，金融稳定就是指不存在金融不稳定（absence of financial stability）。金融不稳定是指金融资产的价格严重偏离基本面，金融市场运行严重扭曲的情形（Bernanke & Gertler，2000；Ferguson，2003）；或是外来冲击妨碍了信息的传递使得金融体系无法正常发挥为实体经济提供资金的功能的情况（Mishkin，1999）。White（2000）区分了三种形式的金融不稳定：短期资产价格的波动、中期的错配和泡沫、市场与国家之间的传播。

金融脆弱性（financial fragility）是指金融业高负债的本性，广义上的金融脆弱性泛指一切金融领域中的风险集聚，包括传统信贷市场上的脆弱性和金融市场上的脆弱性。Minsky（1982，1992）最先对金融脆弱性问题作了比较系统的解释，形成了“金融脆弱性假说”。他认为金融内在脆弱性是金融业的本性，是由金融业高负债经营的行业特点所决定的。一般认为信贷市场由于信息不对称，导致逆向选择和道德风险，致使金融机构的风险不断积累，产生信贷市场的脆弱性；此外，资产价格（证券、房地产、土地等）的波动性和波动效应的传染性，会导致金融市场的脆弱性。Goldstein、Kaminsky 和 Reinhart（2000）广泛地归纳了评估金融脆弱性的方法，重点强调了早期预警体系。IMF、世界银行和许多国家的“金融稳定评估报告”也为我们提供了丰富的资料来源。

从概念上说，金融脆弱性刻画了金融行业属性，金融不稳定更多的是指金融脆弱性加剧到某种程度，使得金融市场和金融机构的功能无法正常发挥的状态。两者内涵接近，可共同作为金融稳定的反面解释。综合各方表述，金融稳定包括两个层面：金融稳定状态和金融稳定性。前者是概念体系的表层，是指构成金融体系的金融机构、金融市场和金融基础设施都平稳地运行和发挥作用；后者是指金融体系具有很强的承受各种冲击的能力和弹性。金融稳定目标是两个层面的结合，如图 7-1 所示。

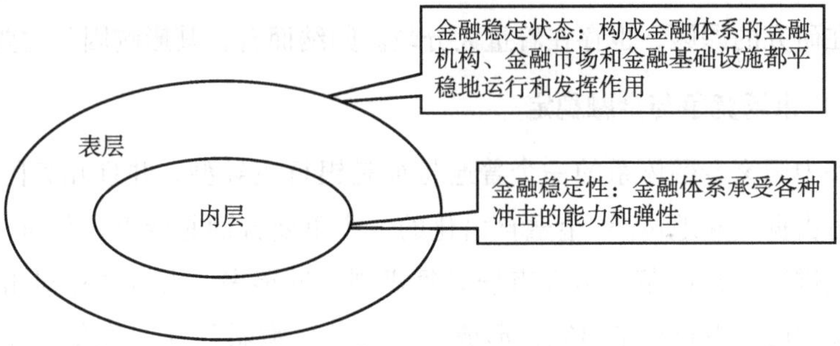

图 7-1　金融稳定概念的表层和内层

资料来源：王长江．金融稳定研究：内涵及一个框架［J］．上海金融，2006（11）．

从系统控制学角度看，金融稳定状态是一种定性的描述，而金融稳定性则强调定量分析，也即用哪些指标可以刻画金融体系的稳定状态。本质上，金融稳定并非“0”或“1”的简单二元化问题，而是一连串的有待精确刻画的光谱。因此，当在概念后增加“性”一字得到金融稳定性时，就表示要进行定量的评述了。

关于金融稳定性或脆弱性的度量，Garcia-Herrero（2004）提出可用信贷供给的波动性、银行危机发生的概率以及风险的传递性来表示；也有学者用资产价格偏离其均值的方差（Kaminsky & Reinhart，1999）或偏离趋势的方差（Borio & Lowe，2002）来度量金融稳定性。Demirguc-Kunt 和 Detragiache（1998）利用虚拟变量来表示危机是否爆发，Johnston 等（2000）建议使用连续变量来度量金融部门的稳定性或脆弱性。银行危机可以用以下变量来衡量：

银行资产价值大幅波动或急剧下降、不良贷款占比大幅增加、资本充足率超低或急剧下降。货币危机可以用以下变量衡量：本币大幅贬值、汇率剧烈波动、国际储备资产迅速耗尽、资本流动占 GDP 的比重高、国际资本（尤其是短期国际资本）波动大、证券投资占 FDI 的比例高、资本流入少而流出多、巨额经常账户赤字等。

第二节　金融稳定的影响因子与东南亚的金融稳定

一、金融稳定的影响因子

是何种因素对一国的金融稳定产生影响或导致一国的金融不稳定？这是一个仍在研究的课题，也存在着重大分歧。归纳而言，其影响因子主要如下：

（一）市场竞争与金融稳定

发展中国家金融体系的一个普遍特征是银行主导型，并且几家国有性质的大银行占据垄断地位。[①] 金融自由化的一个重要方面是降低市场准入门槛，对银行业进行产权改革，引入市场竞争机制。近年来，大量文献对市场竞争与金融稳定的关系进行了研究，形成了“竞争—脆弱”和“竞争—稳定”两大假说。

“竞争—脆弱”假说的基础是银行特许权价值论。Keeley（1990）认为，银行间过度竞争将通过降低垄断租金收益侵蚀银行金融许可牌照的特许权价值，促使银行采取更具风险的信贷政策以保持其原有收益水平，从而增加其贷款组合的内在风险，降低其实际资本充足水平，并导致银行出现较高的不良贷款率和更高的破产概率，最终在微观水平上对单一银行的清偿能力产生威胁，并在宏观层面不利于整个银行体系的稳定。相对而言，有限的市场竞争将鼓励银行采取更为稳健的信贷政策以保护其较高的特许权价值，从而有助于整个银行体系的稳定。Hellman 等（2000）认为，特许权价值的一个重要作用是创造了“长期股本”，给持牌机构带来了稳定而持续的利润，这种价值

---

① 这是因为发展中国家经济发展的主要约束之一是缺乏资本积累，而完全依靠市场的力量无法完成。政府普遍插手银行业经营过程，通过动员储蓄、配置信贷，为政府选定的产业和国有企业提供金融支持，这常常导致金融抑制而不利于经济发展。

不会由于负面的宏观经济冲击而消失。随着金融业准入门槛的降低，金融机构的市场份额以及经营业绩将会下降，会进一步动摇金融机构的有效资本基础，降低从事金融业的特许经营权价值。一旦特许经营权价值下降过大，将会扭曲机构承担风险的积极性，意味着自由化客观上减少了对审慎经营的金融机构的激励，从而促使金融机构通过尝试高风险项目来弥补利润流失，诱发严重的道德风险。

“竞争—稳定”假说则认为，上述观点忽视了金融深化的正面效应。多德（2004）指出，在原来的垄断格局下金融产品单一且同质化，只有有限的企业才能获得信贷支持，银行业经营效率低下，隐藏着较大风险。在竞争条件下，更多的企业和民众将获得金融服务，任何一家银行要获得竞争优势，必须以客户为中心，不断增强自身产品创新和服务能力。引入市场竞争机制后，银行业金融服务的深度和广度都将提高，金融稳定性不断提升。

尽管各方对市场竞争与金融稳定的关系仍存有分歧，但可以确定的是，过度竞争将诱使银行降低授信标准，在经济向好时期更是如此（Ariccia & Marquez，2006），而授信标准的降低往往是银行业系统不稳定的征兆之一，过度竞争下的盈利压力是美国次贷危机发生的根本原因之一（Beck，2008）。

（二）金融过度发展与风险承担对金融稳定的影响

从风险资产供需角度看，金融过度发展往往会导致高风险资产供给大量增长，金融系统过度承担风险。金融系统可划分为金融机构和金融市场，两者在融资过程中竞争合作，金融发展则模糊了两者的制度边界。受土地、资本、人力、技术创新等增长要素的限制，某一经济体特定时期内待开发的投资机会不是无穷的。Rajan（2005）指出，激烈竞争使得金融体系激励结构变得对收益越来越敏感，这会鼓励资产管理者更多地承担风险，扩大金融系统的活动规模和风险累积。

金融过度发展往往还会加剧金融危机的传染性，即一家金融机构倒闭引起很多其他金融机构倒闭。用网络学来描述，金融系统可定义为所有节点（金融机构）和连接（信贷和其他直接金融关联）的组合。这些连接存在于节点之间并影响节点的属性，而连接的结构影响了整个系统的表现。Camelia 和 Reyes（2011）认为，金融发展的一个直接后果是，源于每个节点的连接数量不断上升，一家金融机构出现问题，其直接影响的其他金融机构数量迅速上升，这增加了金融系统异质性风险的传染性。由共同风险因素暴露造成的非直接金融联系同样关键，如采用类似的商业模式、共同的会计原则、市场对金融机构前途看法的巧合相一致。

（三）资本账户开放与国际资本流动及其对金融稳定的影响

Stiglitz（2002）和 Bhagwati（2004）认为，对于资本相对稀缺的发展中国家而言，国际资本的流入一方面可以弥补国内储蓄缺口，缓解资本供需矛盾，加快资本积累从而促进金融发展和经济增长。但另一方面，Calvo（1998）、Calvo 和 Reinhart（2000）指出资本账户开放也为短期资本的大规模流入和流出创造了机会，增加了该国金融体系面对外部危机冲击的脆弱性，由于国际资本流动具有“突然停止”的属性，它与 20 世纪 80 时代以来发展中国家屡次发生的货币危机和银行危机密不可分。资本账户开放后，原本经营不佳的问题银行为了获取高回报扭转被动局面，千方百计在国际市场上尽可能吸纳资金，进行冒险投机，在监管松懈的状态下，会有更多银行加入冒险投机行列，从而产生逆向激励效应。一旦国际资本察觉风险，进行大规模撤离时，由于信息不对称的存在，其同样会从稳健的银行撤离，造成流动性障碍，削弱银行体系的稳定性。

鉴于 1997 年东亚金融危机和 2008 年全球性金融危机，人们对资本账户开放的质疑与日俱增，要求加强资本管制以保障金融安全。但关于资本管制能否有效降低金融危机爆发概率仍存在争议，主张资本管制的学者认为，各国政府可采取适当的资本管制手段来限制国际资本流动对本国经济的冲击，以防范金融危机。支持资本账户自由化的学者则认为，资本管制非但不能增加金融稳定系数，反而会带来扭曲和效率损失，增加了国际投资者撤回资本的难度，会挫伤其对本国投资的积极性，从而不利于经济增长，易使投资者信心动摇，触发资本逃离并引发金融危机和经济动荡。总而言之，资本管制措施的长期效果并不理想，最多只能作为应对国际资本大量进出的权宜之计。

（四）金融监管对金融稳定的影响

毋庸置疑，金融业作为具有显著外部性的特殊行业，需要政府的“有形之手”进行干预以弥补市场机制的不足。政府主导下的金融监管体制安排与金融体系稳定存在密切关系。Mishkin（2001）认为，审慎的金融监管措施能够保持对银行业金融机构适度压力，促进其合理承担风险，规范稳健经营，维护金融体系总体稳定；监管“失灵”则会加剧金融体系脆弱性，导致金融危机的爆发。相反，Crockett（1998）指出金融稳定的发展也会促进金融监管体制完善。

《巴塞尔协议Ⅰ》《巴塞尔协议Ⅱ》《巴塞尔协议Ⅲ》集中体现了金融监管与金融效率、金融稳定这三者关系，监管当局实施资本监管的目的是当银行面临偿付性危机时，能有足够的资本来缓冲其风险，从而保证银行业的稳定与发展。但自《巴塞尔协议》公布以来，资本监管能否有效降低银行个体甚至整个银行体系的风险水平，依然存在着争议，观点针锋相对，主要有以下几种观点：

第一种观点是被称为资本监管的“预期收入假说”，即较高的资本持有量会降低银行的预期收入水平。亦即资本监管使银行的资本成本提高，反而会促使银行采用进入“高风险、高收益”行业的方法来抵消其成本的增加，给整个银行体系的运行带来更大的风险（Kahane，1977；Koehn & Santomero，1980）。

第二种观点是被称为资本监管的“在险资本假说”，即银行资本金比例的提高会降低存款保险期权的价值，迫使银行在危机发生时以自有资本承担损失，因此降低了银行增加资产风险水平的激励。代表文献有 Furlong 和 Keeley（1989）、Keeley 和 Furlong（1990）。Boot 和 Marinc（2006）指出，可以根据监控投资的多少区分两类银行，即“好银行”和“坏银行”。资本监管的引入降低了存款保险隐性补贴，可以激励所有银行将自身风险内部化。“好银行”将增加监控投资来降低资产风险，“坏银行”则是收缩信贷，使前者的市场份额增加。长期来看，强化资本监管有利于促进银行体系的稳定。

第三种观点认为，在一定条件下，以风险为基础的资本监管能够降低银行风险承担激励。Kim 和 Sabtomero（1988）、Rochet（1992）都表示，只有当风险权重能够恰当确定时，资本监管才能降低单个银行的资产组合风险以及银行业的整体风险。Hellmann 等（2000）认为，自由化导致的竞争不利于银行的审慎经营。资本监管的引入，抑制了股东的道德风险；同时也弱化了银行的特许权价值，诱使其进行投机冒险。只有将存款利率限额和资本监管制度共同实施，才能达到两者的兼容，实现帕累托效率。

第四种观点认为，银行的资本约束和风险承担动机之间的关系非线性，在一定程度上呈“U”形关系。Calem 和 Rob（1999）认为初始阶段随着资本的增加，银行风险承担程度降低；但随着资本的继续增加（超过理论上的最优资本比例），银行逐步进入风险更大的领域。

总体而言，金融监管的最低资本要求对银行行为的影响存在两种效应：

一是资本门限效应（capital threshold effect），是指最低资本要求相当于对银行课税，违背最低资本要求将导致高额成本（包括监管惩罚、声誉损失、不利的市场反应），更重要的是，将提升银行外源融资溢价，使得其信贷扩张受限。二是资本框架效应（capital framework effect），即资本监管作为一个整体框架影响银行风险管理的过程，包括风险识别、风险定价与风险控制等。伴随着《巴塞尔协议Ⅰ》向《巴塞尔协议Ⅲ》的演进，资本框架效应越来越明显。新资本协议的复杂性及其实施方法的可选择性决定了其对银行资本结构、信贷增长、资产组合调整、风险承担行为的影响更加复杂。

（五）中央银行与金融稳定

有关中央银行与金融稳定的关系，以及中央银行独立性与金融稳定之间是否存在关联度，也存在不同的观点。

1. 中央银行是否应当承担金融稳定职能

围绕中央银行金融稳定职能的界定问题，相关观点可以分为干预主义、自由主义和折中主义。干预主义继承了中央银行对金融机构进行流动性支持的观点。Schinasi（2003）认为，中央银行在维护金融稳定方面具有天然的责任，为维护国家支付系统的顺利运行，以及保持货币政策传导渠道的顺畅，中央银行难以避免地承担着维护金融稳定的职能。Glasne（2005）却认为，在自由银行制度体系下，中央银行不应该承担金融稳定职能。Brunner 和 Meltzer（1988）则折中地认为，中央银行“最后贷款人”的角色决定了其金融稳定职能，但在现实操作中，危机管理超出了中央银行的能力所及，中央银行需要和其他部门的密切协调合作，才能有效维护金融稳定。

2. 中央银行的独立性与金融稳定职能的履行

Fischer（1995）认为，中央银行具有目标和工具的双重独立性。Quintyn 和 Taylor（2004）将央行独立性归纳为四个方面：规则、监管、机构和预算的独立性。我国学者陆磊（2005）指出，由于中央银行和金融机构对于流动性的信息不对称，金融机构具有隐藏信息和游说央行的负面激励；中央银行基于对未来支付体系稳定的考虑，在与金融机构博弈中处于被动地位；建立最优金融稳定政策必须在微观和宏观上实施机制的重新设计。

3. 中央银行资产负债表扩张与金融稳定

在中央银行维护金融稳定的政策工具箱中，除了预防性的宏观审慎工具

(如良好的法律基础设施、稳健的监管框架和存款保险制度等),运用资产负债表给金融体系注入流动性被视为主要的应对性政策工具。Frydl 和 Quinty (2000) 指出,在确认银行危机的系统性特征之前,中央银行实际上就为处于困境的金融机构提供了流动性支持。Ugai (2006)、Joyce 等 (2010)、Krishnamurthy 和 Jorgensen (2011) 分别研究了日本央行、英国央行和美联储实施量化宽松政策导致其资产负债表扩张后对本国金融稳定的影响。这些研究集中于定量分析量化宽松政策如何通过承诺渠道、资产负债表扩张渠道和资产负债表结构改变渠道对宏观经济金融变量(如长短期国债利率、基础货币、货币供应量、经济增长率、通胀率等)的影响机理。

二、全球化下东南亚的金融稳定

东南亚的金融体系在经济中起着至关重要的作用,它使金融中介过程能够促进储户和借款人之间的资金流动,从而确保有效地分配财政资源,促进经济增长和发展。金融稳定的关键体现是指金融中介过程能够顺利运作,并对经济中的关键金融机构和市场的运作具有信心,监督与管理是金融稳定的基石。

为避免再次爆发全球性金融重大危机、保持经济增长,关注金融稳定被放在尤为重要的位置上。国际重要经济组织,包括 IMF、世界银行、国际清算银行、亚洲开发银行等机构均强调并要求东南亚的中央银行必须加强对货币、金融的调控,以维持一国的金融稳定。同时,制定了一系列指导原则和标准对世界各国,包括对东南亚的金融稳定进行监督。东南亚各国也积极遵循国际标准为实现本国的金融稳定作了各种努力和尝试,其中包括:对中央银行进行改革,以加强中央银行的独立性;遵循《巴塞尔协议Ⅰ》《巴塞尔协议Ⅱ》《巴塞尔协议Ⅲ》,对本国的银行金融业进行监管;重视标准普尔(Standard & Poor's)、穆迪投资者服务公司(Moody's Investors Service)、惠誉国际(Fitch)世界三大信用评级机构的指导意见,根据公认的评价指标对银行金融业进行评估;在中央银行之外建立金融监管委员会。

首先,东南亚纷纷采取措施加强中央银行的独立性,使其具有独立制定国家宏观经济政策的权利,其金融政策的制定不再受政治因素的影响。

东南亚的中央银行不再是政府的“钱袋子”,而是保持价格稳定,以创造一个稳定与可持续性的经济增长环境,并在制定好的金融政策的同时,从事公开市场的业务。按照现代中央银行制度和国际清算银行的一套做法对本国银行实行有效管理。2007年次贷危机爆发进而演变成全球性的金融危机后，国际社会在深入分析金融危机成因、再次审视其原有的金融监管时发现，过去基于风险资本要求的微观审慎监管在金融创新和金融全球化不断深入的今天已不足以保障金融稳定，宏观审慎监管的重要性被提高到了前所未有的高度。2009年4月，G20集团召开伦敦峰会，会上首次正式提出宏观审慎政策框架；在2010年11月首尔峰会上，G20集团正式批准《宏观审慎政策基础性框架》；2011年11月，金融稳定理事会（FSF）、IMF和国际清算银行联合发布《宏观审慎政策工具和框架》。

尽管中央银行是否应该成为宏观审慎监管的主体在学术界仍存争议，但国际主流经济学派以及国际经济组织均坚持认为中央银行应该作为宏观审慎监管主体。究其原因：一是金融监管最核心的问题——对系统性风险的监管唯有央行有能力解决，因为央行对宏观经济掌握有更为充分和全面的信息；二是央行的货币政策以及其他政策的出台对于引导市场预期具有其他机构行为所没有的影响力；三是央行具有更广泛的跨部门影响力以及协调能力，一旦出现系统性风险，央行的“最后贷款人”角色才是决定性的。在此大环境下，东南亚国家的中央银行均做出进一步的改革，先后成立了各种形式的金融监管委员会，不同程度地让渡一部分对银行业进行监管的权力，从而中央银行也同时专注宏观经济调控和宏观审慎监管。

其次，东南亚都努力遵循《巴塞尔协议Ⅰ》《巴塞尔协议Ⅱ》《巴塞尔协议Ⅲ》，对本国的银行金融业进行改革。

在执行《巴塞尔协议Ⅰ》时，东南亚国家大多备感力不从心，这是因为当时处于危机重灾国的贷款条件之下。东南亚银行金融业在改革的过程中必须遵循发达国家金融银行业的标准进行，这势必伴随着巨大的“阵痛”。可是，到了《巴塞尔协议Ⅱ》公布时，大多数国家便能对其三大支柱，即最低资本要求、监督检查和市场纪律应付自如了，《巴塞尔协议Ⅱ》对于统一银行业的资本及其计量标准有了新的规定，在信用风险和市场风险的基础上，新增了对操作风险的资本要求；在最低资本要求的基础上，提出了监管部门监督检查和市场纪律的新规定，形成了资本监管的“三大支柱”。尤其是新加坡的MAS，对银行资本充足率的要求甚至超越了新巴塞尔协议所做出的新规定，要求当地银行的最高资本充足率高于巴塞尔银行监管当局所同意的水准，为12%，远高于《巴塞尔协议Ⅰ》和《巴塞尔协议Ⅱ》规定的8%。印度尼西亚的金融稳定局（OJK）也从2012年12月起开始全面执行《巴塞尔协议Ⅱ》中的支柱1、支柱2和支柱3，颁布了一系列规则以满足《巴塞尔协议》中的最低资本要求、监管审核流程和市场纪律。马来西亚中央银行（BNM）也同样借鉴了《巴塞尔协议Ⅱ》的做法，发布了资本充足框架文件对国内银行业的资本做出规范。泰国央行和财政部积极推动《巴塞尔协议Ⅱ》的实施，努力与国际监管标准保持一致。

正当《巴塞尔协议Ⅱ》经过近10年的修订和磨合于2007年在全球范围内实施之时，美国爆发了次贷危机，使得《巴塞尔协议Ⅱ》的瑕疵暴露无遗。比如，《巴塞尔协议Ⅱ》存在顺周期效应、对非正态分布复杂风险缺乏有效测量和监管、风险度量模型有内在局限性以及支持性数据可得性存在困难等固有问题。于是，《巴塞尔协议Ⅱ》在危机中得到了不断修订和完善。2010年9月12日，由27个国家银行业监管部门和中央银行高级代表组成的巴塞尔委员会就《巴塞尔协议Ⅲ》的内容达成一致，全球银行业正式步入《巴塞尔协议Ⅲ》时代。

《巴塞尔协议Ⅲ》宣布后不久，菲律宾中央银行（BSP）便宣布了实施《巴塞尔协议Ⅲ》计划，并宣布从2014年1月1日开始，通用和商业银行（U/KBS）必须采用《巴塞尔协议Ⅲ》框架下的资本充足率标准。印度尼西亚密切关注《巴塞尔协议Ⅲ》的进展，并积极征求利益相关者对《巴塞尔协议Ⅲ》资本框架协议的看法，并进行量化研究，采取各种有效措施并制定相应政策。马来西亚中央银行（NBM）承诺严格执行《巴塞尔协议Ⅲ》所规定的资本充足框架协议。

受新冠疫情影响，2020年3月27日，巴塞尔委员会的监督机构，即中央银行行长及监管当局负责人会议（GHOS）宣布推迟《巴塞尔协议Ⅲ》的实施时间表，包括：①2017年12月敲定的《巴塞尔协议Ⅲ》标准的实施日期被推迟了一年，至2023年1月1日实施。伴随过渡期安排的内部模型法的风险加权资产最低测算值（output floor）也延长了一年，至2028年1月1日。②2019年1月敲定的市场风险框架修订的实施日期被推迟一年，至2023年1月1日。③2018年12月最后敲定的第三支柱信息披露要求的修订实施日期被推迟一年，至2023年1月1日。根据官方的修订时间表，修订后的杠杆率框架和全球系统重要性银行杠杆率缓冲要求、信用风险标准法、内部评级法、操作风险结构、信用估值调整结构、市场风险结构和第三支柱信息披露要求均由2022年1月1日推迟至2023年1月1日，而过渡期安排的内部模型法的风险加权资产最低测算值也延期至2028年1月1日。推迟实施《巴塞尔协议Ⅲ》主要出于两方面原因：首先，全球现行经济处于下行周期，金融市场波动加剧，全球银行业经营环境进一步恶化，银行业面临较大压力。其次，新冠疫情突发加重了对银行的冲击。从国内来看，目前疫情主要对实体经济冲击较大，若疫情持续，必然影响到银行业。若按原定时间实施《巴塞尔协议Ⅲ》，服务实体经济和达到监管要求短期内可能产生冲突，对于本就面临经济下行压力的银行而言，由于监管成本加剧，短期内难以专注于服务实体经济。因此，推迟执行《巴塞尔协议Ⅲ》，有助于缓解银行为达到监管标准的压力，同时降低银行的监管成本。①

根据公认的评价指标对银行金融业进行评估，重视国际评价机构的指导意见。

在经济全球化的背景下，发展中国家包括东南亚金融业的发展必须按照全球统一的标准，评价指标亦与发达国家雷同。尽管至今尚未形成全球统一的指标体系，但是，20世纪90年代爆发的一系列银行危机促使主要国际经济机构、国际金融监管机构和世界各国推出了各种类型的银行金融稳健指标体系和金融安全评估方法，它们既有共性，也有特性。

对金融银行业部门的改革路径和准则主要有：①依据巴塞尔委员会（The Basle Committee On Banking Supervision，BCBS）所制定的一系列有关条例，从《巴塞尔协议Ⅰ》《巴塞尔协议Ⅱ》到《巴塞尔协议Ⅲ》。②国际货币基金组织和世界银行的金融稳健评估指标。1999年，国际货币基金组织与世界银行联合完成了一项"金融部门评估项目"（Financial Sector Assessment Program，FSAP），规定了一系列综合微观审慎指标体系用于对金融系统包括银行系统的稳定性进行评估。其中包括被简称为"骆驼"（CAMEL）框架中的资本充足性、资产质量、管理健全性、盈利能力和流动性等指标，此外，还有市场风险敏感性、利率敏感性等参数，结合宏观审慎指标，包括经济增长、通货膨胀、利率与汇率、国际收支、信贷与资产价格变化、传染效应，来对金融系统尤其是银行系统进行稳健性评估。③"统一金融机构评级系统"，这是美国银行监管当局在IMF的CAMEL指标基础上再加上敏感度（sensitivity），因而又被称为CAMELS评级系统。该系统主要对金融机构经营的如下六个方面

① 胡琳．全球疫情持续蔓延　巴塞尔委员会监督机构推迟《巴塞尔协议Ⅲ》的实施时间[EB/OL].(2020-03-28)[2012-12-12]．每日经济新闻，https://baijiahao.baidu.com/s?id=1662412226649916360&wfr=spider&for=pc.

进行监测和评估：资本充足率、资产质量、管理能力、收入及营利性、流动性、对市场风险的敏感程度。④亚洲开发银行金融部门稳定性指标。其主要分为三类：谨慎性指标、经济周期活动指标和市场指标。谨慎性指标涵盖了衡量银行稳健经营的微观核心指标。经济周期活动指标反映金融部门活动水平和金融结构的周期性活动，包括贷款沉淀比率、证券投资和分散投资于抵押或个人与商业非抵押贷款的风险投资组合等。市场指标则反映主要的机构评级公司对金融机构稳定性的评价及金融部门股票市场价值的评估，特别是那些主要的评估机构对金融制度整体实力和金融市场完整性的质量评估尤为重要。经济周期性指标提供了关于金融部门的主要收入来源及随时间变化的各方面信息，追踪这些变化对于评估金融市场的安全性十分重要。

尽管东南亚的银行金融部门发展在总体上比较稳健，但是，它们较为良好的谨慎性指标的背后仍然隐藏着一些不可忽视的问题。第一，银行体系经营效益的提高具有暂时性，主要是仰赖证券市场的良好表现给银行部门所带来的收益和交易费用，因此银行业的持续稳定发展仍然面临严峻考验。第二，虽然银行业重组和加强银行监管使得银行体系趋于稳健，但较高的资本充足率和严格的不良贷款准备金要求反过来影响了银行业的资产基数和利润的增长。此类问题在印度尼西亚和菲律宾更为严重，由于大量无风险资产比重增加，经风险调整后的资产基数便相应大为减小。第三，由于东南亚地区对不良贷款的定义普遍采用了狭义的定义，如果使用广义定义的话，银行不良资产的比重将进一步增大。东南亚主要依靠成立集中性的债务重组公司，用政府的财政收入来消化银行的不良债务，并未铲除不良债务的成长土壤。此外，东南亚的银行金融业能否做到持续稳定发展，还必须处理好以下几个重要问题：规避宏观经济环境逆转对金融体系所产生的冲击；管理并控制借贷风险，完善金融监管体制以使银行盈利和资金基础足以消化不可预测的损失；完善金融组织制度，避免市场主体之间的过度竞争、冲突和摩擦，给投机资本提供生存和活动空间，从而引发金融动荡和危机；完善金融产权制度，避免发生因政银关系模糊、产权不清而造成的信贷损失；加快对国有商业银行体制改革的进度，并创造条件按计划实施巴塞尔新协定所规定的各项银行金融条款，实现银行金融业的现代化。

第三节　东南亚货币金融合作的兴起与发展

综上所述，东南亚的金融稳定重在调控和监管，但要实现东南亚金融安全，除各国构建安全网外，更为重要的是开展区域内的金融合作。1997 年东亚金融危机爆发之后，东南亚积极开展了地区性的金融合作，以防止金融危机的恶化以及危机重返。东南亚不仅参与本地区的货币金融合作，而且还参与了“泛区域”甚至“跨区域”的货币金融合作。①

现今的东南亚货币金融合作机制是在传承和发展原先的金融合作安排的基础之上形成的。一方面，原先的合作机制仍在发挥作用，并从“松散”和“非正式”的基础上朝较为“紧密”和“正式”的方向发展，有的还扩大了规模并增强了功能。另一方面，新的合作机制不断涌现，并起到了重要作用。其中，以“10+3”为核心的相关机制取得了较大和具有实质性的进展。

一、1997 年之前东南亚的货币金融合作安排

20 世纪 80 年代中期以来，随着经济全球化和区域化的加速，以及东南亚各国政府为吸引外国直接投资和发达国家的间接投资采取了非常优惠的税收政策、宽松的外汇管制和开放的资本市场，东南亚吸引了大量的外国直接投资和发达国家的间接投资。②

在 1997 年东亚金融危机爆发之前的大部分年份里，东南亚大多数国家的经济获得了快速增长。与此同时，地区经济融合程度也在不断提高，其重要特征有：①东南亚区域内贸易在贸易总额中的比重不断提高；②日本和“亚洲四小龙”的韩国、新加坡、中国香港及中国台湾对东南亚的马来西亚、泰国、印度尼西亚进行大规模的直接投资；③发达国家对东南亚的间接投资增长迅速，尤其是以短期信贷、追逐利差的“热钱”和各类基金为核心的组合资本增长很快。

与较为紧密的贸易投资关系相比，东南亚的货币金融合作却相对滞后。

① 在这里，“泛区域”指的是包括除东南亚十国之外的整个东亚地区的国家，主要是中国、韩国和日本。“跨区域”主要是指太平洋地区的国家，主要是美国和一些拉美国家。

② 外国间接投资主要为证券投资、外债和包括退休基金、互助基金和对冲基金等组合而成的外国私人基金投资。

一方面，没有形成具有实质性的合作机制；另一方面，区域金融合作的内容和层次均比较低。东南亚区域金融货币合作水平不高。机制松散的主要原因如下：第一，该地区从未经历过严重的区域性金融危机，有些国家即使遭遇金融危机，或发生国际收支危机，也可得到 IMF 等国际组织以及发达国家政府的救助。第二，东南亚各国之间的经济、政治、文化等领域存在一定的差异和分歧，长期以来缺乏区域合作意识，并使东南亚的区域经济合作，无论是投资贸易合作还是货币金融合作均形成了强调非正式性与非强制性的特点。第三，根据传统认知，金融领域的合作是区域经济合作的较高发展阶段，应该在贸易、投资一体化进程推进到一定程度之后进行。

东南亚在 1997 年金融危机爆发之前曾经历的长达 20 多年的高速经济增长主要是由外国直接投资带动的，20 世纪 90 年代之后国际间接投资也发挥了重要作用。以自由贸易区为特征的区域贸易投资合作处在较低水平，一些跨境的次区域经济合作的目的是减贫，主要是出于安全考量。在上述三方面因素的共同作用下，东南亚早期的货币金融具有低层次和松散的特点。

表 7-2 列示了在 1997 年之前东南亚的货币金融合作安排情况，反映出“松散”和“非正式”的特点，没有形成实质性的合作机制。进行大多数金融合作安排的目的是人才培养和信息沟通，以及为少数东南亚国家提供少量无须担保的紧急融资，而非抵挡和防范金融危机。

表 7-2　1997 年之前东南亚国家参加的区域货币金融合作安排

安排与论坛名称	发起时间	成员	目标
6 经济体集团（亦称 G-6，或 G-4 加 2）	1994 年	最初的 4 个成员为：澳大利亚、中国香港、日本和新加坡。之后中国和美国也被邀请参加会议	稳定区域金融和外汇市场
APEC 财政部长会议	1994 年	21 个 APEC 成员	为成员提供交流区域金融发展、提出合作项目，为促进区域金融自由化提供论坛
东亚和太平洋中央银行理事会（EMEAP）	1991 年	澳大利亚、中国、中国香港、印度尼西亚、日本、韩国、马来西亚、新西兰、菲律宾、新加坡及泰国	提高区域金融监察水平，交换有关金融市场的观点和信息

续表

安排与论坛名称	发起时间	成员	目标
东南亚中央银行组织（SEACEN）	1982 年	除老挝以外的东盟九国和亚太三个小国央行和货币当局	1966 年成立时为中央银行之间的信息交流论坛，1972 年建立培训和研究机构，1982 年转变为独立的合法机构
东盟货币互换安排及回购协议（ASA）	1977 年	东盟五个老成员国，新加坡、马来西亚、泰国、印度尼西亚、菲律宾	对成员提供即时的短期互换便利以解决暂时的流动性困难
东新澳中央银行组织（SEANZA）	1956 年	有 17 个成员，包括东亚、南亚的一些国家及新西兰、澳大利亚	中央银行交流信息，为培养中央银行的专家提供训练机会

资料来源：笔者根据所收集的资料编制，参见 Lamberty 和 Yap（2003）；陈勇（2006）。

二、1997 年之后东南亚货币金融合作兴起的缘由

1997 年东亚金融危机爆发后，在国际货币投机大鳄的冲击下，泰国、马来西亚、印度尼西亚、菲律宾和韩国等国的本国货币大幅贬值，资本大量外逃。危机重灾国的中央银行采取了传统性的入市干预措施，抛出大量外汇储备，以图平息外国货币投机者的狙击。然而事与愿违，传统性干预措施不但没有奏效，反而使外汇储备消耗殆尽。泰国、印度尼西亚、菲律宾、韩国不得不求助于 IMF。

虽然 IMF 牵头向亚洲其他国家和七国集团筹措额外的援助资金，为这些遭危机重创的国家提供了总额为 1119 亿美元的史上最大笔贷款援助，不过，为保证及时收回贷款，IMF 对接受援助的国家附加了苛刻的损害到国家经济主权和政治主权的贷款条件：要求受援国必须采取严厉的从紧财政政策，削减公共部门支出与征税，降低经济增长率、实现政府财政预算的盈余，以确保贷款本金的收回；在尚未制止金融危机深化和蔓延之前，要求受援国进行金融和公司部门的结构改革，并用规范发达国家的《巴塞尔协议》对受援国的金融进行监管和重组；要求受援国进一步推行投资贸易自由化政策，并加速进行政府国有资产私有化进程。

IMF 的处方在实践中不仅未能使东南亚重灾国的金融危机得到缓解，反而使危机进一步扩展与加深。这一方面表现为高利率和金融改革的压力使银行、金融公司的坏账进一步增加，引发更多的银行破产和公司倒闭事件；另

一方面则表现为不断增加的失业与贫困，进而引发政治动乱，给国家的政治与经济稳定带来了威胁，因而招致来自各方的批判。主要观点归纳如下：

第一，IMF 对泰国、印度尼西亚和韩国的“休克疗法”只能使受灾国在国内和国际上更加失去信誉，使更多的资本在关键时刻外流，使地区危机和经济衰退更为深刻、持续时间更长。IMF 的参与，不但未能解决在危机初期遇到的很多问题，反而增加了贫困，使工资更为下跌、环境更为恶化、公共债务剧增，以及债务国国家主权的消融。

第二，IMF 和其他国际金融机构在 1997 年危机中夸大了问题的严重性，所采取的措施并非谋求在短期内恢复信心，未能采取有效措施敦促债权与债务国做出还债安排，从而使东南亚的“无流动资金”金融情况进一步恶化，最终演变为金融系统的崩溃。

第三，IMF 对受灾国的贷款附加条件的真正目的是控制政府部门的公共部门支出，以确保贷款的回收。而东南亚危机的爆发是由私人部门对外国金融借贷过度，以及 20 世纪 80 年代之后资本账户体制自由化所造成的。因此，IMF 要求金融部门和金融流动进一步自由化的应对政策是错误的，实际上增加了金融部门的脆弱性，使之更易再度爆发金融危机。

第四，IMF 对一个合法的政府强加详尽的经济改革“处方”是值得怀疑的问题。IMF 不得利用一些国家遇难之时，践踏别国的民族政治程序。

在国际货币投机者的狙击下，东南亚危机重灾国在数十年艰苦创业过程中所创造的国民财富在几个月甚至几天内通过现代化的经济掠夺链——货币贬值、“热钱”和证券投资外逃等途径而西移。危机之初，为维持汇率稳定，东南亚各国中央银行进行传统的入市干预，使各中央银行损失了数百亿美元外汇储备，其中，泰国约为 87 亿美元，菲律宾约为 20 亿美元，马来西亚约为 36 亿美元，[①] 印度尼西亚约为 10 多亿美元。这导致泰国的外汇储备消耗殆尽。该地区的货币大幅贬值，金融动荡、经济衰退、政治动乱和社会秩序混乱所带来的负面影响更是经久不退，直接和间接的损失难以估算。

东亚金融危机的沉痛教训给东南亚人民留下了难忘的记忆，也给东南亚政府与学术界带来深刻的教训，使其达成了以下一些重要共识：一是东南亚政府都感受到了发达国家主导的经济与金融全球化对本地区的经济与金融安

---

① 不包括在东盟共识的前提下，为捍卫泰铢，泰国中央银行与新加坡中央银行联手在 1997 年 5 月开始向泰国外汇市场抛售购买泰铢的约 20 亿美元的外汇。

全带来的挑战，这是单个国家根本无力应对的。因此，有必要利用本地区的优势和集体的力量对来自西方世界过度金融全球化的力量进行管理，以达到保护自己的目的。二是当危机的性质从货币危机转化为金融危机，仅依靠东南亚内部的集体力量根本无法为遭受危机打击的国家提供有效帮助，有必要与东北亚的中国、日本和韩国建立一种正式的区域金融合作机制来防范货币金融危机的再现，集体应对经济与金融安全问题。三是IMF的贷款因条件苛刻，有损于国家经济政治主权，且谈判耗时往往错过最佳贷款时间而使危机深化，建立地区性救助机制可以应对紧急状态、减少危机的破坏程度。由上所述，1997年东亚金融危机的爆发是东南亚国家进行区域货币金融合作最为重要的动力。

三、东南亚货币金融合作先于贸易投资合作的分析

Bela Balassa（1961，1987）将区域一体化的发展分为五个阶段：特惠贸易安排（成员国间降低关税）→自由贸易区（取消区内全部进出口贸易关税，并将此运用于WTO的所有成员国）→关税同盟（成员国间实现自由贸易并采取共同的对外贸易政策）→共同市场（实行关税联盟和劳动力、资本的自由流动）→经济联盟（共同市场加上统一的财政金融政策）。Balassa的经济一体化进程排序被广泛视为地区经济一体化紧密度的排序和区域经济走向深入的分类标准。国际学术界对欧洲经济一体化的进程的实证研究大都套用了Balassa的框架排序。① 传统的区域经济一体化排列是按照由低到高的顺序发展的，通常而言，从贸易一体化开始，经过相当长时期的发展，再过渡到货币一体化。这便是欧洲区域经济一体化的道路。

东南亚在掀起泛区域甚至跨区域货币金融合作高潮时，区域贸易一体化的程度很低，以贸易投资一体化为标志的自由贸易区并未大量涌现。东南亚货币金融合作先于贸易投资合作在21世纪初曾被很多外国学者看作不符合经济发展的规律，存在着排序问题。这种反向或排序颠倒的现象会加剧金融不稳定，进而会对经济产生严重破坏。

不过，也有不少国际学者在探讨东南亚（包括东亚）经济合作排序颠倒的合理性。笔者赞同 Heribert Dieter 和 Jean-Christophe Defraigne（2006）、

---

① RICHARD POMFRET. Sequencing Trade and Monetary Integration：Issues and Application to Asia, Working paper 2004-14 [J]. School of Economics，the University of Adelaide，p. 1.

Richard Pomfret（2004）等的观点，认为该地区货币金融合作的兴起如上所述，一方面是以1997年东亚金融危机的爆发为契机，另一方面区域货币金融合作主要是政府间的行为，不涉及国内各种复杂的利益集团基本利益，较易推行。

1997年东亚金融危机爆发之后，东南亚原有的经济合作组织加强了各国财政部长和央行行长之间的信息沟通的力度。在原有的区域合作组织不断提出新的金融合作安排的同时，新的区域合作组织亦不断涌现，也提出了很多金融合作安排的倡议。这些金融合作机制与金融安排倡议有的是本区域，有的是泛区域的，还有的甚至是跨区域的，金融机制与金融安排呈现出互动的状态，主要包括以下四个方面的安排：一是加强国内金融机制与市场建设；二是政策对话与监测，其中包括地区金融与资本市场、地区金融安排、金融政策与汇率制度；三是能力建设；四是研究的加强。

随着东南亚泛区域贸易投资合作在后危机时期有了戏剧性的快速发展，涌现出很多泛区域内和跨区域的贸易经济合作安排和自由贸易区。东南亚经济合作出现两股浪潮的并存，即区域货币金融合作和投资贸易一体化并存。不过，由于东南亚在走出1997年金融危机之后直至2008年全球金融危机爆发之前的金融形势一直较为稳健，其货币金融合作的步伐迈得不是很大，有实质性意义的货币金融合作主要是在东南亚和中国、日本、韩国（10+3）的范围内展开。

第四节 后危机时期的东南亚泛区域货币金融合作机制

1997年东亚金融危机爆发至今，东南亚的货币金融合作经历了以下三个发展阶段。第一个阶段为东亚金融危机爆发后的约头3年，从1997年夏到2000年5月。其间，东南亚提出了各种形式的泛区域货币金融合作倡议，初步建立了针对私人资本流动等领域的信息沟通与区域间金融监督协调机制。第二个阶段是从2000年5月到2009年2月，东南亚进入了实质性的泛区域货币金融合作阶段，其中，以“清迈倡议”为基础的货币互换机制，以及区域性直接融资机制——亚洲债券市场的发展取得了实质性进展。第三个阶段是2009年至今，在美国金融危机和全球流动性短缺的刺激下，酝酿已久的东亚外汇储备库终于应运而生，使得原先松散的双边货币互换援助体系提升为较为紧密的多边资金救助机制。

应该指出的是，现今的东南亚货币金融合作机制是在传承和发展原先的金融合作安排，以及新组织的基础上所建立的。一方面，原先的合作机制仍在发挥作用，并从“松散”和“非正式”朝较为“紧密”和“正式”的方向发展，有的还扩大了规模并增强了功能。比如，东南亚中央银行组织（SEACEN）的成员已经增加到16个，中国和韩国央行都是其成员。[①] 另一方面，新的合作机制不断涌现，并起到了重要的作用。其中，以“10+3”为核心的相关机制取得了较大且具有实质性的进展。

一、建立了多渠道的信息沟通与区域金融监测协调机制

与一国和全球性的金融机制相反，建立区域间信息沟通与金融监测协调机制的目的在于防范地区金融危机的扩展，而非促进金融一体化。它是建立在防范危机传染风险的基础之上的。尤其是当邻国有爆发跨越国境的货币危机的风险，而其宏观经济指标又未能对此做出解释时，区域金融监测机制便会发挥重要作用。由于1997年东亚金融危机的爆发在相当大程度上归咎于外部原因，诸如通过贸易和金融流动将一国的金融动荡传送到邻国；外国投资者抽回流动资金而使东南亚同时面临流动资金短缺的问题；地区与国际市场的信息不匹配等，使得东南亚认识到建立区域金融监测机制的必要性。

虽然1997年东亚金融危机爆发之前，东南亚也建立了一些有关信息交流和协调的金融合作安排，但是，由于之前从未爆发过地区性的金融危机，因此，这些安排大多呈分散性的特点，很多安排流于形式。1997年东亚金融危机爆发之后，建立专门的信息沟通与区域间金融监测协调机制的倡议不断涌现。尤其是2007年夏美国爆发金融危机之后，该地区进一步加强了泛区域甚至跨区域有关机制的建立，简述如下：

（一）“马尼拉框架”小组（Manila Framework Group，MFG）

1997年11月，亚太经济合作组织论坛（APEC）内部建立了“马尼拉框架”小组（MFG）。这是一个具有高层次监控对话机制的区域性合作论坛，其

① 已有16个成员，包括东盟九国和斐济、韩国、蒙古、尼泊尔、斯里兰卡、中国台北、中国的央行和货币当局。

主要职能便是进行地区性金融监督。[1] APEC 成员中 14 个经济体的财政部和央行的代表，每半年举行一次会议，讨论地区金融与经济形势，交换对各经济体危机应对举措的看法。MFG 旨在提供一定程度的地区监控，作为对 IMF 所实施的全球监控的补充。除 14 个经济体外，参加者还包括国际货币基金组织、世界银行和亚洲开发银行。国际货币基金组织亚太区域办公室为“马尼拉框架”设立了技术秘书处。此外，MFG 还担负着向各国提供技术援助，加强各国金融体系的任务。会议期间，亚洲银行、IMF 和世界银行均需向代表们提交监督报告。虽然“马尼拉框架”小组的会议一般没有达成什么具体成果，但是对于交换信息、减轻和分散危机风险以及早期预警还是具有一定的作用的。

（二）东盟监督进程（ASEAN Surveillance Process，ASP）

1998 年 10 月，东南亚建立了东盟监督进程（ASP）。其目标是监控东盟区域内的经济变量和社会与行业部门的发展。主要包括：①协助东盟成员国发现潜在的经济与金融危机并做出相应反应。②评估东盟成员国可能导致金融动荡和危机的各种弱点，推广符合国际标准的稳健行为规范，提高成员国经济政策协调水平。③对潜在薄弱部门进行审查，改善东盟成员国的同行监督环境。④在东盟财长会上进行信息交换和讨论，以经济展望和监控报告为基础进行同行审议，提出备选政策，鼓励在各国和东盟范围内采取集体行动，监测区域和全球经济发展。根据 ASP 的规定，东盟各国财长每年聚会两次，进行政策协调，并在亚洲开发银行的协助下建立了一些技术性的监督项目。

（三）“10+3”监督进程（ASEAN Plus Three Surveillance Process，APT）

东盟继成立东盟监督进程之后，又在此基础上扩大了与中国、日本和韩国在区域资金流动、金融改革等领域监督的合作，被称为“10+3”监督进程（APT）。2000 年 5 月，APT 的第一次同行意见会议在亚洲开发银行年会之后召开。会议主题是加强东亚地区的金融合作。为促进持续的经济增长，与会者一致同意：加强政策对话和区域合作；加强对资本流动的监管、自助和支

---

① 1997 年 11 月，包括中国、印度尼西亚、马来西亚、菲律宾、新加坡、泰国、文莱等东盟六国在内的亚太 14 个国家和地区的财政与央行副手在菲律宾马尼拉召开会议，会上通过了《提高亚洲地区合作促进金融稳定新框架》，即马尼拉框架。

持机制；呼吁进行国际金融改革。与 ASP 相似，APT 的 13 个国家的财长和秘书长必须在监督程序的框架协议下，一年集会两次，讨论政策协调问题，在亚洲开发银行举行年会时附带举行。

（四）“10+3”早期预警系统（ASEAN Plus Three Early Warning System，APT-EWS）

2001 年 5 月 11 日，在美国檀香山举行的亚洲开发银行会议上，“10+3”（东盟和中国、日本、韩国）财长提出建立“10+3”早期预警系统（APT-EWS）。“10+3”财长一致同意：强化对区域内资本流动的监控；加强经济监管领域的合作；加强对离岸金融中心和本地区国际金融机构的联合监管。亚洲开发银行在技术上为 APT-EWS 提供援助，这些支持包括：建立货币危机早期预期系统模型和银行危机早期预期预警系统模型；确定、建立早期预警系统相关的经常账户、资本账户、金融账户、财长账户、实际产业部门和全球经济等六大类宏观谨慎性核心指标体系，确立、发布和组织召开“10+3”标准模型的研讨会。APT-EWS 的建立有助于及时发现东亚经济体的宏观经济、金融和公司部门的脆弱性，以防范未来金融危机的突发。

（五）“10+3”宏观经济研究办公室（ASEAN+3 Macroeconomic Research Office，AMRO）

2010 年 5 月 2 日，“10+3”财长在乌兹别克召开的第十三届会议上宣布在新加坡建立独立的监测机构，以支持“清迈倡议多边化”的决策过程。被称为“10+3”宏观经济研究办公室”监测机构具有如下主要职能：①对“10+3”国家的宏观经济形势和金融稳定进行指导、做出评估，并撰写报告。②对“10+3”中任何一国的宏观经济和金融薄弱进行评估，并及时提供援助和政策建议，以降低风险。③根据“清迈倡议多边化”协定以确保请求货币互换方遵守互换合约的规定。

二、区域性双边援助体系

该地区的区域性援助体系是建立在 2000 年“清迈倡议”下扩大到东盟十国的货币互换安排和“10+3”双边货币互换网络的基础上，以图达到任何一国爆发货币或金融危机时，通过东盟货币互换和“10+3”双边货币互换缓解流动性短缺，打破单纯依赖 IMF 和国外银行贷款的被动局面。

（一）东盟货币互换安排（ASEAN Swap Arrangement，ASA）

东盟组织的原创国印度尼西亚、马来西亚、菲律宾、新加坡和泰国的中央银行和货币管理机构于 1977 年 8 月签订了货币回购与互换协议，为国际收支有困难的国家提供流动性支持。该协议自签订之后共进行了 5 次续签。其有效期限由最初的 1 年延展至 3 年和 5 年。东盟五国还对该协议进行了 5 次修改和补充，互换金融从 1 亿美元增加至 2 亿美元。2000 年 5 月在泰国清迈召开的“10+3”财长会议发布联合声明，宣布东盟货币互换从以前的东盟五国扩展到东盟十国。与此同时，其规模扩大 5 倍，从 2 亿美元增加到 10 亿美元。2005 年 5 月，第 8 次“10+3”财长会议又再次将东盟货币互换的金融扩大一倍，从 10 亿美元扩展到 20 亿美元。

（二）“10+3”双边货币互换与回购便利网络（10+3 Bilateral Swap and Repurchase Facilities）

为加强东亚“10+3”框架下的自我帮助与援助机制，2000 年 5 月“10+3”财长在泰国清迈发布联合声明，提出东盟国家与中、日、韩三国在自愿的基础上，建立双边货币互换与回购便利网络，以便在一国发生外汇流动性短缺或出现国际收支问题时，由成员国集体提供紧急外汇资金来稳定地区金融市场。在每一项双边货币协议下可以借入的最大资金额由缔结协议的双方商定。但互换货币的使用在初期只有 10%不受国际货币基金组织（IMF）贷款条件的限制，2005 年 5 月，“10+3”财长会就强化“清迈倡议”达成共识，与国际货币基金组织挂钩的条件性贷款比例从 90%下调为 80%，并鼓励各方将双边货币互换协议的规模加倍。

三、多边资金救助机制

“清迈倡议多边化”（Chiang Mai Initiative Multilateralization，CMIM）、“自我管理的外汇储备库安排”（self-managed reserve pooling arrangement）① 和“10+3”宏观经济研究办公室（ASEAN+3 Macroeconomic Research Office，AMRO）的成立是该地区多边资金救助机制建立的标志。由于“清迈倡议”下的“10+3”双边货币互换中 80%互换货币的使用受到 IMF 贷款条件的限制，实

① 所谓“自我管理”，是指资金由各中央银行或财政部长共同管理和投资，利益所得归各国相关机构。

用性不强，导致协议签订多，但实际动用却很少。

虽然早在 2003 年 10 月第七届“10+3”领导人会议上，我国便提出了 CMIM，但直到 2007 年 5 月 5 日在日本京都召开的第十届“10+3”财长会上，才获得了较为重大的进展。会议决定，建立“自我管理的外汇储备库安排”，将其作为 CMIM 的具体形式。2009 年 2 月在泰国普吉举办的特别“10+3”财长会议宣布将外汇储备库的资金规模从原定的 800 亿美元扩大到 1200 亿美元。2010 年 5 月 2 日，“10+3”财长在乌兹别克召开的第十三届会议上宣布：在新加坡成立“10+3”宏观经济研究办公室，对地区经济进行全面的研究、评估和监管，以支持 CMIM 的决策过程。虽然 CMIM 的主要任务是解决本区域短期流动资金困难，以及弥补现有国际金融安排的不足，但是与“清迈倡议”相比有着很大的不同：首先，货币互换额度有了较大的增加。其次，货币互换原则由双边改为多边互换，极大地扩展了可互换的货币额度。最后，货币互换额度不再与 IMF 贷款挂钩，不受 IMF 贷款条件的限制，而由设立在新加坡的 AMRO 对需要货币互换国家的宏观经济情况进行评估后决定。①

四、建立直接融资机制的尝试

亚洲债券基金的发行和在“10+3”框架内促进建立亚洲债券市场倡议可被视为建立区域内直接融资机制的有益尝试，也是本区域最具实质性意义的融资机制。目的在于通过债券基金的发行，另建融资渠道，以缓解流动性短缺。同时，亚洲债券市场的建立对于完善东亚金融市场、保证长期资本供给渠道畅通、深化金融改革具有深刻的影响。

（一）亚洲债券基金（Asian Bond Fund，ABF）

亚洲债券基金的发行可被视为建立东亚直接融资机制的初步尝试。2002 年 6 月，东亚和太平洋中央银行理事会（EMEAP）提出了亚洲债券基金的概念，由 EMEAP 的 11 个成员国各自拿出一定比例的外汇储备组建一个基金，用于投资成员国发行的债券。2003 年 6 月 3 日，EMEAP 正式启动发行了第一期亚洲债券基金（ABF1）。由 EMEAP 出资 10 亿美元，投资于除日本、澳大利亚及新西兰以外的 8 个 EMEAP 成员国所发行的主权与准主权美元债券。主

① AMRO 作为独立的监管机制制定动用对外汇储备库资金的贷款政策、执行标准和整套机制，对需要货币互换国家的宏观经济情况进行评估，并帮助它们摆脱短期流动性短缺危机。

要目标是提高储备资产的投资效率及储备资产的多样性，以改善本地债券市场流动性及融资结构。基于 ABF1 的成功运作，EMEAP 于 2004 年又发行了第二期亚洲债券基金（ABF2），资金规模由 10 亿美元扩大至 20 亿美元，旨在促进该区域内公共债券市场的发展，进而带动整个区域内债券市场的发展。尤其是 ABF2 确立了向私人部门开放的原则，通过引导私人投资者跟进实现区域债券市场的发展，既发挥了稳定本地资本的作用，又为原本在亚洲市场投机的短期资本提供了长期逗留的可能。

（二）亚洲债券市场倡议（Asian Bond Market Initiative，ABMI）

2003 年 8 月在马尼拉召开“10+3”财政部长会议，通过了在“10+3”框架内建立亚洲债券市场倡议。ABMI 的主要目标是：通过在该地区发行大规模的以多种货币计值的债券，加强市场基础设施的建设，建立与发展有效的债券市场，以利于私人与公共部门通过债券市场进行资本集聚并进行长期资本领域的投资，确保长期资本供给渠道畅通，促进经济稳定和完善金融市场。

ABMI 的具体措施是：增加政府和公共金融机构债券发行，以此作为市场基准债券；鼓励企业发行本币债券以吸引外国投资；通过政府担保鼓励贷款证券化，并为中小企业发行债券开辟途径。2009 年 5 月，“10+3”财政部长会议宣布，建立初始资本为 5 亿美元的贷款担保和投资机制，以帮助企业在区域内发行以本币为主的企业债券。① AMBI 还成立了跨境发行、区域担保与投资、区域信用评级、区域中央托管与结算、多边发展银行发行本币债券等工作组，共同研究探索区域债券市场的基础设施建设及相关制度、标准、投资工具等措施，以推进亚洲债券市场的发展。②

第五节　“清迈倡议”的出台、发展及问题

为防范 1997 年东亚金融危机的重现，东亚国家（东盟十国和中国、日本、韩国，以下简称“10+3”）开始了史无前例的区域货币金融合作，“10+3”财政部长们于 2000 年 5 月 6 日在泰国清迈市签订著名的“清迈倡议”

① 资料来源：http：//www.aseansec.org/22536.htm。

② 何建雄．中国参与区域金融合作的现状与前景［EB/OL］．http：//zgjrxh.org.cn/upfile/3－5.doc.

(Chiang Mai Initiative，CMI)，在区域货币金融合作中取得了一系列成果，为该地区的金融稳定做出了重要贡献。

一、“清迈倡议”的出台背景及内涵

(一)“清迈倡议”的出台背景

1997 年夏爆发的东亚金融危机在对受灾国造成巨大损失的同时，也向世人表明了这样严酷的事实：在金融全球化和自由化的背景下，国际货币投机者发动货币狙击，会引致该地区货币危机和银行金融危机，最终导致经济大衰退，从而使得该地区创造的数十年经济持续高速增长的“奇迹”荡然无存。在金融监管和地区货币金融合作机制缺失的前提下，该地区纵然拥有丰裕的外汇储备，巨额国际投机资金的无序流出和流入照样会造成区域性乃至全面的金融危机。对此，传统的危机干预方法和个别国家的力量已无法解救和无法抗衡。东亚金融危机之后，该地区的国家深刻体会到了区域货币金融合作的重要性和必要性，开始探索在区域货币金融方面进行地区性合作的可能性。

日本是东亚区域货币金融合作最早的倡议者。1997 年 9 月，在中国香港召开的 7 国集团与 IMF 会议（G-7/IMF）上，日本提出了建立亚洲货币基金(Asian Monetary Fund，AMF）的建议，以稳定亚洲货币和金融市场并预防危机再次发生。① 日本提出 AMF 是出于以下四个方面的考虑：第一，IMF 对危机重灾国的金融援助数额太小，时间太晚。第二，东南亚在 IMF 中的地位低下，而这种显然不公平状态主要原因在于日本。② 第三，亚洲货币基金(AMF）可帮助防范未来区域金融危机的传染。第四，相比位于华盛顿的 IMF 而言，AMF 可更好地从事区域监测，集中采取措施，以防范危机的发生。

由于 IMF 正在泰国实行一揽子救助计划，日本的建议不但没有得到地区国家的关注或共鸣，反而遭到 IMF 和美国的强烈反对，理由在于：在区域内以宽松的融资条件借款，容易引发道德风险（moral hazard)；IMF 与 AMF 在融资条件上的差异会导致双重标准，对 IMF 的权威形成挑战。此外，在参加

---

① 该建议计划从参与成员国募集 500 亿~600 亿美元，从日本政府额外募集 500 亿美元。亚洲货币基金独立于 IMF，但可以作为国际货币基金区域监察活动的补充。

② 1985 年日本与美国签订《广场协议》(Plaza Accord）之后，日元相对于美元大幅升值。日本政府为引导日资向东南亚转移，推出了一系列与主流经济理论相悖的做法，强调政府干预，而控制在以美国为首的发达国家手中的 IMF、世界银行等国际经济组织则强调自由市场经济。直至 1997 年东亚金融危机爆发之前，日本政界与学界和 IMF、世界银行等之间的理论争辩非常激烈。

国的出资额及比例、设立机构的地点及机构领导人的安排、基金的职能和作用等方面也不能达成一致意见。因此，日本在亚洲建立 AMF 的建议便被搁置了。①

尽管日本提出的 AMF 倡议在当时被认为太激进、不合时宜而没有被接受，但是东亚国家继续在探索地区金融合作的可能性。1997 年 11 月 18—19 日，亚太经济合作论坛（APEC）在菲律宾首都马尼拉召开亚洲财政和中央银行副部长会议时，签订了“加强亚洲区域合作，促进金融稳定新框架协议”（*A New Framework for Enhanced Asian Regonal Cooperation to Promote Financial Stability*），又被称为“马尼拉框架”协议（Manila Framework）。参加此次会议的有澳大利亚、文莱、加拿大、中国内地、中国香港、印度尼西亚、日本、韩国、马来西亚、新西兰、菲律宾、新加坡、泰国和美国的代表，IMF、世界银行和亚洲开发银行也派出高层代表参加。会议的官方总结报告表明：“……财政部和中央银行的副部长们一致认为，有必要制定一个为促进金融稳定前景的地区合作框架。在承认 IMF 在国际金融货币体系中的中心作用的同时，该框架包括了以下倡议：作为 IMF 全球监察系统的一个部分；为加强国内金融系统和监管能力促进经济技术合作；加强 IMF 对区域性金融危机的反应能力；建立区域性融资安排补充 IMF 的资源。”“马尼拉框架”协议所体现的思想并不是很激进，依然强调 IMF 在全球，包括亚洲的地区金融发展与稳定所起的中心作用，因此得到了美国和 IMF 的支持，并于 1997 年 12 月 2 日在马来西亚吉隆坡召开的亚太财政部长会议上获得一致通过。

之后，作为 IMF 资源补充的东亚区域货币金融合作安排的努力与尝试一直在进行，其中包括日本政府于 1998 年 3 月提出的“新宫泽喜倡议”（New Miyazawa Initiative）、② 东盟监督程序与 APT 监督程序（ASEAN Surveillance

---

① 其实地区货币组织并非新鲜事，在拉丁美洲、中东早已存在，它们与 IMF 属于共存关系，当时的说法实际上是被夸大了。

② 日本在提出建立亚洲货币基金建议遭到挫折后，于 1998 年 10 月提出了以大藏大臣宫泽喜一命名的“新宫泽喜倡议”，目的是“帮助受到货币危机影响的亚洲国家克服经济困难，并为稳定国际金融市场作贡献”。日本政府提供资金共 300 亿美元，其中 150 亿美元以官方发展援助（ODA）方式和非捆绑贷款方式用于支持亚洲国家中长期经济发展，另外的 150 亿美元用于贯彻经济改革的短期资本需求。按照“新宫泽喜倡议”，2000 年 2 月，日本为印度尼西亚、韩国、马来西亚和菲律宾提供了 210 亿美元资金，还为马来西亚、菲律宾和泰国提供了 22.6 亿美元的贷款担保。Ministry of Finance, Japan 2002［EB/OL］. http：//www.mof.go.jp/English/qa/my001.htm.

Process & ASEAN Plus Three Surveillance Process）等，[①] 直到2000年5月6日，在亚洲开发银行理事会年会期间，东盟和日本、中国与韩国（10+3）的财政部长们在泰国北部清迈市开会，并发表“10+3”财长会议联合声明，提出了著名的“清迈倡议”（Chiang Mai Initiative，CMI）。

（二）“清迈倡议”的内涵

何谓“清迈倡议”？“清迈倡议”包含了哪些思想和内容？这在学术界存在着不同的看法。一种是狭义的观点，认为“清迈倡议”的内涵是扩大东盟原有货币互换网络的资金规模，以及建立“10+3”货币互换网络。另一种是广义的观点，认为“清迈协议”除包括货币互换之外，还应涵盖2000年5月6日“10+3”部长们在泰国清迈市所达成的所有有关货币金融方面的合作倡议，亦即联合声明中所涵盖的“对资本流动进行监察、区域监测和信息交流、建立‘10+3’货币互换和回购网络，以及人员培训”等以下四个主要领域的合作。[②]

第一，由于该地区的很多官员将1997—1998年危机爆发的原因归咎于资本的无序流动，因此，希望对该地区国与国之间的资本流动进行引导。财政部长和中央银行行长们讨论了各种最佳方案的可行性，但一直没有形成最终解决方案。在泰国清迈，他们同意利用东盟加中国、日本、韩国的框架进行及时和长期的资料和信息交流。

第二，财长们同意建立一个“联络人员的网络便于地区的监管”。财长们希望加强“他们的经济回顾和政策对话的有效性”，这项承诺涉及更为深远的目标，即在东亚建立更为协调的经济和金融监管体制。

第三，达成有关货币合作的协议。在“10+3”的框架下加强该地区的自救和支持机制，建立一项地区性金融安排以补充现有的国际性支持设施。财长们一致同意，通过“清迈倡议”，加强各国现有的货币合作框架，其中包括扩大东盟货币互换安排、建立东盟各国之间以及“10+3”的双边互换和回购协议便利（bilateral swap and repurchase agreement facilities）。

第四，财长们同意建立研究和培训网络，以加强各国政府部门在金融、

① 1998年10月，东盟国家成立了东盟监督程序（ASP）。1999年10月，东盟又在此基础上扩大了与中国、日本和韩国在区域资金流动、金融改革等领域监督的合作，被称为APT监督程序。

② The Joint Ministerial Statement of the ASEAN + 3 Finance Ministers Meeting，6 May 2000，Chiang Mai，Thailand［EB/OL］. http：//www. aseansec. org/635. htm.

银行、财政领域的人力资本。日本、中国和韩国为该地区的东盟官方培训网络提供技术支持。

由此可见，“清迈倡议”包括了远远超越货币互换范围的区域货币金融合作。“清迈倡议”不仅是一项货币互换安排的最终协议，实际上也是一项东亚各国进行货币金融合作协商的协议。“10+3”部长们要求副手们和东盟秘书组继续协商并研究建立适当的机制，以提高及时提供足够财政支持的能力，确保地区金融稳定。

二、“清迈倡议”货币互换的发展及问题

综上所述，第三届“10+3”财长会议于2000年5月在泰国清迈达成的“清迈倡议”包括了远远超越货币互换范围的区域货币金融合作。然而，由于1997年金融危机爆发之后该地区不断涌现出很多的金融合作机制，其中包括亚欧会议财长机制、东盟财长机制和东盟中央组织财长机制、东亚及太平洋中央银行行长会议组织、东南亚央行组织和东新澳央行组织，提出了很多有关促进东亚金融市场的发展、基础设施建设（包括支付结算体系、担保体系及评级机构等）、银行监管、经济评估及政策对话、危机管理及能力建设和人员培训的倡议，与“清迈倡议”的一些功能存在重叠，使得“清迈倡议”中的第6条“……扩大东盟货币互换安排，建立东盟各国之间，以及东盟和中国、日本、韩国（10+3）的双边互换和回购协议”显得尤为醒目，成为“清迈倡议”的亮点和标志。自“清迈倡议”下的货币互换经历了两个发展阶段：第一个阶段是从2000年5月到2005年5月，第二个阶段是从2005年5月至2009年年底。

（一）第一阶段货币互换发展情况（2000—2005年）

1. 东盟货币互换安排的扩展

根据2000年5月召开的第三届“10+3”财长会议所达成的“清迈倡议”，东盟货币互换安排（ASEAN swaparrangement，ASA）从东盟5个国家扩展到东盟所有成员国，从2亿美元增加到10亿美元。东盟成员国按照提供的资金或支付能力分为两类：第一类为老成员国的新加坡、马来西亚、泰国、菲律宾、印度尼西亚和文莱，各出资1.5亿美元；第二类为新成员国的越南、缅甸、柬埔寨和老挝，各出资在6000万美元以下不等，其中，越南出资6000万美元，缅甸出资2000万美元，柬埔寨出资1500万美元，老挝出资500万美

元。ASA 下的货币除了美元，还包括日元和欧元，其适用的基准利率为伦敦银行间隔夜拆借利率（LIBOR 利率）。互换安排的基本机制是每个成员国的最大借款额限于在 ASA 下其出资额度的 2 倍。货币互换的期限最长为 6 个月，可展期一次，但不得超过 6 个月。①

2. 建立"10+3"双边货币互换和回购协议便利安排（bilateral swap and repurchase agreement facilities arrangement）

"清迈倡议"提出建立"10+3"双边货币互换安排一般采用美元与当地货币的互换和两种当地货币的互换。借款国可以用增印的本国货币购买美国国库券作为担保来借入协议缔结方的外汇资金。回购协议则是通过卖出适当的证券，在约定的未来某一时刻再买回原先证券的短期流动性支持设施。

在"清迈倡议"框架内，在每一项双边货币协议下可以借入的最大资金额由缔结协议的双方商定。但又规定借款国可以即刻无条件提取的借款不得超过互换协议商定的最大互换金额的 20%，互换期为 90 天，可以延期 7 次，共 630 天。其余的借款必须同 IMF 向借款国提供的贷款一起支付，因此，它要受到 IMF 贷款条件的限制。首 180 天的利率是伦敦同业银行拆借利率（LIBOR）的基础上追加 1.5%。之后每次延期提高 50 个基点，最高达到 LIBOR+3%。

2001 年 6 月在北京召开的"10+3"财长副手会上，各方就实施细则中主要条款达成一致意见后，各自展开互换协议的双边磋商。

"10+3"货币互换之所以发展不快，有诸多原因：首先，该地区双边货币互换是紧急情况下的融资，因此其用途受到严格的限制。互换货币的使用在初期只有 10%不受国际货币基金组织（IMF）贷款条件的限制，其余的资金必须接受 IMF 的有损于国家经济主权，甚至政治主权的贷款条件。其次，在"清迈倡议"货币互换机制运行的最初几年，东亚遭受 1997 年金融危机重创的韩国、泰国、印度尼西亚和菲律宾均被置于 IMF 巨额救助贷款条件之下，而其他国家没有出现过外汇资金短缺的困难，不需要求助于东亚的货币互换安排。最后，"清迈倡议"下的双边互换安排存在着机制障碍。区域信息披露

① 1977 年 8 月，东盟 5 个国家，即泰国、马来西亚、新加坡、印度尼西亚和菲律宾在吉隆坡签订了建立为期一年、每年进行修订的东盟货币互换安排，作为一种为遭受国际收支困难的成员国提供短期流动性支持的设施。每个国家出资 400 万美元，总额为 2 亿美元。由于规模很小，对于解决东南亚国家的国际收支危机只是杯水车薪，因此，该地区的国家在 1997—1998 年陷入金融危机时东盟没有启动该货币互换安排。

不透明，使得借贷双方很难得到合理准确的有关区域风险和收益的数据，以便做出理性的选择，加上该地区没有设立一个专门的监督机构体系来制定和监督借贷双方的权利和义务，这些是东亚国家在相当长时期内签订双边货币互换协议未能得到真正实施的重要原因。因此，如表 7-3 所示，“清迈倡议”签订至 2005 年 5 月，8 个国家共签署了 16 项双边互换协议，总金额仅为 395 亿美元（Anwar Nasution，2005）。

表 7-3 “清迈倡议”下双边货币互换协议（2001—2005 年）

序号	双边货币互换	货币单位	协议缔结时间	总额（相当于 10 亿美元）
1	日本—韩国	美元/韩元	2001 年 6 月 4 日	2*
2	日本—中国	日元/人民币	2002 年 3 月 28 日	3
3	日本—菲律宾	美元/比索	2001 年 8 月 27 日	3
4	日本—印度尼西亚	美元/卢比	2003 年 2 月 17 日	3
5	日本—新加坡	美元/新加坡元	2003 年 11 月 10 日	1
6	日本—马来西亚	美元/林吉特	2001 年 10 月 5 日	1*
7	日本—泰国	美元/泰铢	2001 年 7 月 30 日	3
8	中国—韩国	韩元/人民币	2002 年 6 月 24 日	2
9	中国—菲律宾	人民币/比索	2003 年 8 月 29 日	1
10	中国—印度尼西亚	美元/卢比	2003 年 12 月 30 日	1
11	中国—马来西亚	美元/林吉特	2002 年 10 月 9 日	1
12	中国—泰国	美元/泰铢	2001 年 12 月 6 日	3
13	韩国—菲律宾	美元/比索	2002 年 8 月 9 日	1
14	韩国—印度尼西亚	美元/卢比	2003 年 12 月 24 日	1
15	韩国—马来西亚	美元/林吉特	2002 年 7 月 26 日	1
16	韩国—泰国	美元/泰铢	2002 年 6 月 25 日	1
总额：8 个国家共 16 项双边货币互换协议				39.5*

注：* 代表截至 2005 年 4 月 28 日。

资料来源：转引自 Anwar Nasution（2005）。

（二）第二阶段货币互换发展情况（2005—2009 年）

为加快“清迈倡议”下的双边货币互换的发展，“10+3”财长会在 2005 年 5 月就强化“清迈倡议”达成共识，将与国际货币基金组织的条件性贷款挂钩的比重从 90%下调为 80%；“清迈倡议”承诺的资金额度扩大 1 倍，增至 20%，从而使得“清迈倡议”下的双边货币互换协议有所增加，总额增至

2007 年年底的 840 亿美元。

尽管东亚国家积攒了充裕的外汇储备，但美国次贷危机的恶化引发的全球金融风暴仍然可使外汇充盈的国家出现外汇流动性困难，使其货币金融稳定面临严峻挑战，使区域金融稳定状况在 2008 年之后发生了逆转。其中，韩国、新加坡、马来西亚和印度尼西亚等国的情况较为严重。根据日本财政部的数据，“清迈倡议”下的双边货币互换协议总额从 2007 年年底的 840 亿美元再增至 2009 年 4 月底的 900 亿美元。可是，由于“清迈倡议”下的双边货币互换中 80%要与 IMF 贷款条件相挂钩，这些国家都不愿置于 IMF 的贷款条件之下，因此，大部分的货币互换协议仍然停留在纸面上，实际使用率并不高。

第六节　“清迈倡议多边化”与东亚外汇储备库

2008 年美国次贷危机转变为全球金融风暴之后，给东亚国家的货币金融稳定带来严峻挑战，一些国家由于外汇储备不足出现了外汇流动性困难。为确保区域经济金融的稳定，2009 年 2 月“10+3”财长会通过《亚洲经济金融稳定行动计划》，加速达成“清迈倡议多边化”（Chiang Mai Initiative Multilateralization，CMIM），2010 年 3 月 24 日，“10+3”财长和央行行长以及中国香港金融管理局总裁共同宣布 CMIM 正式生效。使得原先松散的双边援助体系提升为较为紧密的多边资金救助机制。从 CMI 到 CMIM，表明东亚“10+3”货币金融合作迈上了一个新台阶，进一步走向深化。

一、“清迈倡议多边化”（CMIM）出台的背景

（一）“清迈倡议”下货币互换实际利用率低的原因分析

截至 2007 年年底，“10+3”国家在“清迈倡议”（CMI）的框架下总共达成 17 项双边货币互换协议，总金额为 840 亿美元。2009 年 4 月底，双边互换的协议总额增至 900 亿美元。但是，协议的实际利用率却很低，至 2007 年年底之前，该地区还没有一个国家真正动用和提取 CMI 货币互换资金。究其原因，主要有以下几个方面：

其一，2000—2008 年东亚国家无借款需求。

在 CMI 货币互换机制运行的最初几年，遭受 1997 年金融危机重创的韩国、泰国、印度尼西亚和菲律宾均被置于 IMF 巨额救助贷款条件之下，而其

他国家在 2000 年 CMI 签订之后尚未出现过外汇资金短缺的困难，不需要求助于货币互换安排。2002 年之后，大多数国家，包括 1997 年遭受危机重创国家的经常账户都开始出现盈余。与此同时，这些国家还出现了大规模的外资净流入，各国中央银行仍然积极对外汇市场进行干预以防本币升值太快而对出口不利，其结果是各国贸易顺差扩大，外汇储备的积累增长很快。到 2008 年年底，该地区国家的外汇储备总额已经达到 4 万亿美元之多，约占全球外汇储备的 55%。因此，没有必要进行货币互换。

其二，自我安全意识和危机防范能力有所加强。

在吸取了 1997—1998 年金融危机的经验教训之后，该地区的国家增强了严格限制短期外债规模过大的自我安全意识。其结果是，大部分国家非常谨慎地监控短期外债的规模，使其在外汇储备中的比率相对较低。以泰国为例，在 2003 年之后的大部分年份，短期外债相对外汇储备的比率大都控制在 25%~30%。① 加上东南亚在 1997 年金融危机之后大都改变了以前的盯住美元的固定汇率制，采纳了有管理的浮动汇率制，对外汇汇率进行干预以避免汇率过度升值。同时，当市场需要时，也有能力使货币相对贬值，由此减少了类似于 1997—1998 年金融危机再现的危险。美国次贷危机爆发初期，大量的外资流出东亚，对该地区不少国家的外汇贬值增添了压力，然而，东南亚相关国家尚能运用本币贬值和出售本国外汇等办法，有效地管理资本外流。

其三，CMI 下的互换资金大都与 IMF 贷款条件挂钩，用途受限。

东亚的双边货币互换协议是在紧急情况下的融资，因此其用途受到了严格的限制。加上互换货币的使用在初期只有 10%不受 IMF 贷款条件的限制，2005 年后增至 20%，其余的互换资金必须同 IMF 向借款国提供的贷款一起支付，必须附加贷款条件，受到 IMF 贷款条件的严格限制。加上“10+3”双边互换安排的规模过小，难以支持实际需要。比如，在 2005 年签订的双边互换协议中，最大笔的资金规模为 30 亿美元。以泰国为例，2002 年年初泰国的外债为 650 亿美元，其中短期债务约为 125 亿美元。截至 2005 年 4 月底，泰国与日本和中国分别签订了各为 30 亿美元的货币互换协议，总额共计 60 亿美元。如果通过 CMI 互换资金，泰国仅可从中提取 6 亿美元的无附加条件的货币互换，其余的 54 亿美元必须置于 IMF 苛刻的贷款条件之下。显然，相对于当时泰国 125 亿美元的短期债务而言，6 亿美元的货币互换根本不能解决其燃眉之急。

---

① 参见 Chalongphob Sussangkarn（2010）。

其四，CMI 下的双边互换安排存在机制障碍。

该区域信息披露不透明，使得借贷双方很难得到合理准确的有关区域风险和收益的数据，以此做出理性选择，加上没有设立一个专门的监督机构制定和监督借贷双方的权利和义务，这也使得在相当长时期内双边国家所签订的双边货币互换协议未能得到实施。

（二）美国金融危机是“清迈倡议多边化”的“催化剂”

由于吸取了 1997—1998 年金融危机的经验教训，东亚国家在积累大量外汇储备的同时，采取各种措施对金融部门进行监测与管理以减少危机再现的风险。因此，金融状况在相当长时期内一直处于良好的状态。可是，美国在 2007 年夏天爆发的金融危机向世界其他地区“外溢”却再次使得该地区的国家感受到在资本开放的条件下，外汇流动性短缺的现象可能在毫无觉察的情况下即刻出现。2008 年第四季度，美国与其他发达国家金融市场流动性严重短缺，导致全世界各种投资基金对其证券投资进行全球清算，然后将其资产的出售兑换成外汇（主要是美元）汇回西方，使得很多国家出现美元流动性短缺。其中，韩国的情况尤为严重。虽然韩国拥有 2000 多亿美元的外汇储备，但它同时拥有大量的短期外国债务和大量外国人持有的股票，这些都有可能轻易兑现汇出国外。表 7-4 显示了东亚部分国家在 2008 年年底的外汇储备与潜在短期债务之比，其中，韩国的外汇储备仅占潜在短期债务的 61.3%，印度尼西亚为 87.3%，马来西亚为 119.3%，菲律宾和泰国的情况较好，分别为 149.4%和 166.4%。新加坡也同样面临严峻的美元流动性短缺问题。

表 7-4　东亚部分国家的外汇储备与潜在短期债务（截至 2008 年年底）

单位：10 亿美元

国家	(1)	(2)	(3)	(4)	(5)
	外汇储备	即将到期的短期债务	外国人持有的股票	外国人持有的债券	(1) 在 (2) + (3) + (4) 中的比率（%）
韩国	201.7	191.1	111.0	27.0	61.3
印度尼西亚	50.9	33.2	18.0	7.1	87.3
马来西亚	91.3	42.4	22.3	11.8	119.3
菲律宾	39.6	14.3	11.6	0.6	149.4
泰国	112.3	35.1	30.7	1.7	166.4

资料来源：Chalongphob Sussangkarn（2010）。

由此可见，该地区的金融稳定状况在2008年之后发生了逆转。尽管积攒了充裕的外汇储备，但美国次贷危机恶化而引发的全球金融风暴仍然可使外汇充盈的国家出现外汇流动性困难，使其货币金融稳定面临严峻挑战。

此时，“清迈倡议多边化”（CMIM）尚未运行，东亚外汇储备库建设亦仍在讨论之中，而CMI的双边货币互换却早已实施。虽然该地区国家可以在“清迈倡议”的框架下通过与区域其他国家签订双边协议获得货币互换，但却只能提取其中的20%，其他款项的提取必须置于IMF的贷款条件之下。

IMF在2009年3月通过颁布所谓的灵活贷款线（flexible credit line），大大放宽了对其认为“具有强健的经济基础和良好的宏观经济政策记录”的国家在美国次贷危机时发放贷款的条件，但是以往的痛苦经历使得这些国家为避免再次误入IMF的贷款条件之中，转向寻求与其他国家进行政府间的双边互换。比如，新加坡便与美国签订了货币互换协议。2009年2月8日，中国人民银行也与马来西亚央行签订了800亿元人民币（约合400亿林吉特）的货币互换协议。印度尼西亚在遭到美联储拒绝后与中国和日本签订了央行间的货币互换协议。2009年3月11日，中国人民银行与印度尼西亚央行签署了1000亿元人民币（约合175万亿卢比）的货币互换协议。① 由此可见，2008年10月国际金融危机蔓延以来，中国在CMI框架之外与部分东南亚国家包括马来西亚和印度尼西亚签订了总规模为3600亿元人民币、无附加条件的双边本币互换协议，为这些国家提供流动性支持。② 虽然CMI下的双边货币互换协议总额从2007年年底的840亿美元增至2009年4月底的900亿美元，相对于中央银行间和其他来源的货币互换而言，CMI下的双边货币互换的作用显然不能与之相比。③

严峻的外部经济环境迫使该地区国家加快推动实施“清迈倡议多边化”，此外，区域货币金融合作进程的加快还基于以下考虑：一是美联储提供的货币互换也往往携带经济甚至政治条件，而且美联储是否愿意提供货币互换完全取决于美国的利益需求。二是依赖特定的双边货币互换可能会产生政治摩擦或相互依赖，极易发展成敏感的政治问题。

---

① 除“清迈协议”的货币互换，东亚地区还有各种中央银行之间的货币互换。

② 中国财政部部长就10+3财长会议答记者问［EB/OL］.（2009-05-06）［2022-12-12］. 人民日报海外版，http：//www. news. xinhuanet. com/commonts/2009-05/15/content_ 11376780. htm.

③ 数据引自日本财政部，http：//www. mof. go. jp/english/if/CMI_ 0904. pdf。

二、"清迈倡议多边化"与外汇储备库

早在2003年10月第七届"10+3"领导人峰会上，中国便提出了"清迈倡议多边化"（CMIM），以克服双边货币互换协议松散、不易形成合力等缺陷。中国的倡议虽然得到了与会国家赞赏和支持，但并未得到真正的重视。如上所述，该地区国家在接受1997—1998年金融危机的经验教训之后，外汇储备充盈，无须实质意义上的双边货币互换，签订双边互换协议大都为了表达合作的意愿，CMI客观上成为一种摆设。直到2006年5月4日，在印度海德拉巴召开的第九届"10+3"财长会议才决定成立由中国和泰国担任联合主席的CMIM工作组，对CMIM下的多边货币互换的形式和内容展开研究。①

2007年5月5日在日本京都召开的第十届"10+3"财长会上，CMIM获得了重大进展。会议决定采取"自我管理的区域外汇储备库安排"（Self-Managed Reserve Pooling Arrangement，SRPA）作为CMIM的具体形式。② 正如"10+3"财长联合声明第6条所指出："……原则同意根据单一协议建立的自我管理的外汇储备库安排是CMIM的适宜形式。我们认为此共识是在更高层次的区域资金救援机制方面取得的重大成果。我们指示副手们对CMIM的其他关键要素，包括监测、储备属性、出资规模、借款额度以及启动机制等进行更加深入的研究。同时，我们重申将坚持CMI的两个核心目标，一是解决本区域短期流动资金困难；二是弥补现有国际金融安排的不足。"③

2008年5月4日在西班牙马德里召开的第十一届"10+3"财长会议就东亚外汇储备库安排（SRPA）的一些具体问题达成协议，其内容涉及资金规模、贷款条件和贷款利率等问题。④

直到2009年5月3日，在印度尼西亚巴厘岛举行的第十二届"10+3"财长会议上，各方就筹建中的区域外汇储备库的规模及份额分配、出资结构、

① The Joint Ministerial Statement of the 9th ASEAN+3 Financial Ministers' Meeting，4 May 2006，India [EB/OL]. http：//www. aseansec. org/18390. htm.

② 所谓"自我管理的外汇储备库安排"的确切含义究竟是什么，仍然有待探索，不过，有学者认为，其是指由各国对各自名下的外汇储备资金实行自行管理。

③ The Joint Ministerial Statement of the 10th ASEAN+3 Financial Ministers' Meeting，5 May 2007，Kyoto [EB/OL]. http：//www. mof. go. jp/english/international_policy/convention/asean_plus_3/as3_070505. htm.

④ 资料来源：http：//www. aseansec. org/21502. htm。

贷款额度、决策机制、经济监测机制等主要要素达成共识，并确定了自我管理的外汇储备库安排开始运行的时间，CMIM 取得了里程碑式的实质性进展。① 随着全球金融危机肆虐，东亚地区的金融稳定面临严重威胁，一些国家发生了国际收支和短期流动性困难。2009 年 2 月 22 日在泰国普吉举办的特别“10+3”财长会议通过《亚洲经济金融稳定行动计划》，正式对外宣布将外汇储备库的资金规模从原定的 800 亿美元扩大到 1200 亿美元，并提议建立独立的区域监测实体，实现资金使用与 IMF 的贷款条件脱钩。但是，CMIM 的诸多计划在此时仍然停留在政治协商和技术讨论之中。

2010 年 3 月 24 日，“10+3”财长和央行行长以及中国香港金融管理局总裁共同宣布 CMIM 正式生效。总规模为 1200 亿美元的外汇储备库，其核心目标是解决区域内国际收支和短期流动性困难，及对现有国际融资安排加以补充，并通过货币互换交易，向面临国际收支和短期流动性困难的 CMIM 参与方提供资金支持。各参与方有权根据协议规定的程序和条件，在其出资份额与特定借款乘数相乘所得的额度内，用其本币与美元实施互换。用于流动性支持的每笔双边货币互换的期限为 90 天，最多可延展 7 次（约 2 年）。有关基础性问题（fundamental issues）包括 CMIM 总规模、份额等必须由“10+3”财长部长级决策机构（MLDMB）统一协商做出决定；行政方面的问题（executive level issues）包括最初提款、期限延展和违约等由“10+3”副财长和央行副行长（加上中国香港金融管理局）组成的行政决策机构（ELDMB）决定。CMIM 各方每 5 年将共同对其安排及重要条款和条件进行检查，必要时随时复审。②

表 7-5 清晰地反映了东盟与中、日、韩在 CMIM 中所做的贡献、借款乘数，以及基本投票权和与出资份额相关联的投票权的分配。中国（包括中国香港在内）与日本的出资额均为 384 亿美元，在该货币互换协议中所占份额均为 32%左右；韩国出资 192 亿美元，所占份额为 16%；其余 240 亿美元则由东盟国家提供，所占份额为 20%。从借款乘数来看，中国和日本最低，均为 0.5 倍；韩国为 1 倍；老东盟成员国中的新加坡、马来西亚、泰国、印度尼西亚和菲律宾的借款乘数均为 2.5 倍，文莱和新东盟的缅甸、柬埔寨、老挝、越南的借款乘数则均高达 5 倍。根据基本投票票数和按出资贡献分配的

---

① 资料来源：http：//www.mof.go.jp/english/international_policy/convention/asean_plus_3/index.html。

② 参见 CMIM 协议要点［EB/OL］. http：//www.aseansec.org/documents/JMS_ 13th_ AFMM+3.pdf。

票数所计算出来的最终投票权重来看，中、日、韩三国共占 71.59%，其中中国内地为 25.43%，中国香港为 2.98%，日本为 28.41%，韩国为 14.77%。东盟十国共占 28.41%，其中新加坡、马来西亚、泰国、印度尼西亚和菲律宾各自均为 4.369%，越南、柬埔寨和缅甸则分别为 1.847%、1.222%和 1.179%，文莱和老挝则均为 1.158%。

表 7-5　CMIM 份额、借款乘数和投票权分配

国家/地区	份额				借款乘数	基本投票	按份额分配的票数	全部投票权（加权计算）（%）	
	美元（10 亿）		（%）		票数	票数	票数		
中国	38.40	中国（包括中国香港）34.2	32.20	28.50	0.5	1.60	34.20	35.8	25.43
		中国香港 4.2		3.50	2.5	0	4.20	4.2	2.98
日本	38.40		32.00		0.5	1.60	38.40	40.00	28.41
韩国	19.20		16.00		1	1.60	19.20	20.80	14.77
中、日、韩	96.00		80.00			4.80	96.00	100.80	71.59
印度尼西亚	4.552		3.793		2.5	1.60	4.552	6.152	4.369
泰国	4.552		3.793		2.5	1.60	4.552	6.152	4.369
马来西亚	4.552		3.793		2.5	1.60	4.552	6.152	4.369
新加坡	4.552		3.793		2.5	1.60	4.552	6.152	4.369
菲律宾	4.552		3.793		2.5	1.60	4.552	6.152	4.369
越南	1.00		0.833		5	1.60	1.00	2.60	1.847
柬埔寨	0.12		0.100		5	1.60	0.12	1.72	1.222
缅甸	0.06		0.050		5	1.60	0.06	1.66	1.179
文莱	0.03		0.025		5	1.60	0.03	1.63	1.158
老挝	0.03		0.025		5	1.60	0.03	1.63	1.158
东盟	24.0		20.00		5	16.00	24.0	40.00	28.41
合计	120.00		100.00			20.80	120.00	140.80	100.0

资料来源：The Joint Ministerial Statement of the 13th ASEAN+3 Financial Ministers' Meeting, Tashkent, Uzbekistan, 2 May 2010, Attachment: CMIM contributions, Purchasing Multiples. www.aseansec.org/documents/JMS_ 13th_ AFMM+3.pdf.

为确保 CMIM 正常运行，必须设立一个独立的监测机构，具有对经济进行检测和协调的功能。2010 年 5 月 2 日，“10+3”财长在乌兹别克召开第十三届会议，宣布成立设立在新加坡的“10 + 3”宏观经济研究办公室（AMRO），对地区经济进行全面的研究、评估和监管，以支持 CMIM 的决策过程。2010 年 10 月底召开的“10+3”领导人峰会提出进一步加强地区金融合作和稳定，以应对后危机时期的挑战，并进一步明确加快 CMIM 的建设进程，作为支持 CMIM 健康运行的 AMRO 于 2011 年 5 月开始工作。①

三、“清迈倡议多边化”的意义

从 2007 年第十届“10+3”财长会议提出的“自我管理的外汇储备库安排”（SRPA），到具有 SRPA 内涵的 CMIM 的实施，以及为确保 CMIM 良好运行而建立的 AMRO 表明，美国次贷危机所引发的全球金融风暴是使 CMIM 在短短 3 年里得以诞生的“催化剂”，而后者使得原先松散的双边援助体系提升为较为紧密的多边资金救助机制。后者将在推进东亚地区货币金融合作走向深化的同时，丰富该地区的融资渠道。从 CMI 到 CMIM，表明东亚“10+3”货币金融合作迈上了一个新台阶，进一步走向深化。

我国政界与学界充分肯定了 CMIM 下的区域外汇储备库安排的建立，将其重要意义阐述如下：

第一，将原先松散的双边援助网络提升为较为紧密的多边资金救助机制，使区域财金合作水平迈上了一个新台阶，增强了本区域抵御金融风险的能力。

第二，成员国在遇到流动性困难时可以从储备库中获得资金支持。储备库是对 IMF 等国际金融组织资金援助的有力补充。

第三，为保证储备库的顺利运转，“10+3”成员国加强了区域经济监测，建立类似于 AMRO 的独立的区域经济监测机构，有助于提高本地区危机预警能力，进一步增强防范危机能力。

第四，东亚国家在强化金融危机预警和国际救援机制方面的重要合作，也是改革和完善国际金融体系的有益探索。储备库可以更好地利用东亚国家充裕的外汇储备，维护本地区的经济金融稳定，弥补现有国际多边救援资金的不足。

国际主流学术界对东亚在全球金融风暴背景下货币金融合作的深化也给予了密切关注，发表了大量的评论与文章。正如 Ramkinshen S. Rajan（2009）所指出的，亚洲目前拥有三个层次的融资渠道：第一层次是一些拥有大量外

① “10+3”宏观经济研究办公室（AMRO）具体职能参见 http：//www. aseansec. org/25193. htm。

汇储备的国家所提供的无条件的货币互换，不过 Rajan 认为，这种货币互换可能有潜在的政治与经济成本；第二层次是在 CMIM 框架下的借款乘数的规定，按出资份额在外汇储备库与其他成员国的货币互换而产生的；第三层次是 IMF 所提供的各种有条件贷款便利。东亚的 CMIM 是对 IMF 贷款便利的补充，为该地区提供所需的流动性，以应对来自外部金融危机的挑战。

四、外汇储备库建立过程中的问题

从 CMI 到 CMIM，东南亚与中、日、韩的货币金融合作迈出了从“摆设品”转变为外汇储备库的深化过程，可是，外汇储备库的建立还只是它们货币金融合作进程中的一个阶段性成果，其运行、发展和未来走向值得关注。

由于外汇储备库在建立的过程中有些问题尚未达成共识，没有得到很好的解决，而运行过程中势必还会涌现出很多新问题，地区货币金融合作深化面临诸多挑战。

（一）如何处理地区外汇储备库与 IMF 之间的关系

东亚外汇储备库的建立并未在国际社会得到广泛赞赏。长期以来，以美国为首的发达国家不愿意看到东亚出现一个与 IMF 抗衡的货币基金组织，它们认为，东亚外汇储备库的建立会破坏 IMF 在金融危机期间所扮演的“最后贷款人”的角色。美国非常担心亚洲区域金融合作的推进会对美国的利益产生负面影响，并削弱美国在东亚的势力，而面对中国的崛起，东亚对美国的战略重要性尤为重要，美国一直在向东亚各国（经济体）传递其意图。此外，也有很多国家关心中国在新的区域货币金融合作框架中所起的作用，以及中国在区域地理政治平衡中的潜在影响。因此，迄今为止，无论是“10+3”财政部长声明还是“10+3”首脑峰会的官方文件都明确表明，建立“自我管理的外汇储备库安排”的目的不是削弱 IMF 的作用，更谈不上替代，而是对 IMF 有限救助机制的一种有效补充。不过，第十三届“10+3”财长会议宣布成立“10+3”宏观经济研究办公室（AMRO），这意味着将实现亚洲金融“自治”，实现独立监管，颠覆 CMI 中规定的 80%的资金动用时需符合 IMF 贷款条件的原则，从而突破了 IMF 的范式。这种运行机制必然会受到西方大国的牵制。

（二）东亚外汇储备库的治理与运行存在“潜在的障碍”

很多学者认为，东亚外汇储备库在运行中存在“潜在的障碍”。这种障碍包括治理结构，以及对基金运用决策方式的选择。从储备库的出资比例看，中国和日本各占32%，东盟占20%，韩国占16%。如果参照IMF的章程，重大事件需要绝对多数（85%）赞成，那么4个出资人都具有否决权，储备库最合理的决策机制是协商一致原则。协商一致的决策机制体现了平等参与、循序渐进、求同存异、协商一致和共赢发展的东亚合作模式，但是各国间的意见和利害关系可能难以统一，而如果意见不能统一，必将以牺牲效率为代价。此外，在东南亚还有一些宏观经济数据统计能力低下和拒绝公布经济数据的国家，这将是对各国经济、汇率和金融实施监督一体化执行机构面临的巨大考验。①

（三）东亚外汇储备库存在排他性问题

东亚外汇储备库是基于“10+3”的框架，如果在应对金融危机的过程中，东亚外汇储备库被证明是有效的应对机制，那么，该机制是否应该吸收“10+3”之外的亚洲经济体参加？包括泛亚地区的国家如印度、巴基斯坦、中亚国家，甚至澳大利亚和新西兰，而不是排他性的。如果允许这些国家参加，那么投票权和治理结构又该如何调整。如果亚洲非“10+3”国家发生金融危机，东亚外汇储备库是否可以向它们施救，或任由这些国家的金融危机肆虐蔓延？参与CMI起草的马来西亚前总理巴达维认为，东盟现在的模式是“10+3+3”，另一个“+3”是澳大利亚、新西兰和印度，把这些国家包括进来符合东盟的利益，可以让基金“池子”更大。Ramkishen S. Rajan（2009）也认为，东亚外汇储备库的成员组成确实是很重要的事情。澳大利亚、新西兰和印度也应该包括在内，因为这三个国家都是东亚峰会的创始国。印度学者也撰文表明，如果CMIM被证明是IMF可行的补充，在资源上和成员上都必须扩大。虽然CMIM的货币互换已扩大到1200亿美元，可是相对于当前的市场和危机的程度，规模依然很小。外汇储备库的资源可通过吸收新成员来扩大，新成员可包括东亚峰会的成员，即除了“10+3”，还包括印度、澳大利亚和新西兰（Abhijit Sen Gupta，2010）。如果参加东亚峰会的国家都应该是东亚外汇储备库的成员，那么，美国和俄罗斯也已加入东亚峰会，它们是否也应

---

① 郑联盛．东亚外汇储备库的进展与未来［EB/OL］.（2009-05-12）［2022-12-12］. 中国财经报，htpp：//finance. sina. com. cn/review/yjfx/20090512/09456123123. shtml；马树娟．东亚外汇储备库“转型”尚待时日［EB/OL］.（2009-11-24）［2022-12-12］. 法治周末，http：//news. hexun. com/2010-11-24/125786876. html.

该成为外汇储备库的成员？这些都是争议性很大的问题。

（四）东亚外汇储备库的领导权之争

东亚外汇储备库的构成比例几经变化，暗藏主导权之争。2008 年第十一届“10+3”财长会议确定了成立规模达 800 亿美元的外汇储备库。在最初的设计中，800 亿美元是按《清迈协议》双边协议规模出资，出资方主要是日本、韩国、中国和东盟的新加坡。这四个国家之中，新加坡的金额很小，因此主要是中国、日本、韩国三国出资。刚开始时的方案是日本、韩国、中国三方的比例大致为 3∶2∶1，中国位居出资方第三位。这个比例显然并不符合中国的具体国情。之后，2009 年 2 月，各方决定将储备库规模扩大到 1200 亿美元，同时还确立了东盟 10 国出资 20%，中国、日本、韩国三国出资 80%的原则，但之后就 80%的份额如何在三国之间分配展开了博弈。为能够掌握基金主导权，中国和日本都想承担更多的份额。2009 年 5 月 3 日，中、日、韩三国财长在印度尼西亚巴厘岛就三方对筹建中的区域外汇储备库的出资份额最终达成共识。中国、日本各出资 384 亿美元，韩国出资 192 亿美元，分别占储备库总额的 32%、32%和 16%，总计 80%。虽然在这一格局中，中国与日本实现了并列出资第一。但实际上，背后日本想主导的意愿十分明显。中方出资的 384 亿美元或 32%的比例，包含了中国香港的 42 亿美元；另外，东盟出资的 240 亿美元，有 200 亿美元实际上是日本提供的贷款，渠道是官方开发援助（ODA）。这样，日本依然占据该机构出资份额的主导位置。[①]

① 资料来源：http：//www. huarenjie. com/article-6021-1. html。

参考文献

一、英文资料（按字母顺序排列）

[1] ASIAN DEVELOPMENT BANK. Managing capital flows: The case of vietnam[R]. 2008.

[2] ARICCIA, G. DELL & R. MARQUEZ. Lending booms and lending standards[J]. Journal of finance volume 61, Issue 5, 2006: 215-233.

[3] ANDREW CAPON AND FEDERICO LUPO PASINI. Securities market liberalization in vietnam-key Issues for the securities regulator and the domestic securities companies[R]. MUTRAP. 2010.

[4] ABHIJIT, S. G. Prospects for a single Asian currency[J]. Public policy review., Vol. 6, No. 5 June, 2010: 885.

[5] ARNER, D. Assessing East Asian financial cooperation and integration [R]. AIFL Working paper No. 5, 2009.

[6] BANK OF THAILAND. Thailand's banking system performance in the third Quarter of 2008 and impact of the global financial crisis on Thai banks[J]. No. 42, November, 2008.

[7] Bank of Thailand. Maintaining financial stability: the experience of Thailand[R]. BIS Working papers, No. 28, 2006,

[8] BANK OF THAILAND. Supervision report (2000—2012)[R]. http://www.bot.or.th/.

[9] BANK OF THAILAND. Monetary policy report (2006—2013)[R]. http://www.bot.or.th/.

[10] BINE, M. & DOCQUIER, F. A stochastic simulation model of an optimum currency area[J]. Open economics review 9, 1998.

[11] BOUMI, T. & EICHENGREEN, B. Operationalzing the theory of optimum

currency areas[R]. CEPR Discussion paper No. 1484, 1996.

[12] BERNANKE, BEN S. & MARK GERTLER. Should central banks respond to movements in asset price? [J]. American economic review. Vol. 91, No. 2, 2000.

[13] BRUNNER, KARI & ALLAN H. MELTZER. Money and credit in the monetary transmission process[J]. The American economic reviews, Vol. 78, No. 2, 1988: 446-451.

[14] BORIO, J & P. LOWE. Assessing the risk of banking crises[R]. BIS Quarterly review. December, 2002: 43-54.

[15] BHAGWATI, J. N. In defense of globalization[M]. Oxford university press, New York, 2004.

[16] BOOT, ARNOUD & ALLAN H. MELTEJ MARINC. Competition and entry in banking: implications for stability and capital regulation[R]. Tinbergen institute discussion paper, 2006.

[17] BRUMMITT, W. Asia's financial markets: capitalising on reform[J]. Department of Foreign affairs and trades, 1999: p. 201. http://www.dfat.gov.au/publication/fin_markets

[18] CHAI H. Financial and monetary cooperation in East Asia in light of the European experience, paper prepared for 3ed conference of EUSA Asia-Pacific, "Multilateralism and regionalism in Europe and Asia-Pacific", 2005: 10.

[19] CROWE, CHRISTOPHER W. Goal-independent central banks: why politicians decide to delegate[R]. In IMF Working paper, WP/06/256, 2006. Washington, DC: International Monetary Fund.

[20] CROWE, CHRISTOPHER W., & ELLEN E. MEADE. Evolution of central bank governance around the world[J]. Journal of economic perspectives 21 (4) 2007: 69-90.

[21] CROWE, CHRISTOPHER W. Goal-independent central banks: why politicians decide to delegate[R]. In IMF Working paper, WP/06/256, 2006. Washington, DC: International Monetary Fund.

[22] CUKIERMAN, ALEX. Central bank strategy, credibility and independence: theory and evidence[M]. Cambridge, MA: The MIT press 1992.

[23] CUKIERMAN, ALEX, GEOFFREY P. MILLER, AND BILIN NEYAPTI. Central bank reform, liberalization, and inflation in transition economies[J].

An international perspective. Journal of monetary economics 49 (2) 2002: 237-64.

[24] CHENG HOON LIM, RISHI RAMCHAND, HONG WANG AND XIAOYONG WU. Institutional arrangements for macroprudential policy in Asia[R]. IMF Working paper, WP/13/165, 2013: 5.

[25] CUKIERMAN, ALEX. Central bank strategy, credibility and independence: theory and evidence[M]. Cambridge, MA: The MIT press 1992.

[26] CHEE SUNG LEE & CYN-YOUNG PARK. Beyond the crisis: financial regulatory reform in emerging Asia[R] No. 34. September 2009. ADB Working paper series on regional economic integration, Asian development bank.

[27] CROEKETT, ANDREW. The theory and practice of financial instabilities [J]. The economist, Volume 144, Issue 4, 1996: 531-568.

[28] CALEM, PAUL & RAFAEL ROB. The impacts of capital-based regulation on bank rist taking[J]. Journal of financial inter-mediation, No. 8, 1999: 317-352.

[29] DIETER, H. & DEFRAIGNE, J. C. Report on East Asian integration (opportunities and obstacles for enhanced economic cooperation)[J] Notre Europe, studies and research No. 47, 2006.

[30] DE HAAN, JAKOB, DONATO MASCIANDARO, AND MARC QUINT YN. Does central bank independence still matter? [J]. European journal of political economy 24 (4), 2008: 717-21.

[31] DE HAAN, JAKOB, AND CLEMENS L. J. SIERMANN. Central bank independence, inflation, and political instability in developing countries [J]. Journal of policy reform 1 (2), 1996: 135-47.

[32] DE HAAN, JAKOB, AND GERT-JAN VAN'T HAG. Variation in central bank independence across countries: some provisional empirical evidence[J]. Public choice. (3-4) 1995: 335-51.

[33] DE JONG, EELKE. Why are price stability and statutory independence of central banks negatively correlated? The role of culture[J]. European journal of political economy. No. 18, 2002: 675-94.

[34] DEMIRGUC-KUNT, ASLI & ENRICA DETRAGIACHE. Monitoring banking sector fragility: a multivariate logic approach[J]. World bank economic review, 14 (2), 2000: 287-307.

[35] EVANOR D. & PALAC－MCMIKEN. An examination of ASEAN stock markets－a conglomeration approach[R]. ASEAN economic bulletin. Vol. 13. No. 13. March 1997.

[36] FIDLER，STEPHEN. Indonesia's central bank plans' put IMF loans at risk[J]. Financial times，Feb. 9，2001.

[37] FISCHER，STANLEY. Price stability，financial systems and the role of the central bank. lima：address at the central reserve bank of peru 1996.

[38] FORDER，JAMES. Central bank independence—conceptual clarifications and interim assessment[J]. Oxford economic papers 50 (3)，1998：307－34.

[39] FORDER，JAMES. Why is central bank independence so widely approved? [J]. Journal of economic issues 39 (4)，2005：843－65.

[40] FELDSTEIN，MARTIN. Reforming the IMF[J]. Foreign affairs，Vol. 77，No. 2，1998：20－33.

[41] FERGUSON，R. W. Should financial stability be an explicit central bank objective[R]. Bis. org，2003.

[42] FISCHER，FRANK. Evaluating Public Policy[M]. Nelson－hall publishers，1995.

[43] GILERTO M. LIANTO. Financial inclusion，education，and regulation in the philippines[R]. ADBI institute：ADBI Working paper series，541，August 2015：12.

[44] GOLDSTEIN，M，GL KAMINSKY AND CM REINHART. Assessing financial vulnerability：an early warning system for emerging markets[M]. Peterson institute press，2000.

[45] GARCIA-HERRERO，A. emerging countries' sovereign risk：balance sheets，contagion and risk aversion[R]. BBVA bank，economic research department working papers，No. 501，2005.

[46] GLASNER，DAVID. Free banking and monetary reform[M]. Cambridge university press，2005.

[47] HWA，TNG BOON. External risks and macro－financial linkages in the ASEAN－5 economies[R]. Bank negara Malaysia working paper series WP1，2013.

[48] HELLMANN，THOMAS F.，KEVIN C. MURDOCK AND JOSEPH E. STIGLITZ. Liberalization，moral hazard in banking，and prudential regulation：are

capital requirements enough? [J]. The American economic review, Vol. 90, No. 1, 2000: 147-165.

[49] IMF, World economic outlook, A survey by the staff of the International Monetary Fund[M]. October, 1998.

[50] IMF. Financial soundness indicators: concepts and definitions[M]. IMF Press, 2006.

[51] IMF. Thailand: financial system stability assessment[R]. IMF country report No. 09/147, 2009.

[52] IMF. Global Financial stability review: financial stability indicators[R]. IMF, 2009.

[53] Indonesian Banking Booklet. published by bank licensing and banking information department, indonesia financial service authority 2014. http://www.ojk.go.id

[54] INGRAM, J. C. Comment the currency area problem, in Robert A. Mundell Alexander K Swobodedit eds, Monetary problems of the international economy [M]. University press 1969.

[55] JOHNSTON, BARRY, JINGQING CHAI, AND LILIANE SCHUMACHER. Assessing financial system vulnerabilities[R]. IMF Working paper WP/00/76, 2000.

[56] JOYCE, MICHAE, ANA LASAOSA, IBRAHIM STEVENS AND MATTHEW TONG. The financial market impact of quantitative easing[R]. Bank of england working paper No. 393, 2010.

[57] JOHNSTON, BARRY, JINGQING CHAI, AND LILIANE SCHUMACHER. Assessing financial system vulnerabilities[R]. IMF Working paper WP/00/76, 2000.

[58] KUNIMUE, K. Financial cooperation in East Asia[R]. Institute of developing economies, No. 6, 2006.

[59] KRUMAN, P. What happened to Asia, mimeo[R]. MIT, January, 1998.

[60] STIGLITZ, J. Boats, planes and capital flows[J]. Financial times, 25 March, 1998.

[61] BHAGWATI, J. The capital myth: the difference between trade in widgets and dollars[J]. Foreign affairs, Vol. 77, No. 3, 1998.

[62] RODRIK, D. Who needs capital account convertibility? [M]. Harvard

university, February, 1998.

[63] KHOR, M. Globalization and the south: some critical issues[R]. UNCTAD discussion paper, UNCTAD/OSG/DP/147, 2000: 3-4. http://www.unctad.org/en/pub/pubframe.htm

[64] KAMINSKY, G. AND CARMEN M. REINHART. The twin crises: the causes of banking and balance-of-payments problems[J]. American economic review, Vol. 89, No. 3, 1999: 473-500.

[65] KAUFMAN, G. Bank failures, systemic risk, and bank regulation[R]. Federal reserve bank of Chicago, Working paper series, No. WP-96-1, 1995.

[66] KAHANE, Y. Capital adequacy and the regulation of financial intermediaries[J]. Journal of banking and finance, No. 1, 1997: 207-218.

[67] KOEHN, M. & A. M. Santomero. Regulation of bank capital and portfolio risk[J]. Journal of finance, No. 35, 1980: 1235-1244.

[68] KEELEY, MICHAEL & FREDERICK FURLONG. A reexamination of the mean-variance analysis of bank capital regulation[J]. Journal of banking and finance, No. 14, 1990: 69-84.

[69] KIM, DAESIK & ANTHONY SANTOMERO. Risk in banking and capital regulation[J]. Journal of finance, No. 43, 1988: 1219-1233.

[70] KRISHNAMURTHY, A. & ANNETTE VISING - JORGENSEN. The effects of Quantitative easing on interest rates: channels and implications for policy [R]. NBER Working paper No. 17555, 2011.

[71] LAMBERTY, M. B. & YAP, J. T. Financial and monetary cooperation in ASEAN[R]. Discussion paper series No. 19, 2003: 4-7.

[72] MCKINNON, R. I. Optimum currency areas[J]. American economic review No. 53, 1963: 717-725.

[73] LEE, J. W. & PARK, C. Y. Global financial turmoil: impact and challenges for Asia's financial systems[R]. ADB, "FACTBOX-Banks Exposure to Leman in Asia", RETUTERS, [2008-09-25]http://cn.reuters.com/article/companyNews/idUKMAN20091320080925

[74] MINH HIEU KHUC. Vietnam stock market liberalizations' Effect[M]. Hanoi. 2008.

[75] Monetary Authority of Singapore. Letter to CEOs of Singapore-incorporated

Banks: appendix 4-Summary of National Discretions[EB/OL]. Update on Basel II Implementation in Singapore. March 2006. http://www.mas.gov.sg/fin_development/banking/Update_on_Basel_II_Implementation_in_Spore_Mar_06.html

[76] MASABIRO KAWAI, Building institutions and resolution of the East Asian crisis, in Peter Drysdate (ed) reform & recovery in East Asia (The role of the State and economic enterprise)[M]. Routledge, 2000: 290.

[77] MCKINNON, RONALD, AND GUNTHER SCHNABL. Synchronized business cycles in East Asia and fluctuations in the Yen-Dollar exchange rate[R], The world economy, (2003)26: 1067-89.

[78] MCKINNON, RONALD & GUNTHER SCHNABL. The East Asian dollar standard fear of floating and original sin[R]. Review of development economics, No. 8, 2004.

[79] MCKINNON, RONALD & GUNTHER SCHNABL. The return to soft dollar pegging in East Asian: mitigating conflicted virtue[R]. International finance, 2004: 169-201.

[80] MINSKY, H. The financial instability hypothesis[R]. The jerome levy economics institute working paper, 1992.

[81] MISHKIN, FREDERIC S. Global financial instability: framework, events, issues[J]. Journal of international money and finance, vol. 18, 1999: 709-723.

[82] MISHKIN, FREDERIC S. Financial policies and the prevention of financial crises in emerging market economies[R]. World bank policy research working paper series 2683, 2001.

[83] NASUTION, A. Monetary cooperation in East Asia[J]. Journal of Asia economics, 2005: 422-422.

[84] NGIAN, K. Monetary cooperation in East Asia: a way forward[R]. International seminar promoting growth and welfare: structural changes and the role of institutions in Asia, 2002: 3.

[85] NIDHIPRABHA, BHANUPONG. The gobal financial crisis and resilience of the Thai Banking sector[R]. Asian development review, vol. 28, no. 2, 2011: 110-132.

[86] OHMAE, KENICHI. The end of the Nation State: The rise of regional economies[M]. London: HarperCollins, 1995.

[87] PADOA-SCHIOPPA, T. Central banks and financial stability: exploring a land in between[R]. The transformation of the European financial system, Edited by Vítor Gaspar, Philipp Hartmann and Olaf Sleijpen, Second ECB Central banking conference, 2002.

[88] POMFRET, R. Sequencing trade and monetary integration: issues and application to Asia[R]. Working paper No. 14, 2004: 1, 7. School of economics, the University of Adelaide.

[89] POLILLO, SIMONE & MAURO F. GUILLéN. Globalization pressures and the state: the global spread of central bank independence[J]. American journal of sociology 110 (6) 2005: 1764-802.

[90] PARK, CYN-YOUNG. Asian financial system: development and challenges[R]. ADB economics working paper series, No. 285, 2011.

[91] PATHAN, SHAMS, MICHAEL SKULLY AND J. WICKRAMANAYAKE. Reforms in Thai bank governance: The aftermath of the Asian financial Crisis[J]. International review of financial analysis, vol. 17(2), 2008: 345-362.

[92] TRAIRATVORAKUL, PRASARN. Global risks and the outlook for Thailand[S]. BIS central bankers' speeches, 2013.

[93] QUINTYN, MARC & MICHAEL TAYLOR. Should financial sector regulators be independent? [J]. IMF economic issues 32, 2004.

[94] RICHARD POMFRET, Sequencing trade and monetary integration: issues and application to Asia[R], Working paper No. 14, 2004: 1. School of economics, the University of Adelaide.

[95] RAJAN, R. Monetary and financial cooperation in Asia: Making sense out of the CMI, CMIM, ABF, ABMI and ACU Alphabet Soup[R]. ISAS working paper. No. 69, June, 2009. Institute of South Asian Studies, National University of Singapore.

[96] RNAN, P. Monetary and financial cooperation in East Asia: The Chiang Mai Initiative and Beyond, ERD Working Paper No. 6, 2002: 2.

[97] RADELET, S. & SACJS, J. The East Asian financial crisis: diagnosis, remedies[J]. Harvard institute for international development, 20 April, 1998.

[98] RYOU, J. Monetary cooperation in East Asia: Major issues and future prospects[S]. Paper for presentation at the bi-monthly workshop organized by the

Study Forum on Monetary Cooperation in East Asia 2003: 3.

[99] ROCHET JEAN-CHARLES. Capital requirements and the behavior of commercial banks[J]. European economic review, No. 36, 1992: 1137-1178.

[100] SCHINASI, G J. Responsibility of central banks for stability in financial market[R]. IMF Working paper, No. 3, 2004.

[101] STIGLITZ, JOSEPH E. Information and the change in the paradigm in economics[J]. The American economic review Vol. 92, No. 3, 2002: 460-501.

[102] SUSSANGKARN, C. The Chiang Mai Initiative Multilateralization: Origin, development and outlook[R], ADBI Working paper series No. 230, 2010: 1-4, 10.

[103] WEN, J. Regional monetary cooperation In East Asia[R]. Working paper No. 9, 2010. Ceter For Strategic International Studies.

[104] SIKLOS, PIERRE L. No single definition of central bank independence is right for all countries[J]. European journal of political economy 24 (4) 2008: 802-16.

[105] WORLD BANK. Vietnam development report 2009: Capital Matters [M]. World Bank Publication 2008.

[106] WORLD BANK. State Bank of vietnam. Annual report 2004-2010[R]. World Bank Publication 2011.

[107] STANDARD & POOR'S. 2005. Sovereign ratings in Latin America, from the sovereign ratings group[M]. New York, NY: Standard & Poor's.

[108] TRAIRATVORAKUL, PRASARN. The strength of the Thai economy and future development in Thailand's financial system[S]. BIS central bankers' speeches, 2012.

[110] TOAN LE MINH & GORDON WALKER. Investor protection: case studies of the vietnamese securities market[OE/01]. http://papers.ssrn.com/sol3/papers.cfm? abstract_id=1417888. 2010.

[111] UGAI, HIROSHI. Effects of the Quantitative easing policy: a survey of empirical analyses[R]. Bank of Japan working paper series, No. 06-E-10, 2006.

[112] WATANAGASE, TARISA. Maintaining financial stability: the experience of Thailand[R]. BIS working paper, no. 284, 2006.

[113] WHITE, EUGENE N. Banking and finance in the twentieth century

[M]. in S. Engerman and R. Gallman, eds., The cambridge economic history of the United States Vol III. Cambridge: Cambridge University Press, 2000.

[114] YAGOUB, ELRYAH. On the competitiveness of Malaysian islamic banking under the context of financial Liberalization[D]. 厦门：厦门大学，2015.

[115] YANG C. JR. Monetary and financial integration in East Asia: the relevance of European experience[J]. European economy, economic papers 2008: 329.

二、中文资料(按引用顺序排列)

[1] 爱德华·S·肖．经济发展中的金融深化[M]．邵伏军，译．上海：三联书店，1991.

[2] 李晓西，主编．亚洲金融危机实地考察[M]．北京：中国人民大学出版社，1999.

[3] 林与权，陶湘，李春．资本主义国家的货币流通和信用[M]．北京：中国人民大学出版社，1980.

[4] 李伟民．金融大辞典[M]．哈尔滨：黑龙江人民出版社，2002.

[5] 付一书．中央银行学[M]．上海：复旦大学出版社，2009.

[6] 斯蒂格利茨．斯蒂格利茨经济学文集：第1卷[M]．陈工文，李飞跃，纪沫，译．北京：中国金融出版社，2007.

[7] 诺姆·乔姆斯基．新自由主义和全球秩序[M]．徐海铭，季海宏，译．南京：江苏人民出版社，2000.

[8] 罗纳德·麦金农．经济发展中的货币与资本[M]．卢骢，译．上海：三联书店，1988.

[9] 危机以来国际金融监管改革综述[EB/OL]．中国银行业监管委员会网站．http://www.cbrc.gov.cn/chinese/home/docView/20110212C7259072B5D8DE70FF32002EE4851000.html.

[10] 中国人民大学金融与证券研究所课题组．亚洲金融一体化研究[M]．北京：中国人民大学出版社，2006.

[11] 沈红芳．经济全球化与经济安全：东亚的经验与教训[M]．北京：中国经济出版社，2008.

[12] 沈红芳．东亚经济发展模式比较研究[M]．厦门：厦门大学出版社，2002.

[13] 巴塞尔协议III"完成修订，2022年起实施[EB/OL]．[2017-12-8]

http：//www. sohu. com/a/209238332_114986.

［14］何军明．中央银行独立性研究：基于发展中国家的视角［D］．厦门：厦门大学，2011.

［15］王信，罗婧．确立中央银行在金融监管中的核心地位——危机后英国金融监管新架构及评价［J］．金融与经济，2015(10).

［16］王长江．金融稳定研究：内涵及一个框架［J］．上海金融，2006(11).

［17］王振华．监管沙箱对我国金融科技的借鉴意义——从国别角度谈起［EB/OL］．［2017-6-23］．https：//www. sohu. com/a/151378200_785858. html.

［18］王硕．RegTech 是什么？它将成为金融科技创新的新蓝海！［EB/OL］．［2017-5-24］．http：//www. cebnet. com. cn/20170524/102393534. html.

［19］张晓朴，卢钊．金融监管体制选择：国际比较、良好原则与借鉴［J］．国际金融研究，2012(9)：83.

［20］新加坡银行将面临比比巴塞尔 III 更加严苛的资本规定［EB/OL］．［2011-06-29］．http：//roll. sohu. com/20110629/n312015780. html.

［21］吴源从．巴塞尔协议 II 在新加坡的实施［D］．厦门：厦门大学，2007.

［22］巴曙松，尚航飞，朱元倩．巴塞尔协议 III 在新加坡的实施及其对中国的启示［J］．新金融，2013(12).

［23］新加坡证券市场及相关制度介绍(2010)［EB/OL］．https：//www. docin. com/p-223555108. html.

［24］孙宏涛，王烨楠．新加坡商业健康保险制度及启示，中国保险报网！［EB/OL］．［2018-11-8］．https：//www. sohu. com/a/276389106_99921528.

［25］沈建鑫．马来西亚商业银行风险管理研究［D］．厦门：厦门大学，2010.

［26］陈慧群．马来西亚影子银行体系研究［D］．厦门：厦门大学，2013.

［27］唐钰琳．马来西亚资产管理公司处理不良资产的方法及其成效［J］．国际金融研究，2002(7).

［28］易选平．马来西亚证券市场发展研究［D］．厦门：厦门大学，2010.

［29］曹素娟．泰国金融稳定研究［D］．厦门：厦门大学，2014.

［30］胡晓．全球金融危机对泰国银行业的影响及前瞻［J］．东南亚纵横，2009(7).

［31］吴崇伯．印尼银行业改革重组的最新进展与变化趋势分析［J］．东南亚研究，2009(2).

[32] 沈红芳. 东亚金融危机：东亚模式转换的催化剂？——对泰国菲律宾案例研究[J]. 世界经济，2001(10).

[33] 沈红芳. 亚洲金融危机过程中菲律宾中央银行的主要对策与作用[J]. 国际金融研究，1999(6).

[34] 沈红芳. 金融自由化条件下的菲律宾新中央银行对银行业的监管与改革[J]. 南洋问题研究，1999(3).

[35] 沈红芳. 亚洲金融危机对菲律宾经济的影响[J]. 南洋问题研究，1998(3).

[36] 冯驰. 菲律宾的金融改革与监管研究[D]. 厦门：厦门大学，2016.

[37] 祝淼. 印支三国金融自由化研究[D]. 厦门：厦门大学，2012.

[38] 李超、张浩. 热土越南：迄今为止关于越南最系统最详细的调研报告[EB/OL]. [2018-11-8]. https://www.sohu.com/a/303900326_117959.

[39] 经济日报. 2019全球最安全的50家银行和50家商业银行[EB/OL]. [2019-2-24]. https://baijiahao.baidu.com/s?id=1626329479804344191&wfr=spider&for=pc

[40] 中国驻越南大使馆商务参赞处. 越南保险业和保险市场迅速发展[EB/OL]. [2018-11-8]. http://vn.mofcom.gov.cn/article/ztdy/200506/20050600118750.html.

[41] 朱天乐. 越南：保险市场发展潜力巨大，中国保险报[EB/OL]. [2018-11-8]. http://xw.sinoins.com/2015-12/03/content_176958.html.

[42] 中国大使馆驻柬埔寨经商参处：柬埔寨颁布实施2016-2025金融业发展战略[EB/OL]. [2018-11-8]. http://cb.mofcom.gov.cn/article/ddgk/zwjingji/201706/20170602595015.html.

[43] 中国驻柬埔寨大使馆商务参赞处. 日新月异的柬埔寨保险市场[EB/OL]. [2018-11-8]. http://cb.mofcom.gov.cn/aarticle/zwrenkou/201108/20/20110807679860.html.

[44] 沈红芳、刘月容、程博. 全球经济衰退对东南亚经济的影响及危机应对[J]. 和平与发展，2009(1).

[45] 沈红芳. 经济全球化与东南亚经济发展[J]. 世界经济与政治，2005(3).

[46] 李志辉，王飞飞. 美国次贷危机对国际银行业的影响与发展展望[J]. 国际金融研究，2009(6).

[47] 张晓朴，卢钊. 金融监管体制选择：国际比较、良好原则与借鉴

[J]. 国际金融研究，2012(9).

[48] 黄梅波，范修礼. 金融监管模式的国际比较：五国案例分析[J]. 福建论坛，2010(12).

[49] 董京波. 次贷危机背景下国际金融监管制度的新发展及启示[J]. 经济问题，2009(11).

[50] 王信，罗婧. 确立中央银行在金融监管中的核心地位——危机后英国金融监管新架构及评价[J]. 金融与经济，2015(10).

[51] 张晓朴，卢钊. 金融监管体制选择：国际比较、良好原则与借鉴[J]. 国际金融研究，2012(9).

[52] 何帆，张斌，张明. 对"清迈协议"的未来评估及改革建议[J]. 环球金融，2005(7).

[53] 李晓，丁一兵. 欧洲货币一体化的推动力与大国关系——从国际政治经济学角度的考察[J]. 学习与探索，2007(5).

[54] 李晓，丁一兵. 全球金融动荡环境下的东亚金融合作：政策选择及建议[J]. 国际经济评论，2008(11-12).

[55] 欧明刚. 危机十年：东亚金融合作的新起点[J]. 世界经济与政治，2007(11).

[56] 欧阳永. 国际机制的创设与国家利益的博弈——一种国际政治经济学的视角[J]. 平原大学学报，2006(12).

[57] 鹏述华. 试析东亚经济一体化的内部制约因素[J]. 际论坛，2006(4).

[58] 施建淮. 东亚货币金融合作：短期、中期和长期[J]. 国际经济评论，2004(9-10).

[59] 孙立行. 全球金融危机下对深化东亚金融合作的新思考[J]. 世界经济研究，2009(11).

[60] 孙晓杰，曹园媛. 东亚金融合作背景、问题与展望[J]. 金融领域，2010(10).

[61] 孙园. 东亚区域金融合作的选择探析[J]. 华东经济管理，2007(1).

[62] 王燕之. 东亚区域金融合作的现状及前景[J]. 中国金融，2003(1).

[63] 魏润卿. 东亚货币合作的前景[J]. 天府新论，2008(1).

[64] 吴晓灵. 东亚金融合作：成因、进展和发展方向[J]. 国际金融研究，2007(8).

[65] 杨权. 全球金融动荡背景下东亚地区双边货币互换的发展[J]. 国际

金融研究，2010(6).

[66] 余永定，何帆，李婧. 亚洲金融合作：背景、最新进展与发展前景[J]. 国际金融研究，2002(2).

[67] 周宇. 东亚金融合作的历程和最新动向分析[J]. 经济瞭望，2009(6).

[68] 祝小兵. 东亚金融合作抵御金融危机的路径分析[J]. 世界经济研究，2010(3).

[69] 陈凌岚，沈红芳. 东亚货币金融合作的深化："清迈倡议"到"清迈倡议多边化"[J]. 东南亚纵横，2011(5).

[70] 沈红芳，陈凌岚. 东亚货币金融合作机制及其特点研究[J]. 南洋问题研究，20119(4).

后　记

本书是在教育部人文社会科学重点研究基地厦门大学东南亚研究中心2012年度重大课题的基础上写作而成的。

本书的研究是我之前对东南亚进行长期研究的继续，得益于之前对东南亚进行实地调研所获得的感性和理性认识。从20世纪90年代中期开始，为使教学和研究能够更加贴近东南亚现实，我积极参加各种有关东南亚的国际会议，对东南亚进行实地考察和调研，并与东南亚学界和学者建立了良好的互动关系。在全国重要刊物上发表了150余篇论文，并在国际刊物上发表了约30余篇英文论文。与此同时，出版了四本专著。

本书的研究也是“研—教结合”的产物，我在研究的过程中曾开设了四门相关课程。其中，“经济全球化与东亚经济发展”(双语)是为厦门大学国际关系学院的本科生开设的必修课；“经济全球化理论与实践”是为厦门大学南洋研究院世界经济专业硕士生开设的课程；“亚太国际经济关系”是为厦门大学国际关系学院外国硕士开设的课程(全英文)；“经济全球化相关问题研究”则是为世界经济专业中国和外国博士生开设的课程(双语)。

由我指导的我院世界经济专业博士研究生何军明、冯驰、曹素娟、Yagoub Elrya，以及我院世界经济专业硕士生刘月容、谢忠考、祝淼等的毕业论文也都与我研究的课题有所关联。其中，何军明参与了第三章第一节和第二节部分内容的写作；曹素娟参与了第四章第三节及第七章第一节、第二节部分内容的写作；祝淼和谢忠考参与了第四章第五节与第六节部分内容的写作；刘月容参与了第五章第二节和第三节部分内容的写作。

科学研究离不开前人的研究成果，总是在参考、借鉴前人研究成果的基础上进行的。我在此对于本书所参考、引用国内外文献的作者表示深深的谢意。

我由衷地感谢厦门大学东南亚研究中心前主任王勤教授对我争取此项课题给予的鼓励和帮助，感谢南洋研究院图书馆主任张长虹博士和张大勇馆员长期为我的研究提供的诸多便利。

本书的付梓得到中国经济出版社贺静编辑的大力支持，在此深表感激之情。

由于时间与学识的限制，书中的缺点和错误在所难免，欢迎批评斧正。

沈红芳

2022年10月

于厦门大学海滨东区自宅